乐施会支持研究及出版
内容并不必然代表乐施会立场

本土知识促进减贫发展

来自中国乡村的实践

本土知识促进减贫发展课题组 著

中国社会科学出版社

图书在版编目(CIP)数据

本土知识促进减贫发展：来自中国乡村的实践／本土知识促进减贫发展课题组著. —北京：中国社会科学出版社, 2020.6
ISBN 978 – 7 – 5203 – 6541 – 3

Ⅰ.①本… Ⅱ.①本… Ⅲ.①农村—扶贫—研究—中国 Ⅳ.①F323.8

中国版本图书馆 CIP 数据核字（2020）第 087754 号

出 版 人	赵剑英
责任编辑	王莎莎
责任校对	张爱华
责任印制	张雪娇

出　版	中国社会科学出版社
社　址	北京鼓楼西大街甲 158 号
邮　编	100720
网　址	http://www.csspw.cn
发 行 部	010 – 84083685
门 市 部	010 – 84029450
经　销	新华书店及其他书店
印　刷	北京君升印刷有限公司
装　订	廊坊市广阳区广增装订厂
版　次	2020 年 6 月第 1 版
印　次	2020 年 6 月第 1 次印刷
开　本	710×1000　1/16
印　张	16.25
插　页	2
字　数	227 千字
定　价	99.00 元

凡购买中国社会科学出版社图书，如有质量问题请与本社营销中心联系调换
电话：010 – 84083683
版权所有　侵权必究

序 言

全球每 8 个人中就有 1 人每日的生活开销不到 2 美元，消除贫困仍是世界性的发展难题。香港乐施会自 1976 年创立以来，在全球 70 多个国家和地区，和弱势群体与伙伴机构携手合作，致力于创建一个没有贫穷的世界。1987 年，香港乐施会开始在中国内地开展扶贫工作，2017 年在内地正式注册 4 个代表处。三十多年来，我们深刻地感受到中国农村社区所发生的巨大变化，见证了中国在消除贫困上所取得的卓越成就，并有幸能参与这样的发展变化过程。

中国自改革开放以来，已成功让 7 亿多人摆脱贫困，所取得的发展成就举世瞩目，为全球减贫和实现联合国可持续发展目标做出了突出贡献。中国幅员辽阔，人口众多，各地自然环境、文化习俗颇具差异，不同区域、族群的人们在漫长的历史过程中，积累了丰富多样的本土知识。不同于规范教育系统内的知识和技术，本土知识嵌入地方文化之中，具有区域性、乡土性。同时，本土知识主要存活于乡村社区，其持有者大多是弱势群体，可以说是穷人生存的重要社会资本。梳理本土知识促进减贫发展的案例，分析本土知识对于促进减贫发展的贡献和不足，有助于我们思考在扶贫发展中如何激发起社区的内生动力，对于不同地区结合当地社区实际情况开展减贫实践具有参考价值和启示意义。

2015 至 2016 年，"本土知识促进减贫发展"课题组在香港乐施会的支持下，经过实地调研、数轮讨论和修改，最终形成了本书所呈现的八篇文章。由于种种原因，此案例集直至 2020 年才得以出版，但案例集中的各篇文章却是常读常新。其中,《乡土知识、惠益分享与减贫》一文对乡土资源知识体系进行了梳理,在此基础上论述了乡土知识对中国减贫发展贡献和不足。接下来七篇文章分别介绍了不同民族和地区的人们充分运用代代传承的本土知识促进家乡减贫发展的案例,这七个案例来自福建、云南、贵州、四川等省,充分考虑了案例的代表性和丰富性。在来自中国农业大学、中国科学院农业政策研究中心、广西大学、贵州师范学院、西南民族大学等研究机构的诸位专家努力之下,这本案例集不仅展现了中国大地上不同地域、不同族群在本土文化传承当中,如何更好地适应现代性、更好地实现脱贫发展的宝贵探索;同时,也从不同类型本土知识促进减贫发展的实践中,分析本土知识与减贫发展的内在联系,总结乡村发展的规律,可为中国减贫发展的可持续性、包容性提供前沿经验和理论支撑,进而贡献于乡村全面振兴的实现。

消除贫困是一个漫长的过程,期待着在未来与你共同创造一个"无穷世界"!

廖洪涛
香港乐施会中国项目部总监
乐施会(香港)北京代表处首席代表
2019 年 3 月

目 录

乡土知识、惠益分享与减贫 …………………………………（1）

利用本土知识资源驱逐贫困
　　——福建平和琯溪蜜柚的地方叙事 ………………………（30）

传统生态文化系统及山地社区可持续发展：石头城村的
　　种子梦 ……………………………………………………（56）

贵州郎德苗寨的旅游开发
　　——全民参与的组织形式与"工分制"的分配制度 …………（92）

社会传统与民族贫困社区内源发展
　　——以滇西北波多罗村为例 …………………………………（130）

西部地区防灾扶贫能力提升与生态文明建设的在地化策略
　　——若尔盖高寒湿地草原沙害防控实践的考察 ……………（155）

西南民族地区古村镇的本土知识与减灾脱贫
　　——以黔东南侗族地区的火灾应对与消防建设为例 ………（189）

因地制宜：本土知识的再发现与再创造
　　——广西横县垃圾综合治理实践的反思 ……………………（226）

参考文献 ………………………………………………………（249）

乡土知识、惠益分享与减贫

左 停* 李 博**

乡土知识是在乡土社会中长期积累和形成的一种知识类型，是乡村社会原住民在日常生产与生活实践中所形成的一种知识形态，在中国长达五千多年的农业文明中，乡土知识曾对农业、农村和农民的生产、生活发挥了较大的促进作用。过去，学术界对中国乡土社会（特别是乡土社会结构）和乡土文化（特别是乡土民俗）进行了深入的研究，但对乡土知识体系并未给予更多的关注与思考，这种状况远远落后于现代公司和民间社会对乡土知识的实际应用。[①] 原住民在长期的生产实践中通过认知和传承所获得的乡土知识，对实现农民的可持续生计、农村社区的包容性发展以及减贫的可持续性发挥着重要的作用。进入21世纪以来，中国在实现减贫方面获得了巨大的成绩，也为世界各个地区的减贫与发展提供了可供借鉴的宝贵经验。本文在对乡土资源知识体系梳理的基础上来详细论述乡土知识对于中国减贫的经验以及在促进减贫方面所存在的不足，以期为今后中国在实现减贫的包容性与可持续性方面提供相应的理论支撑与先进经验。

---

* 左停，中国农业大学人文与发展学院教授、农村发展与管理专业博士生导师，主要研究方向为农村公共政策。
** 李博，博士，西安建筑科技大学公共管理学院讲师，主要研究方向为农村减贫与发展。
① 柏桂喜：《乡土知识及其利用与保护》，《中南民族大学学报》（人文社会科学版）2006年第1期。

一　基本概念界定

对于相关概念的界定是进行本文的理论前提和深入分析的首要环节，本文所涉及的基本概念包括"乡土知识""本土知识""地方性知识"以及"传统知识"。除了对于不同知识的界定之外，文章还对不同知识上升到惠益分享层面，对"乡土资源""知识产权""惠益分享""原住民权利"等概念进行了介绍。

所谓"乡土知识"是指原住民在社区内经过长期的生产和生活，通过实践、整理、再实践、总结四个周期循环往复获得或传承的认知成果，内容涵盖生产生活的所有方面，是与当地自然资源环境相适应，且与时代共同进步的知识系统。[①] 这种概念界定既强调了乡土知识的地区性与包容性也强调了乡土知识的广泛性。乡土知识包括社区信仰、宗教、文学艺术、价值、审美、思维意识等，包括各种哲学思想，如自然观、宇宙观、人类起源发展观、社会思想伦理；乡土知识也包括源远流长的物质文化，如生产生活用具、家居建筑、饮食、服饰、交通等。[②] 从地域性来看，乡土知识具有一定的本土性与当地性，其传播途径主要依靠口头形式进行；从乡土知识的来源来看，主要来源于乡民日常的生产与生活实践，这也就决定了乡土知识较强的经验性与较弱的理论性与系统性。

在对本土知识的界定上，不同学者分别从知识史、权力论与知识产权保护的角度对其概念进行了界定，这里我们主要是从发展理论的角度对本土知识的概念进行界定。所谓的"本土知识"是指由本土人民在自己长期的生活和发展过程中所自主生产、享用和传递的知识体系，与本土人民的生存和发展环境及其历史密不可分，是本土人民的共同精神财富。[③] 本土知识的实践价值主要体现在以下几个方面，首

[①] 陈娟、李维长：《乡土知识的林农利用研究与实践》，《世界林业研究》2009年第3期。
[②] 邢启顺：《乡土知识与社区可持续生计》，《贵州社会科学》2006年第3期。
[③] 石中英：《本土知识与教育改革》，《教育研究》2001年第8期。

先,支持农业发展,提供粮食保障;其次,维护生物多样性,有利于环境保护与可持续发展;再次,提供传统医疗手段;最后,有利于知识创新。① 从本土知识的特征来看,同样具有一定的地域性,是由特定区域的原住民在特定的自然环境中形成的处理人与自然关系的知识,并且本土知识渗透到原住民日常生活中形成了社会惯习、社会心理与乡土实践。本土知识所具有的这些特性使其将在区域性减贫与乡村社区治理上发挥较大的作用。

地方性知识这一概念最初是由美国文化人类学家吉尔兹提出来的,地方性知识相对于普适性知识。所谓地方性知识是指在一定的情境(如历史的、地域的、民族的、种族的等)中生成并在该情境中得到确认、理解和保护的知识体系。地方性知识具有地域性、整体性、授权性、实用性等特点。地方性知识是一定地域的人民在长期的历史发展过程中通过体力和脑力劳动创造并不断积淀、发展和升华的物质和精神的全部成果和成就,包括物质文化和精神文化。② 地方性知识对于文化保护、生态环境修复、医疗保健、农业研究以及民事纠纷调解均发挥较大的作用。这里需要指出的是地方性知识并不一定与相应的地理坐标和地理空间相对应,很多时候也与经济空间和文化空间相关联。同时地方性知识并不仅指历史上的知识,还包括在人们日常生活中口耳相传的知识,需要摒弃静态地理解地方性知识的方式。同时地方性知识不仅只适用于地方人,而且也适用于非地方人。

传统知识是从长期的经验发展而来的,并且适应了当地文化和环境的知识、创新与实践,属于集体所有,可通过文字,但多半是以口头形式代代传播下来。其表现形式除了文字记载,还有故事、歌曲、传说、谚语、文化价值观、信仰、仪式、习惯法、土著语言等方式。③ 传统知识也包括培育农作物品种和家畜品系的农业实践等,因此传统

---

① 张永宏:《本土知识概念的界定》,《思想战线》2009 年第 2 期。
② 安福海:《论地方性知识的价值》,《当代教育与文化》2010 年第 2 期。
③ WIPO, Intergovernmental Committee on Intellectual Property and Genetic Resources, Traditional Knowledge, http://www.wipo.int/tk/en/igc, 2009 – 05 – 01.

知识更是一门实践科学，尤其是在农业、渔业、医药、园艺、林业以及环境管理等领域。传统知识是各民族人民在长期的生产和生活中创造的智慧结晶。①

乡土资源可以分为两大类，一类是间接性的乡土资源，主要是指文字类的乡土资源，是古代遗留下来的前人记载的资料，如当地的历史书籍，相关人员的回忆录、历史文献等；一类是非文字的乡土资源，也是较为直观的直接性的乡土资源，以实物形式表现的乡土资源，如自然景观、名人故居、博物馆、历史遗址等。② 关于知识产权概念的界定，目前学术界对此分歧较大，不同学派分别有各自的定义标准，但是从本文的层面来看，所谓知识产权就是指对包括著作权、专利权、商标权、发明权、发现权、商业秘密、厂商名称、地理标记等智力成果权的总称。③

惠益分享制度是普遍应用在人类遗传资源领域的一项机制，目前在生物安全领域的应用最为广泛。乡土知识的惠益分享是指与乡土知识相关的有关利益应依据知识产权法的规定进行全面分享，而不是某一方对其利益进行独占的一套措施。依照惠益的来源，惠益分享制度包括研究过程的惠益分享，研究成果的惠益分享和技术资料的惠益分享三个方面。研究过程的惠益分享是指在乡土知识的研究与挖掘过程中应秉承合作的态度，使不同研究主体能够参与其中。研究成果的惠益分享是指基于知识产权法的规定，使不同研究主体公平分享乡土知识的研究成果，而不是由某一方来独占。技术资料的惠益分享是指在乡土知识及其成果转让过程中，乡土知识的提供方要为受让方提供相应的获取乡土知识的便利条件和相关的知识资料。惠益分享必须建立在公平与公正的原则基础之上，而从目前中国对于乡土知识的开发与挖掘上来看，在乡土知识的惠益分享层面上，广大农民惠益分享的程

---

① 薛达元、郭泺：《论传统知识的概念与保护》，《生物多样性》2009年第2期。

② 吕晴晴：《乡土资源在高中思想政治课教学中的引用研究》，硕士学位论文，天津师范大学，2015年。

③ 刘春茂：《知识产权原理》，知识产权出版社2002年版，第20页。

度较低，乡土知识的产权观念较为模糊。

"原住民"一词，原意是指"土著"的意思，原住民权利具体是指长时期甚至祖祖辈辈居住在一个地方的人民有权维持、控制、保护和发展其文化遗产、传统知识和传统文化表现形式，以及（原住民）科学、技术和文化的表现形式，包括人类和遗传资源、种子、医药、有关动植物群落特征的知识、口头传统、文学、设计、体育和传统游戏、视觉和表演艺术。他们也有权维持、控制、保护和发展自己对这些文化遗产、传统知识和传统文化表现形式的知识产权。[1][2]

二 乡土知识体系的建构

（一）乡土知识体系与科学知识体系

知识体系按照不同的标准可以分为不同的类型，按照知识的主导主体的不同可以将其分为乡土知识体系与科学知识体系，乡土知识体系是由农民所主导的知识体系，科学知识体系是由科学家所主导的知识体系。所谓乡土知识体系是指农民在日常的农业生产实践过程中所创造的一系列对于事物认知的方略，而非外来的知识资源，同时乡土知识体系是人们在特定的生存环境中所形成的人与非人关系的总和。如人们在长期的农业生产中所使用的农作物品种、耕种技术、农事管理模式等。

所谓科学知识体系是指科学家对自然（乃至社会和人）进行系统研究所得到的成体系的知识，它构成一个庞大而井然有序的知识王国。科学知识不是零散的和纯粹经验性的常识，而是基于经验和理性之上的理论知识——彻头彻尾、彻里彻外的理论性知识。[3] 与乡土知识相比，科学知识具有以下特点：首先，科学知识是建立在一定的实

---

[1] 王诗俊：《原住民权利保护研究》，《才智》2010年第8期。
[2] 严永和：《〈论联合国原住民权利宣言〉第31条的保护对象及其制度设想》，《中南民族大学学报》（哲学社会科学版）2013年第6期。
[3] 李醒民：《知识、常识和科学知识》，《北方论丛》2008年第1期。

验基础上的知识体系；其次，科学知识的表述通常依赖于严格的逻辑表述与数学语言；最后，科学知识是公众共有的。

（二）乡土知识的特点及其与乡土资源的联系

作为土生土长的乡土知识，其在不断的传承与发展过程中形成了自己独有的特点，这些特点主要分为以下几个方面：第一，乡土知识来源于农民长期生产生活的经验与感官，主观色彩较浓，具有一定的非理性；第二，乡土知识主要依靠人来进行传播，通常通过人的语言与行为来传向他人；第三，乡土知识具有一定的模糊性，与科学知识相比乡土知识更强调定性的特征；第四，乡土知识的使用追求"风险最小化"；第五，乡土知识的思维习惯采用从整体到局部的方法，其主要从整个农事系统来进行考虑；第六，乡土知识具有一定的稳定性，其创造的过程是通过累积形成的；第七，与科学知识相比，乡土知识的创造者与使用者均为农民，其实现了角色的融合，而科学知识的创造者和使用者为科学家和农民，角色出现了分离。乡土知识作为乡土资源的重要载体，是乡土资源的有机组成部分，中国农民几千年积累的乡土知识形塑了乡土资源的雏形，乡土资源的不断挖掘与开发有力地繁荣了乡土知识的传播与推广。乡土知识所具有的以上特征也是乡土资源所具有的特征。在乡土资源的整合过程中乡土知识主要通过农民在农事系统中的各种行为方式来呈现，如农民的种养殖技术、生活风俗、文化娱乐等。

（三）市场经济下的乡土知识与乡土知识产权

随着市场经济的发展与中国知识型社会的形成，获得和拥有知识已经成为社会衡量个人文化素质高低的一项重要指标。然而，与其他生产要素不同，知识是以思想体现的社会生产要素，具有易传播的特性。更重要的是，知识还具有无消耗性和无排他性，这些特征与公共品的一般属性没有差异。这些性质导致了知识资源的公地灾难，一方面，存在着无约束地使用知识的现象；另一方面，"搭便车"效应会导致知识投入不足,从而引发知识来源的枯萎。[1] 作为一项促进生产力提高和社会发展的重要动力,知识虽然不能直接作用于事物的发展,但是可以通过人来掌握知识进而促进事物的发展,所以知识的作用主要是通过人来间接实现。

作为一项知识元素,在市场经济的大潮中乡土知识具有一定的公共品特征,设置乡土知识产权保护的最终目的是要将具有公共品特性的乡土知识转化为私人产品,从而保证乡土知识的独占性和权力性,未经许可不能对其乡土知识进行传播、使用与开发。但是,从目前对于乡土知识产权的保护来看,整体还比较薄弱,这一方面是由于农民法制观念的落后与维权意识的薄弱;另一方面是由于市场经济条件下资本逐利对于乡土知识与资源无节制的开发。所以面对市场经济的发展,乡土知识的开发与挖掘需要进一步来规制乡土知识的产权保护。

(四) 知识体系的碰撞与话语体系的形成

科学技术迅猛发展的现代社会其主要动力来源于科学知识的传播与普及,科学知识体系所具有的高度严密性、精确性、可操作性优势使其对于传统乡土社会中的乡土知识体系产生了强烈的冲击,两种不同知识体系的碰撞产生了不同的话语体系。由国家强大行政力量所主导的科学知识向农村的传播主要是通过农业技术的扩散、文化宣传、教育普及等方式进行的,农村社区中的乡土知识在遇到科学知识的侵入时会显得极为脆弱,尤其是近年来随着中国城镇化步伐的加快与新农村建设的兴起,科学知识随着外来文化一起在乡村社会普及,传统乡土知识的繁荣受到了极大的挑战,在乡村社会中形成了科学知识主导下的话语体系。

科学知识对乡土社会话语体系的主导限制了乡土知识体系功能的有效发挥,特别是在一些民族地区与贫困地区,农民的整个话语体系受到了相应的剥夺。地方发展摒弃了原住民的乡土知识、本土知识、

---

[1] 张耀辉:《知识产权的优化配置》,《中国社会科学》2011 年第 5 期。

地方知识等乡土知识资源体系，而给乡土知识戴上了落后、传统、愚昧的"帽子"，农民长期以来形成的知识体系与话语权被排斥在了发展的边缘，违背了可持续包容性发展的科学理念，从而使这些地区的减贫难上加难。

三 减贫理论的反思：真正实现持续与包容性发展

当前中国的减贫已经到了攻坚克难的关键期，2011年印发的《中国农村扶贫开发纲要（2011—2020年）》中谈到，到2020年稳定实现扶贫对象不愁吃、不愁穿，保障其义务教育、基本医疗和住房。贫困地区农民人均纯收入增长幅度高于全国平均水平，基本公共服务主要领域指标接近全国平均水平，扭转发展差距扩大趋势。[①] 这一减贫目标的确立对今后一段时间内中国的反贫困提出了提纲挈领的规划。但是在减贫的过程中必须巩固好已有的减贫成果，避免前功尽弃现象的发生，实现这一任务必须在减贫过程中遵从持续性与包容性的发展理念，从而达到良好的减贫效果。在持续性层面重点是强调乡村社会农业生态系统持续性与抗风险能力，而在包容性层面重点是发挥乡土资源知识体系对于减贫的作用，依靠地方传统知识与乡土知识来发挥乡村社会自身在减贫中所发挥的功效，从而让乡土资源有意义地参与到减贫的实践中，并且公平地分享乡土知识所带来的惠益。

（一）农业生态系统的可持续发展与抗风险能力

农业生态系统的可持续发展，就是不以破坏农业生态环境为代价来换取农业的发展，把资源合理开发利用、高效产业发展和生态系统恢复及改善有机结合，达到经济效益、社会效益和生态效益的统一。[②]

[①] 新华社：《中国农村扶贫开发纲要（2011—2020年）》，中央政府门户网站，www.gov.cn，2011年12月1日。

[②] 王东阳：《我国农业生态系统的现状、功能与可持续发展分析》，《中国农业资源与区划》2006年第2期。

在农业生态系统中，来源于传统乡土知识资源体系的传统物种、种植技术、管理经验在维持农业生态系统的稳定性与提高抗风险能力方面发挥着巨大的潜能，现代工业社会在以发展主义为主导的理念下农业工业化的趋势不断加强，以科学知识为核心的现代农业技术、种植品种、管理模式向农村的不断渗入提升了农业生态系统的复杂性，进一步增强了农业生态系统的系统功能性，但是，这也极大地破坏农业生态系统的自我循环，阻碍了农业生态系统的可持续发展能力与抗风险能力，如浓缩高技术的外来物种的侵入对于农业生态系统生物多样性的破坏。在传统乡土社会中，农民所掌握的乡土知识虽然缺乏科学理论的支撑，但是从长远来看符合生态系统的循环，具有较强的抗风险能力。

（二）乡土知识与包容性发展

包容性发展强调发展主体的人人有责，发展内容的全面协调，发展过程的机会均等，发展成果的利益共享，是一种更加全面、更趋公平、更具人文关怀的发展理论。[①] 乡土知识对于实现农村社会尤其是贫困地区的包容性发展发挥着较大的作用。从乡土知识发挥的功能来看，其对实现农村的包容性发展与减贫的作用主要表现在以下几个方面：首先，乡土知识来源于原住民的创造，是农民在长期的生产生活实践中积累的知识，拥有顽强的生命力，挖掘乡土知识将使农民积极地参与到农村发展的实践中，肯定了农民在农村发展中的主体地位；其次，对于乡土知识的保护和对乡土知识产权的明晰将使整个社会公平分享乡土知识带来惠益，从而发挥乡土知识的有效价值；最后，乡土知识对于科学知识的包容将有效地促进不同知识的惠益分享与互补，从而走向公平发展，这种包容性主要表现为乡土知识在和科学知识的碰撞过程中相互的弥补与借鉴。

---

① 高传胜：《论包容性发展的理论内核》，《南京大学学报》（哲学·人文科学·社会科学版）2012年第1期。

四　中国通过乡土知识促进减贫的经验

进入21世纪以来中国在减贫方面取得了举世瞩目的成就，也在扶贫治理方面积累了丰富的经验。但是在肯定成绩的同时我们也看到在某些方面仍然存在较大的挑战，这些挑战主要表现为以下几个方面：第一，贫困人口数量依然庞大且脆弱性明显，经济发展"边际效益"开始递减；第二，贫困地区落后面貌总体改善，发展不平衡的问题突出；第三，部分地区已经实现整体脱贫，特殊类型地区和特殊群体的贫困问题仍积重难返；第四，贫困地区生态环境恶化趋势初步遏制，但生态环境保护区的农民生计问题还没有稳定解决。[1] 面对以上几个方面的问题有必要在减贫方面探索新的模式与路径，从而实现减贫的持续性与包容性。作为农业生态系统的重要部分，乡土知识（资源）将在未来减贫过程中发挥较大的作用，如何利用好和发挥好乡土知识对于减贫的推动力已经成为目前农村在反贫困与贫困治理方面值得探索的重要议题。

（一）乡土知识在减贫中促使贫困群体从中直接受益

在世界很多地区，特别是发展中国家，乡土知识在诸如资源利用、乡村土地利用规划、农村发展、生物多样性保护、森林管理以及医疗保健等方面都被证明是极为有用的知识体系。[2] 从乡土知识的持有者来看，主要是发展中国家贫困山地居民在日常生活实践中所创造和传播的知识体系，如山区地带的传统中草药、森林保护区的风水林文化、庭院经济文化、森林防火技术等，这些传统乡土知识对保持生态平衡与实现自然资源的可持续发展做出了突出的贡献。例如，黔东

---

[1] 程玲：《新阶段中国减贫与发展的机遇、挑战与路径研究》，《学习与实践》2012年第7期。

[2] 张劲峰、耿云芬、周鸿：《乡土知识及其传承与保护》，《北京林业大学学报》（社会科学版）2007年第2期。

南地区的侗族基于风水观念的村落布局而形成的"防火"的地方性智慧。从村落选址来看,侗族村寨多选取平坝且水资源充足之地建寨,以山脚河岸的村落选址为典型。侗族村落布局有着特定的"风水"观,其中也嵌入了有关火灾及其防治经验的历史累积,十分注重在村寨中精心建构水系网络,并在房前屋后设置具有日常养鱼兼消防蓄水功能的水塘,水塘中的水是活水,村民们在其中养有鲤鱼,保证了水的清洁。流动的水系,不仅为村民生活带来了方便,更是火灾发生时易于取用的消防用水。此外,与许多侗族村寨一样,地扪的粮仓修建也有着独特的防火考虑。粮仓为木质吊脚楼结构,底部木柱立于地面的水塘中,也可移动木梯出入粮仓,木梯不用时便收纳起来,借水向实现防鼠、防火功能。而且村中粮仓是集中修建的,在民居建筑聚集区之间,还常修建一个晒粮食的坝子作为防火线,以降低民居火灾对粮食的威胁。

发挥乡土知识在减贫中的巨大作用,形成对于乡土知识产权的保护将进一步扭转乡土知识的细碎化困境,实现乡土知识体系的系统化与规范化管理,进而更好地发挥乡土知识在促进地方经济与社会发展中的中坚作用。目前在部分地区针对乡土知识产权的保护活动已经开始进行,如反映农民日常生产活动的地方戏曲、舞蹈等很多文化元素已经被列为地方非物质文化遗产,使其知识产权得到了明确,文化传承人受到了一定的政策性保护。同时乡土知识产权的保护也是对贫困群体权利的有效维护,并有利于发挥农民自身对于减贫的贡献。广大贫困地区农民所掌握的乡土知识资源将使农民直接受益,但是这种受益必须通过国家对于乡土知识的产权保护来实现。

乡土知识的惠益分享是发挥乡土资源促进减贫的有效手段,贫困地区的农民由于生活环境的闭塞和文化知识的欠缺对于乡土知识的价值缺乏一定的了解,很多地方的丰富的乡土知识没有得到有效的开发与保护,致使乡土知识流失和失传,也有些地区虽然乡土知识得到了有效的开发,但是乡土知识往往成为外来资本逐利的工具,农民并没有获得相应的惠益。乡土知识的惠益分享将在乡土知识的挖掘与开发过程中使农民及乡土知识的开发商等多种主体共同受益，并且使其多方参与到乡土知识保护的过程中去。这样将有效地促使贫困地区与外界的交流，提高贫困地带文化的开放度，消除长期以来在贫困地带蔓延的贫困文化，吸引更多社会资本等外来主体参与农村扶贫开发，促使扶贫开发主体的多元化。同时建立良好的惠益分享机制将使以贫困农民为代表的弱势群体的利益得到有效保障，提升农民的维权意识，使农民享受到乡土知识所带来的惠益，从而提高贫困地带农民的生计自信与文化自信。

（二）乡土知识所依赖的乡土资源是农民减贫过程中重要的自然资本

农民所掌握的自然资本对实现自身的可持续生计发挥着不可替代的作用。从乡土知识层面来看，这些自然资本可以分为艺术类、科技类与习惯类三大类。其中艺术类是指内容上主要体现艺术要素的传统知识，具体包括故事、传说、寓言、叙事诗、神话等以语言文字为载体的口头或书画形式表达的艺术形式的民间文学，舞蹈与音乐、哑剧、戏曲、曲艺、杂技等声音、动作或声音动作结合的艺术，以及绘画、雕刻、陶土艺术、马赛克、木刻、金属制品、刺绣制品、纺织品、服饰装束、乐器等以手工或以其他方式制作的造型艺术；科技类是指内容上主要体现科技要素的传统知识，具体包括物理、数学、天文学理论与实践方面的科学知识，在冶金、医药、防治、农业耕作、建筑、狩猎、捕鱼等方面的生产生活实践中长期积累形成的技术知识；习惯类是指内容上主要体现传统习惯要素的传统知识，具体包括宗教典礼祭祀礼服等宗教传统仪式，以及传统节日、传统饮食、婚丧习惯、服饰传统、传统体育运动项目、传统游戏、民间谒拜等民间习俗。①

这些自然资本作为农民的一笔巨大财富在其减贫与促进农村发展

---

① 周方：《传统知识的法律界定》，《情报杂志》2005年第12期。

方面发挥了巨大的功能。如在中国西南少数民族扶贫开发区域，这些地区农民在日常生活中所形成的舞蹈、戏曲、音乐等成为旅游扶贫的重要自然资本，成功带动了当地农民的脱贫与致富，促进了地方经济的发展，为区域减贫做出了巨大贡献。又如在中国西北一些地区所形成的陶土艺术、雕刻等乡土造型艺术有力地带动了农民的增收，成为地方经济发展中的一大亮点。同时在中国一些山区地带所流传的医药技术、狩猎方法、气象等乡土知识在促进农民的增产增收与医疗保健方面发挥了极大的作用。在对自然资本的利用方面，地处闽西南的平和县依托当地蜜柚所打造的"地理标志产品"成为促进当地农民增收的一项重要资源。依托当地良好的自然条件，例如，在福建省农科院的支持下，平和县从传统琯溪蜜柚基因芽变植株中新培育出了三红蜜柚、红绵蜜柚、红皮橙肉蜜柚、黄金蜜柚等新柚类。包括原有的传统琯溪蜜柚和红肉蜜柚，平和县已拥有本地原产的六个蜜柚品种。新品种的推广，为平和蜜柚产业的更新换代，保持平和县蜜柚产业发展后劲以及巩固脱贫致富成果，奠定雄厚的物质基础。在当地的坂仔镇峨嵋村，家家户户种柚子收入少则十多万元，多则上百万元。昔日陌生的山林变成了自家的田园，曾经野兽出没的地方早已成为布满柚子树的山坡。这种环境的变化，使柚农对赖以生存的山地充满了感激之情。正是这份对待土地的感情，也增进了他们对家乡历史文化的珍爱。

另外，作为一项乡土自然资本，实现其可持续性发展与最大限度发挥其作用是将来乡土知识保护的重要措施，其中最为重要的是乡土自然资本的权益保障，要让掌握这些乡土知识的农民获得一定的权益保障，尤其是在乡土资源的开发、继承与保护上充分尊重农民的选择，维护农民的权利。

（三）乡土知识可以增加农民用于减贫的人力资本

人力资本是一种能增加劳动者价值的资本，是体现在劳动者身上的、以劳动者的数量和质量表示的资本，是劳动者掌握的知识、技能和其他一些对经济社会发展有用的才能。① 作为乡土知识的掌控者，农民在乡土知识的挖掘与获取过程中提高了自身运用乡土知识改造生态系统和提升生计水平的技能，从而更有利于生态系统的保护和农民生计的改善。人力资本的核心是提高人口质量与素质。乡土知识在提升农民的人力资本和减贫方面主要表现在以下三点：第一，农民不断获取和积累的乡土知识与乡土文化提升了自身的农业生产技能，使农民掌握了大量的生产经验，大大增加了人力资本的存量，而这些知识也为农民提高收入与摆脱贫困奠定了基础；第二，乡土知识在农村的有效传播与推广使更多的农民获取了乡土知识、文化与技能，掌握乡土知识的劳动者数量获得增长，从而大大增加了人力资本的流量，使乡土知识在农村不断延续和继承，提高了乡土知识减贫的可持续性；第三，乡土知识是通过非正式的手段获取的，如日常的探寻、试验、咨询等，而不是通过教育或者培训获得的，所以在获取途径上成本较低，符合贫困人口群体的现实状况。

在贵州郎德苗寨的旅游开发过程中，一直将"所有人为村寨的建设和保护出过力，应该家家受益"的核心原则延续至今，村民在决策与管理、经营与接待以及社区文化资源、环境保护中将其居于核心主导地位。其全民参与、自组织管理、以工分制为分配特征的制度安排，探索出了一种新的人力资本经营模式，郎德苗寨采用全面参与的参与形式与分工制的分配制度，在西部少数民族贫困村寨文化旅游资源开发中独树一帜。村寨的核心旅游产品为进寨的12道"拦路酒"仪式和铜鼓坪的"歌舞表演"，吸引中外游客跋山涉水来到这里。这两项核心产品的参与性、体验性、文化性极强，需要整个村寨社区的共同参与才能完成，且拦路酒和铜鼓坪表演本身就是全体村民的专利。"工分制"体现出的是只要参与就有报酬，人人有责，人人有份，既保证了旅游产品的质量，也有利于激发群众参与的积极性，极大地发挥了当地的人力资本优势，这种自我组织，村民参与决策与管理的

---

① 惠宁、霍丽：《论人力资本理论的形成及其发展》，《江西社会科学》2008年第3期。

模式也是建立在当地乡土知识基础之上所形成的管理模式。

乡土知识在另一方面也有效地提升了农民的乡土自信。近年来随着城镇化和人口迁移的不断推进，一些地方的乡土知识与乡土文化濒临灭绝。为了对乡土文化与乡土知识进行保护，国家从战略层面制定了相应的政策与措施，如对于一些乡土知识和乡土文化传承人的物质奖励，帮助其申请非物质文化遗产，这些举措不但使乡土知识的保护有章可循，而且极大地提升了乡土知识掌控者的自信心，在鼓励农民进行乡土知识传播、推广与保护过程中发挥了重要的作用。陷于结构性贫困陷阱中的贫困人口由于长期以来面对较差的生活条件、脆弱的生态环境、较低的资金收入和较窄的人际交际圈，与城市人口相比对于生存状态改变和脱贫致富的自信心较小。乡土知识作为贫困地区贫困人口所掌握的知识与文化极大地拓宽了这些地区农民获得人力资本的途径。在未来的减贫过程中乡土知识将有效地增加农民减贫过程中的人力资本。

（四）乡土知识为贫困人口实现减贫积累了丰富的社会资本

从贫困地区人口社会资本关系特征来看其整体处于较弱的状态。穷人的交往半径远远小于其他人，与他们互动最多的主要是其亲人、族人和乡邻，他们相互之间形成了紧密的关系纽带。同时，他们对外界很不了解，贫困这一事实本身严重制约了穷人延伸自己的交往半径，将他们的活动范围严格制约在传统的交通方式所能达到的狭小领域内，使他们交往互动的人员集中在一个狭窄的地域范围内。[①] 从贫困地带农村社会的基本特性来看，较高的同质性导致了贫困的锁定，所以打破这种锁定实现社会资本的异质性将是实现这些地区减贫的重要途径。从社会资本层面来看，拓宽贫困群体的交往半径和实现社会资本的异质性将是未来减贫的重要举措。

---

① 周文、李晓红：《社会资本与消除农村贫困：一个关系—认知分析框架》，《经济学动态》2008 年第 6 期。

本土知识促进减贫发展

同样是在位于贵州雷山县的郎德苗寨，依托当地 12 道拦路敬酒、参观寨容寨貌、观看村民组织的歌舞表演、参观郎德苗寨博物馆和杨大六故居、购买民族工艺品、吃住农家等乡土文化知识资源发展起来了少数民族乡村旅游。自 2000 年以来，雷山县政府先后到北京、上海、广州、重庆、贵阳等地召开新闻发布会，发放雷山旅游宣传资料；多次参与省州组织的珠江三角洲旅游促销活动；通过举办近十年的"苗年节"等活动，雷山旅游知名度和美誉度不断提升，确立了雷山作为中国苗族文化中心的地位，对郎德苗寨旅游发展起到了重要的推动作用。尤其是 2008 年奥运圣火传递凯里站在郎德举行火炬传递起跑仪式，更是让全国乃至全世界的人们认识了郎德苗寨，国内外游客慕名而来，当年游客数量为郎德苗寨历年之最。为提高村民参与旅游发展的能力，雷山县旅游局、文物局等部门多次采取"请进来、走出去"的方式，组织相关领域专家进驻郎德苗寨为村民提供歌舞展演、烹饪技能、服务礼仪、法律法规等内容的免费培训；组织村干部及部分村民代表到广西桂林、四川成都、贵州天龙中堡等乡村旅游地考察、学习。通过这种交流与互动，郎德苗寨与外界建立一定的联系，为其发展积累了有效的社会资本。

在乡土知识的挖掘过程中，贫困人口在乡土知识经验积累、传播及使用中通过一定的交流不断延伸了自身的交往半径和社会关系，人们通过茶余饭后的聊天和日常的人情交往来交流农事生产中的各项技术与经验，在此过程中乡土知识通常是作为一种媒介来实现人与人之间的良性互动，通过乡土知识建立起社区公共空间，即所谓的场域使其成为贫困群体积累其社会资本的重要场所，来促进农业生产和提升生计水平的技能。另外，通过乡土知识的惠益分享也可为贫困群体积累相应的社会资本，在惠益分享过程中农民与外来资本的合作与交流将有效地拓宽他们的交流半径，提高社会资本的异质性，如有些地区在"一村一品"发展过程中，将农民的农副土特产与外来资本进行结合，外来资本负责土特产的品牌申请和宣传，农民负责产品的原料的供给，这种模式有效地实现了乡土知识的惠益分享，最为重要的是这种做法实现了农民与外来人员的有效交流，拓宽了农民的交际圈，进而丰富了农民的社会资本，农民在与外来资本的惠益过程中建立起来的这种社会资本将为乡土知识的繁荣以及实现可持续的减贫发挥较大的作用。

（五）乡土知识有利于贫困群体的营养健康和生计安全

与科学知识相比，乡土知识独有的优势对于保障贫困群体的营养健康和生计安全具有重要的作用。在营养健康方面，乡土社区或族群社会在长期的社会实践中总结了许多关于生命病理、生物药用及其两者对应关系的知识体系与经验，形成了大量独特的关于疾病诊断与治疗的土方、单方、验方、民间疗法与疗技，以及妇幼保健、儿童养育与营养等方面的乡土办法与习俗。这种基于生存环境和文化传统的乡土医药知识千百年来一直在乡土社区或族群社会的医疗保健中发挥着积极的，甚至是难以替代的作用。[1] 各民族独具特色的中草药疾病治疗及养生保健之道与西方医学有着迥然不同的医疗保健思路和方法，并在千百年的实践经验中被证明其行之有效。这些医疗保健方式方法取材于各地独特的自然环境与资源，取材方便、成本便宜，不会给当地民众形成沉重的负担。在一些贫困偏远地区，传统医药是低收入家庭唯一负担得起的治疗药品。对于贫困群体来说，他们拥有的这些乡土医疗保健知识对于其医疗保健发挥较大的作用，有利于提升他们的营养健康水平。

在生计安全层面，以乡土农业知识为基础的传统农业生产生活方式保持着自给自足小规模生产发展状态，在知识、资源、市场等方面对外部的依赖性很小，生产生活往往沿着传统的轨道在大致不变的自然环境里不断循环，并且其知识被当地多数人所熟悉和深入掌握，因此对外依赖性很小，受到外界影响而产生的风险较小，其自身所具有

---

[1] 柏桂喜：《乡土知识及其利用与保护》，《中南民族大学学报》（人文社会科学版）2006年第1期。

的风险通常是在可预测、可控制、可承受的范围之内。以现代科学技术知识为基础的现代大规模市场化农业生产生活方式,农民在其知识、资源、市场等方面严重依赖外部主体,一旦发生不测现象,农民一方面根本无法控制局面;另一方面其造成的损失所带来的打击是巨大的,甚至给农民带来灭顶性的灾难。与外来的科学知识相比,乡土知识是在利用当地生态资源中发展起来的,较少依赖外来的科学技术,通常比外来科学知识投入较少的资金与人力,更加便于理解、掌握和应用。所以在减贫方面乡土知识将大大节省农民的生活成本与生活压力。

(六) 乡土知识的多样性和稳定性将有效地促进贫困地带乡土生物文化多样性与社区的可持续发展

贫困地带的扶贫开发是一项系统和持久的工作,促进贫困区域的社会发展是扶贫治理中的一项重要任务。而乡土知识作为这些地区的优势资源在促进当地的社会综合发展方面具有较大的作用。乡土知识具有丰富的多样性,其主要包括乡土农业生产知识、农业生活知识、乡土自然资源知识、乡土文化习俗知识、乡土传统医药知识等。这几大乡土知识在一个农村社区内部构成了一个综合的难以分割的乡土知识体系和系统,相互之间联系紧密,其中以乡土农业生产知识为核心。农业生产是当地社区生存和发展的根本,当地的农业生产方式决定了其成员对于当地自然资源、社会文化组织和健康管理的看法、经验、智慧和行为方式。贫困地带的发展不仅只限于经济层面,还包括政治、文化、科技、生态等各个层面。而从乡土知识对于地方发展的贡献来看基本囊括了以上这几个层面。在一些贫困地区积累的养殖、种植、纺织、狩猎技术极大地提高了当地农民的经济收入,如云南大理农民的传统鱼鹰捕鱼技术等;在乡土生活知识方面,包括食品加工处理与饮食方式,如湖南农民对于传统酸豆角的制作方法与工艺等,极具地方文化特色;在乡土自然资源知识方面,依靠土地、森林、水、矿产、海洋等资源而形成的知识体系是山区人民生存与发展的物质基础，如云南藏族农民关于"神山""神湖""圣地"的看法与信仰及其背后行为方式对于保护当地森林资源、水资源和生物多样性发挥了重要作用；在乡土文化习俗方面，传统节日、戏曲、宗教、体育活动等有效地丰富了农民的文化生活，如在陕西南部秦巴山区所盛行的花鼓戏、渔鼓戏等；在传统医药知识方面，一些地方所种植的传统中草药，以及祖传药方等对改善农民的健康水平发挥了较大的作用。

多样化的乡土知识在保证贫困地区生物多样性的基础上实现了社区的可持续发展。例如，位于云南丽江宝山石头城村，这个生活着220户纳西家庭的村落有一个传承近1400年的梯田和水渠系统，并有20多种主粮作物和180余种地方作物及野生近缘品种，是一个宝贵的生物多样性热点村。2013年在中国科学院农业政策研究中心的行动研究小组的大力配合之下，通过参与式的方式在该村所设置的"农民种子网络"和"种子银行"，在5个项目社区进行了黄豆地方品种的就地保持和参与式选种试验，石头城村就是其中一个试点。为了使试验效果最大化，鉴定各参与试验品种的地方适应性、经济性状、增产潜力、稳产性、抗逆性以及其他重要品种特性，石头城的两名试验负责人在海拔相差300米的田块里进行31个品种的适应性试验，均取得了良好的效果，有效地提升了当地农民的生产技能与经济收入，其多样性，互补性和完整性，成就了她的公平、包容和可持续发展。

（七）有特色、差别明显、低成本的乡土知识使贫困地区在发展中获得了一定的竞争力

现代科学知识在效率、效益、技术等短期可见比较指标方面具有强大的优势，因此，成为推动现代科学技术进步的重要动力，但是，当前随着生态、文化、社会、精神、环境等方面问题日益突出，传统乡土知识的价值就显得尤为重要。中国是一个多民族的国家，各个民族在长期的日常生产生活中积累了丰富的乡土知识，而且每个地方的乡土知识通常都有鲜明的特色与明显的差异，这些特色与差异蕴含了一个地方的地方文化与风土人情，成为塑造地方知识与文化的有效载体，并且使地方在发展过程中积累了一定的文化基础，成为贫困地区提升自己软实力的重要资本。如在很多地区所推广的"一村一品"样本，借助本村的乡土知识与地方传统形成了各具特色、差异明显的地方传统作物与产业发展格局，逐步形成了"人无我有，人有我优"的良好发展态势，有效带动了农村经济的发展。在部分贫困地区已经借助这些特有的乡土知识与乡土文化发展旅游、休闲、观光等产业，这些产业有效地带动了贫困地区农民减贫的能力，并且成功挖掘与弘扬了地方传统知识，提高了地方发展的竞争力，尤其是在一些边远少数民族贫困地带，近年来通过乡土知识提升了当地的知名度和经济发展能力。位于陕西关中地区凤翔县的六营村是当地有名的民俗村，村民主要以制作泥塑而闻名，泥塑这种工艺从明代传入六营村以来一直没有失传，在六营村以胡氏家族为代表的民间乡土知识传承艺人所做的"泥塑十二生肖""马勺脸谱"等深受男女老少的喜爱，每年吸引了大量的来访者前来参观、学习和购买，而该村也被确定为陕西省文化产业示范基地，泥塑被列为第一批国家非物质文化遗产，泥塑当中的生肖羊和生肖马还被国家邮政总局作为农历羊年和马年的生肖邮票，现在很多泥塑都销售到了海外。在凤翔县泥塑这种承担着民俗乡土知识的工艺不但促进了地方村落文化的发展，而且提高了地方的知名度与竞争力。

与科学知识相比，乡土知识的成本低，代价小，发展潜力大。乡土知识一般为农民自身所掌握的生产技术与生活知识，在传播与推广过程中不需要花费太多的人力、物力与财力。通常通过代际传承、口头传播、潜移默化的途径来获得。这样一来大大减少了乡土知识在指导农民进行农事活动中的运作成本，有效地减轻了农民的经济负担与承受的技术风险。在贫困地区的发展过程中，乡土知识的低成本特性大大减小了贫困地区减贫的难度，使其能够有能力和有精力投入更大的资本发展与乡土知识相关的其他辅助及配套的基础设施，从而为乡土知识的弘扬与发展提供一定的基础性保障。

（八）乡土知识为妇女、少数民族与穷人等弱势群体在减贫中提供了宝贵的发展机遇

从乡土知识的分布情况与乡土知识的传播过程可以看出，乡土知识主要分布在一些贫困边远的少数民族地带与山区地带，这些地区信息闭塞、交通等基础设施较为落后，与外界的联系较少，农民在日常的生产实践中仍然保留着许多传统的农事生产活动与文化遗产，从而使这些地方有着浓厚的地方知识特色与传统乡土文化气息。从乡土知识传播的过程来看，妇女在其中发挥了巨大的作用。近年来，随着大批男性农民的外出务工，农村中的留守妇女成为进行农业生产活动的主要劳动力，这些妇女群体在农业生产与生活实践中主要进行乡土知识的挖掘、传播与使用，妇女成了乡土知识传播中的有力载体。同时一些少数民族地区，成为乡土知识与文化的聚居区，这些地带的少数民族农民和汉族农民相比拥有更多的地方传统文化资源，如中国西南地区的云南和贵州两省是少数民族聚居的主要地方，这些地区都聚集了中国大量的贫困人口，减贫压力大，任务重，但是其所拥有的少数民族文化却是这些地区吸引外来人员的有力资本，有效地促进了地方传统知识的发展与地方知名度的提高。

秦巴山区略阳县石状沟村贫困户侯某，2010年外出务工在建筑工地打工时因为意外事故而致使腰部受伤从而失去了一定的劳动能力，平时在家只能干些轻活，侯某受伤之后整个家庭的收入大大减少，每年只靠微薄的种地收入来维持家庭的基本生计。从2013开始，国际行动援助组织（NGO）、中国农业大学与当地政府在共同的合作与协调下在该村设置了"村庄环境保护岗"。侯某被确定为"村庄环境卫生保护岗"岗位责任人，主要负责村里的河道与道路清洁，每周花费1天的时间捡拾河道与道路垃圾，每年可获得由国际行动援助组织提供的1200元的岗位补贴。该村村主任马某说："岗位设置之后，贫困户自身不但获得了一定收入，而且村庄环境卫生也大为改观，虽然岗位补贴不多，但是作为岗位责任人员，让侯某充分感受到了自己的价值，贫困户通过岗位参与到了村庄公共事务治理过程中，极大地提升了他们的自尊心与集体荣辱感,提升了贫困人口的脱贫能力和信心。

贫困人员等弱势群体的发展除了借助外来资本的援助之外,最重要的还是要培育以地方知识为核心的内源能力建设,乡土知识作为一种有力的媒介在其中发挥了重要的作用,乡土知识成为贫困者实现减贫的有效资本与有力工具,依靠乡土知识来实现减贫可以大大减少外来输血式扶贫的压力,减轻外来资本的投入力度,从而发挥农村自身在实现减贫方面的作用。弱势群体拥有一定的乡土知识资源,在减贫的实践过程中还需要国家进行有效的乡土知识开发与挖掘,从而使这些乡土知识资源真正成为农民实现减贫的有力工具。因此这一方面现在仍需国家的有效支持。

五 促进乡土知识减贫所面临的问题

乡土知识的传承与保护有力地促进了农村经济的发展,对贫困地区的扶贫开发发挥了极大的作用。但是从发展的可持续性上看,乡土知识在促进减贫方面仍面临较多的问题。以环境保护名义对乡土资源的隔离,现代科学技术话语霸权对乡土知识发展的影响,以及乡村社区"空心化"对乡土知识传承与再生产的阻碍,市场的失衡等已成为困扰乡土知识传播的主要瓶颈,也是困扰扶贫开发顺利进行的主要困难。

(一) 因生态保护政策偏差造成对于乡土资源利用的隔离

良好的生态环境对乡土资源的可持续性发展起到了很好的促进作用,但是这也为乡土资源的隔离找到了有力的借口。很多地方部门借助生态环保的名义阻碍乡土知识资源的有效传播与挖掘,从而使乡土资源在开发上难上加难。在生态发展中处理好环境保护与乡土资源开发之间的关系已成为新时期生态文明建设过程中需要进一步关注的问题。对乡土资源的隔离阻碍了农村传统文化与地方知识的有效传播,挫伤了农民依靠乡土知识脱贫致富的积极性,也不利于乡村生态的可持续性发展。另外,对于乡土资源的隔离也阻碍了外界对于乡土知识的惠益分享,限制了乡土知识从农村向城市的流动,不利于全社会对于乡土知识的保护。在乡土资源开发过程中外来资本在其中发挥了较大的作用,而对于乡土资源的限制开发将外来资本阻在了乡村社会的外缘。这种借助生态保护名义来对乡土资源进行隔离的方式严重违背了乡土知识开放、包容的特征,也对贫困地带的减贫造成了一定的负面影响。如近年来在发展乡村旅游时,一些地方因为其对于乡土资源的破坏而屡屡将其拒之门外,限制了乡村旅游业的发展。

(二) 现代科学知识话语对乡土知识的忽视

话语是指能够完整表达一个意思或思想的语言或文字,是人们在某种特定现实生活中的语言活动,它既是一种表达方式,也是一种思维方式和行为方式。[①] 现代科学知识的主要目的是征服自然、征服世界、满足人类无穷欲望、追求普遍客观真理,其思维方法是专门别类逐渐延伸,其研究方法是重视可见可测的实证数据,简化抽象的数理统计方法是其深入开展展示成果的重要工具。这些特点使现代科学知识在满足人类目的方面具有强烈的扩张性和侵略性,在追求表面可见的物质生活需要满足的同时日益失去对不可见的内在情感和精神生活需求的关注,使人们变得更加简单而短视。科学知识在发展过程中所掌握的话语主导权对乡土知识的发展造成了一定的歧视,人们对于科学知识的盲目崇拜和盲目推崇限制了乡土知识的有效推广与传播,剥夺了农民利用乡土知识发展农业生产的权利。从长期来看不利于科学知识与乡土知识的融合与发展。

(三) 城市化使乡土知识的传承与发展缺乏传承人

在现代科学技术思想与知识的影响下,传统农业社会被当作落后的象征,城市化与工业化指标已经成为各个国家竞相争取实现的国家目标,相应地,离开农村、外出务工、移入城市已经成为很多农民的

---

① 周跃敏:《改变话语体系》,《新闻战线》2009 年第 9 期。

事业追求。首先，城市化转移了中国传统乡村大量劳动力，使得传统乡土农业知识的传承与发展后继无人；其次，城市化与工业化、科技化、市场化一起促进了当地传统农业生产生活方式的解体，使得传统乡土农业知识没有了用武之地；再次，城市化促进了传统农村社会组织的解体，使得传统乡土农业知识的传承发展没有了社会组织条件；最后，城市化促进了传统乡村社会人与人之间社会关系的解体，使得传统乡土农业知识的存在缺少了社会文化氛围。2006年全国第二次农业普查结果显示，全国农业从业人员中20岁以下的占5.3%；21—30岁的占14.9%；31—40岁的占24.2%；41—50岁占23.1%；50岁以上占32.5%。[1] 数据表明，中国农业从业人员女性化与老龄化现象较为严重。中国农业大学课题组对全国10个省市20个村庄的调查发现农业劳动力的平均年龄为57岁，这些农民从事农业生产活动力不从心，抛荒、减少种植复数、粗放种植等在一些地区成为应对农业劳动力老龄化的普遍措施。[2] 农村人口的大量外出以及老龄化现象的不断加剧使得乡土知识的传播缺乏传承人，农村乡土知识濒临灭绝的危险态势，很多与农民日常生产生活密切相关的知识已经很少有人明晓和熟悉，传统知识面临着灭绝的危险。

（四）市场的失衡影响了乡土知识的传播与发展

在市场经济大环境下，乡土知识较低的收益影响了其传播与发展，虽然农民掌握着丰富多样的乡土知识，但是这些乡土知识并没有转化为农民的可观收入，一方面是由于在乡土知识的市场准入方面还没有建立起一套切实可行的规章制度；另一方面是对乡土知识的开发与成果转化方面还存在创新不足和理念滞后的现象，没有将丰富多样的乡土知识转化成市场所需的东西，所以乡土知识的发展仍然处在停滞状态。在乡土知识的发展过程中，没有建立起一套可行的市场

---

[1] 国务院第二次农业普查领导小组办公室、中华人民共和国国家统计局：《中国第二次农业全国普查资料综合提要》，中国统计出版社、北京数通电子出版社2008年版。

[2] 朱启臻：《培养职业农民是一项战略任务》，《农民日报》2012年1月11日。

准入制度，很多乡土知识被排斥在了市场的边缘，无法获得有效的推广。在对乡土知识开发的过程中，农民由于较弱的经济条件限制了对于乡土知识的开发力度，农民在乡土知识的开发过程中无法承担起其高昂的成本，这也从客观上阻碍了传统乡土知识的传播与发展。市场化的改革使人们的追求由经济、社会、文化等多元目的简化为对于经济效率和效益的单一追求，其发展是对于金钱的追求，进而忽略了对以传统乡土知识为核心的生态、社会、文化、精神等其他方面的追求。

乡土知识在传播与发展过程中所面临的以上几个问题已经成为当下繁荣乡土知识与乡土文化过程中亟须破解的难题。目前，随着中国城市化建设步伐的加快与市场经济的不断发展，乡土知识对于减贫方面的贡献仍然需要继续挖掘，我们在发展过程中也清楚地看到，由于乡土资源知识体系缺场造成的地方社会发展失败的案例比比皆是。一方面要求中国在未来的减贫过程中必须重视传统乡土知识的保护与发展；另一方面必须重视乡土知识对于减贫所发挥的积极作用。

（五）科学知识主导下对原住民权利与利益缺乏有效的政策性保护

在以科学知识为主导的现代社会中对于原住民乡土知识缺乏有效的法律和制度保障。目前对于知识产权的保护主要集中在科学知识层面，而对乡土知识的开发与产权保护缺少明确的法律条文，这在一定程度上导致原住民权利与利益的受损，原住民在乡土知识的传承与保护中失去了一定的话语权，其主要表现在以下几个方面：第一，对于原住民的权利缺乏有效的保护，没有将其纳入正式的法律与制度规定中，所以在乡土知识的开发过程中原住民缺乏一定的话语权，如在一些乡土物种、地方产品的挖掘过程中外来资本的有效介入剥夺了原住民乡土知识的所有权；第二，在乡土知识的传播过程中没有考虑到原住民的利益，部分地方政府只从自身的利益出发，虽然有效地推进了当地乡土知识开发的力度，但是从乡土知识发展的可持续性方面来看，对农民的利益造成了一定的损失；第三，对于原住民自身缺乏有效的保护，在乡土知识的传承过程中原住民在其中发挥着主体作用，但是从目前的保护来看，主要集中在乡土知识的保护中，而缺少对于乡土知识传承者原住民的保护，没有建立一套完善的制度与有效的政策来进行有效推进。

六　促进乡土知识减贫的政策和对策

在中国未来扶贫开发过程中，如何发挥好乡土知识对于减贫的积极作用已经成为经济新常态下创新扶贫开发模式和实行精准扶贫需要在政策方面考虑的重要问题，也是中国"十三五"时期在农村减贫方面需要探索的重要议题。面对以上问题，需要从以下几个方面来认真思考和有效推进。

（一）确立"以人为本"的发展理念，促进贫困区域的全面发展

在实现减贫方面，首先，应该明确我们的发展目标，认识乡土知识与实现农村减贫的密切关系，从建设生态型社会的高度出发，在"以人为本"的发展理念下，建立一个人与自然和谐相处，自然、经济、社会与文化协调可持续发展，人们之间团结互助、长幼有序、独立自主、积极向上的发展氛围。在这其中要更多地尊重乡土知识和文化的多样性，不要以单一的现代科学知识标准去衡量社会上存在的一切知识，应该给予乡土知识更多的尊重，追求丰富多样性而不是统一性，以广大贫困者的利益为出发点，满足穷人的可持续性生计而不是少量知识阶层和权力阶层的物质与财产欲望。其次，在乡土知识的传承、开发与保护中要积极倡导参与式的发展理念，强调贫困群体的主体地位，尊重农民的知识与能力，注重农民的能力建设与利益分享。其发展方法建立在社会各角色共同参与、"平等磋商"的基础之上，"长时间的""平等谈判和磋商式"和相互"学习"是其过程特点，这种特点大大促进了社区成员间的社会交往和社会联系，创造了建立社区组织的社会基础，增进了社会资本的培育，促进了社区能力建设

和可持续发展。① 也在乡土知识的发展过程中充分发挥人的作用。最后，在乡土知识的传播过程中充分尊重其传播者、传承人、提高他们的社会地位与知识开发的能力，切实维护他们的利益，从而确保乡土知识的传播与发展后继有人。

（二）进一步促进乡土知识的惠益分享，改善乡土知识市场环境，提高乡土知识的价值认可度

首先，促进乡土知识的惠益分享仍然是未来乡土知识的开发与挖掘过程中需要进一步规范的问题，在乡土知识的惠益分享上要继续完善法律体系建设，使得乡土知识的惠益分享有法可依，有章可循，有据可查，使各个行动主体公平、公正享受乡土知识带来的利益，从而减少针对乡土知识的侵权等违法现象，使乡土知识产权进一步明朗化。其次，不断改善乡土知识市场环境，进一步规范乡土知识的消费市场，在乡土知识的开发与推广过程中建立有效的认证机制，文化部门要设置专门的机构负责地方知识的挖掘与认证工作，促使乡土知识的开发与保护切实落到实处。最后，在乡土知识的开发过程中要不断延伸乡土知识的价值链，在乡土知识的发掘、开发、保护、传播、推广过程中不断提升乡土知识的价值，通过与外来资本合作的方式提高乡土知识的转换能力，将乡土知识有效地转换为社会所需的动力，从而发挥乡土知识在社会发展中的有效价值。

（三）在乡土知识的管理上建立以社区为基础的自然资源管理方法

"以社区为基础的自然资源管理"方法的一个核心特征是：它注重将自然科学方面的专业技能与社会科学方面的专业视角进行系统整合，从而将社区的决策过程与上级机构的决策力量以及整体的背景环境相结合。② 在乡土知识的管理上要按照以社区为基础的自然资源管

---

① 李小云主编：《参与式发展概论》，中国农业大学出版社2001年版，第34页。
② ［加］罗尼·魏努力、Hijaba YKHANBAI、Enkhbat BULGAN：《以社区为基础的自然资源管理研究：理论和实践》，《贵州农业科学》2006年第2期。

理方式，具体从以下几个方面来推进：第一，在乡土知识的开发过程中要充分尊重当地原住民的作用，研究者要在当地原住民配合的情况下开展乡土知识的挖掘与保护，充分肯定农民在乡土知识保护中的主体地位；第二，建立农村原住民与地方政府以及外来资本共同联合的乡土知识保护体系，从而为乡土知识的开发与保护建立明确的行为主体，使各方有效参与到乡土知识的保护过程中来；第三，充分发挥妇女、儿童、贫困者等弱势群体参与乡土知识保护的积极性，尊重这些人的权利与利益，提高这些行动主体参与农村发展的能力，从而发挥农村贫困人口在促进减贫方面的作用。

（四）以乡土知识为依托，探索新的生态补偿机制与方式

中国的集中连片贫困地带，其中以广大山区地带为主，这些地区拥有丰富的森林资源，生态贡献巨大，是中国重要的生态安全屏障与生物多样性保存地，对于中国的水土保持、生物多样性保护、气候调节、生态环境保护以及整个国家的生态、经济、社会、文化可持续发展具有重要作用，但是从对这些地区的生态补偿形式来看没有改变山区贫困的根本状况，今后建议从以下几个方面进行探索：第一，要以这些地区的乡土知识与地方文化为主体，在政策上将扶贫开发与生态补偿机制相结合，既要满足于这些地区的减贫又要考虑到生态环境的保护；第二，以贫困地区的乡土知识为依托充分挖掘乡土知识、乡土文化在减贫与生态环境保护中的作用，将生态文化的宣传与推广纳入生态补偿的范围中来，促进地方生态建设的全方位发展；第三，探索围绕贫困群体的新的生态补偿机制，其政策的主要着力点放在提升贫困者的脱贫能力建设中，即在某些地区可以尝试简易的有条件的政策补贴试验，通过一定补贴政策动员部分村民开展相关社区管理与服务工作，并充分调动当地村民积极参与，以便促进当地生态、社会和文化的发展，同时促进当地生态文明、社会公平的建设和贫困问题的缓解。

（五）在公平贸易基础上加大对于乡土地理知识与乡土产品的认证

公平贸易主张在日常的交易活动中充分尊重经济生产弱势群体的权利与利益，为弱势生产者创造更多的发展空间，在贸易活动中保证交易价格的公平性、生产者性别的平等性、劳动条件的安全性以及生态环境的可持续性。在乡土知识的保护中要进一步加大对于乡土地理知识与乡土产品的认证。首先，各个地区，尤其对于生态自然条件好、乡土知识丰富的地区要积极开展对于地理产品的认证工作，如依托地方乡土知识所推广的"一村一品"与地理标志产品的认证等，通过有效认证来保障当地乡土知识的可持续发展，提高乡土知识所带来的惠益。其次，在条件允许的地区推广公平贸易认证，以授权的方式来保障乡土知识传承与挖掘者的有效权利，从而保证乡土知识的传承者与乡土产品的生产者获得较公平的待遇，使乡土知识与乡土产品获得有效的国际认证。最后，在公平贸易中充分尊重农民的权利与利益，尤其是对于当地原住民权利与利益的维护，确保弱势群体在乡土知识的传播过程中享有一定的话语权。

利用本土知识资源驱逐贫困
——福建平和琯溪蜜柚的地方叙事

孙庆忠[*] 赖俊杰[**]

  琯溪河畔的小溪镇位于福建省平和县东北部,虽历史久远,也是闽南的文化名镇,但它真正为世人所知晓,进而使平和拥有"世界柚乡、中国柚都"之美誉,则仰赖于这里是琯溪蜜柚的发源地。从昔日的"朝廷贡品"到今日的戴着"中国驰名商标"帽子的"中国名牌农产品",这大如斗、甜如蜜的"太阳果",不仅唤醒了沉睡的山岭,也演绎了一段农业发展的传奇。那么,小溪镇何以成为琯溪蜜柚的原产地?又是何等的机缘使这一度湮没无闻、几近绝迹的宝树佳果绝处逢生的呢?

  20世纪80年代,平和县把开发荒山、种果绿化作为脱贫致富的突破口,把抢救发展琯溪蜜柚作为主攻项目。1985年,全县蜜柚种植面积由1982年的16亩扩大到1300亩,产量由6.15吨上升到20吨。然而,此时的平和人却并不知晓这使他们后来脱掉贫困帽子的蜜柚种植从何而起,更无法想象这"摇钱树"在400多年前就已经为当代平和经济的发展埋下了伏笔。直到80年代末大雨过后的一天,在小溪

---

[*] 孙庆忠,中国农业大学社会学系教授,农业部全球/中国重要农业文化遗产专家委员会委员,长期致力于"民间文化与乡村社会组织""农业文化遗产保护与乡村发展"等领域的研究。

[**] 赖俊杰,福建省平和县工商局主任科员,平和琯溪蜜柚地理标志品牌建设首倡人和实际"操盘手",中国地理标志十大先锋人物之一;现为中国政法大学和西南政法大学地理标志研究中心特聘研究员。

镇西面的一个山坡上,明清时称为侯山社(今西林村)的望族,李氏十八世祖李如化的墓志碑被偶然发现。据《侯山李氏家谱》载:西圃(如化)公,字可平,生于嘉靖七年(1528),卒于万历十五年(1587)。在这块由明代贡生张凤苞撰写的《西圃李公墓铭》中有这样的记载:"……公事农桑,平生喜园艺,犹喜种抛,枝软垂地,果大如斗,甜蜜可口,闻名遐迩。"[①] 墓志铭文的发现,提供了琯溪蜜柚的原产地就在平和县琯溪河畔的证据,西圃公也因此成为有记载的历史上最早种植蜜柚之人,被尊奉为平和琯溪蜜柚的鼻祖。

一 "匪域"的区位劣势与经济处境

平和县地处福建省西南部,与闽粤八县(市)毗邻,素有"八县通衢"之称。境内山脉纵横交错,仅海拔1000米以上的山峰就有64座,海拔500米至1000米的山峰221座;县域河流众多,是三江(九龙江、漳江、韩江)之源。在其2328.6平方公里的土地上,山地达268万亩,耕地仅36万亩,海拔1544.8米的闽南第一高峰大芹山与1190米的双尖山纵贯南北,把全县劈为东南和西北两部分,同时把农田和水面挤压到边角旮旯,由此形成了东南多丘陵、河谷、平原,西北多峰峦、山地的县域版图。

历史上的平和是一个著名"匪域",历朝历代总是"群匪"辈出,仅从《平和县志》可查到的乡民造反、打家劫舍之记载就不下30条。最近的揭竿而起是发生在1928年3月8日的"九峰暴动",朱积垒打响了"八闽第一枪"。在此之前,平和县就不乏"悍匪"。如元末有取南胜县下漳州府,导致"四省骚然"的李志甫;明末有让"朝廷震动"的詹师傅,正是他的十二年"叛乱",才有王阳明被诏遣到大芹山下,挥王师平乱之功,进而才有"分南靖而置平和县"之举。按王阳明呈给明武宗的创县奏疏,因山野乡民"不闻政教,往往

[①] 赖俊杰编著:《地理标志商标实务与探索》,海峡书局2010年版,第17页。

相诱出劫，一呼数千，所过荼毒"。所以"呈乞添设县治，以控制贼巢；建立学校，以移风易俗；庶得久安长治"①。从某种意义上说，王阳明是"平和之父"，詹师傅等一帮造反农军是"平和之母"。平和县历史上为什么盛产"土匪"？说到底就因为山高地僻，民众穷困。上山为"匪"也就自然成为一条活命的出路。

  1978年中国改革开放起步之时，全县425056人、74690户，人均纯收入为58.5元。到1985年底，人均纯收入比1978年增长3.2倍达187.2元，但仍比全省同期人均396元还低208.8元，因此被列为全省17个贫困县之一（当年福建省执行的划分贫困标准为人均年收入320元以下）。②尽管发轫于"家庭联产承包制"的农村改革已如火如荼，生产力得到空前释放，农民的经济收入也有了显著的增长，但如果满足于用种田生产粮食来脱贫致富，那是绝对不可能的。此时全县耕地35.77万亩，农业人口455741万，人均耕地只有0.78亩。③按亩产稻谷591公斤计算，1名农民全年能生产461公斤稻谷，每100公斤稻谷（晚稻）可卖36.6元，即便把1名农民1年生产的所有稻谷全部拿来卖钱，也仅有168.72元（含种地成本）。④事实上，早稻单产比晚稻高近1/3，而且价格低于晚稻。其时县域经济之窘由此可见一斑。严峻的事实说明，"以粮为纲"单纯种水稻，不可能脱贫，更不可能致富。同一时期，地处沿海地区的许多县、市，因有大量外资的涌入，当地工业迅速崛起，还伴有服务业的发展。比如广东省汕头市的普宁县，1980年代末以服装加工为主的工业兴起，促使普宁成为一个"以工业和服装批发市场立县"的典型。平和县希望克隆普宁模式，但终因各种条件的限制使这种脱贫的探索"胎死腹中"。这里虽毗邻厦门、汕头两个经济特区，地处"闽南金三角"（由厦门、泉州、漳州构成的不等腰三角形）之内，却因为偏隅一方

---

① （明）王阳明：《王阳明全集》2别录，中国画报出版社2014年版，第57—58页。
② 平和县地方志编纂委员会编：《平和县志》，群众出版社1994年版，第524页。
③ 同上书，第206、217页。
④ 同上书，第540页。

等原因，始终没有并入快速发展的轨道。直到 2013 年年底，连国道都不愿借道其境，更别说港口、机场、火车站和高速公路了。这样劣势的区位环境，无法使外资企业垂顾，却为地方政府在农业之内寻求发展创造了机缘。

二 "平和抛"：史籍记载与穿越重生

正当平和经济发展陷入"山重水复疑无路"之时，小溪镇联星大队林果场场长吴其盛从漳州市科委干部陈秉龙处得到一条资讯：平和历史上有一种"平和抛"很出名，曾为大清朝廷贡品。时任平和县委书记孙竹立即找来县地方志编纂委员会领导，查询有关"平和抛"的史料记载。成书于清咸丰七年（1857）的《闽杂记》，由此从束之高阁的幕后走上了地方经济发展的前台。

钱塘人施鸿葆是清道光年间的没落秀才。道光二十五年（1845）到福建投亲靠友，从此客居十四年。在闽期间，他几乎遍游八闽并以《闽杂记》传世。该书第十卷中《平和抛》记载：

> 闽果著称荔枝外，惟福橘、蜜萝柑。窃以为福橘之次，当推平和抛。他处出者，瓤中肉两层，上下直生相衔，独平和出者，横直杂嵌，不分层数，香味皆可敌荔枝，第色逊耳。其形如回人所戴帽，故俗名回回帽，大有斗许者。平和诸处，亦惟琯溪陈氏为最。每年备贡外，必于实初结时给价定数，以墨印识其上，方可多得。予尝效周栎园先生品闽中海错，亦品闽中诸果，荔枝为美人，福橘为名士，若平和抛则侠客也，香味绝胜而形容粗莽，犹之沙叱利。古押牙，嵚崎茐落，不以体段悦人者。《漳州志》不著抛，惟载柑类，有朱柑、乳柑、光柑、白柑、葫芦柑而已，

不可解也。①

文中所述"平和诸处,亦惟琯溪陈氏为最",其中的"琯溪"即今天的平和县城所在地小溪镇的西林村。这里古时称作侯山,明清两朝曾出"九举人七进士七十二秀才",著名者如李文察和李赞元。这里是人杰辈出的福地,也是平和抛的原产地。通晓侯山历史的孙竹书记派人到小溪镇西林村去调查,在当地老农的指引下,不久就在本镇的旧楼大队后埔村、金光大队旗竿寨村、新桥大队大坑果场三处各找到了一株幸存下来的平和抛。然而,把平和抛真正作为全县脱贫的主打产业,县委书记孙竹和县长卢耀清不敢贸然拍板。他们知道挖掘地方名优特产,需要充分地了解平和抛的种性特征、适产条件以及它与地方文化的关系。就在那时他们部署了三项工作:县史志委对平和抛的历史资料进行挖掘;县农业局联系园艺专家对平和抛的种性及适产条件进行分析;县工商局联系市场营销专家对平和抛的市场前景进行评估。

园艺专家和市场营销专家反馈了此时已被国家农业部农作物品种审定委员会正式命名为"琯溪蜜柚"的平和抛之品种性状、适产区水土气候要求以及市场前景。琯溪蜜柚原产于平和县小溪镇琯溪岸畔的溪埔洲地,属亚热带芸香科小乔木果树;其树冠大,呈圆头形,树势强,根系发达,树高4—5米,枝叶稠密;抗逆性较强,种植、管理均较容易。至于平和适于种植琯溪蜜柚区域有多大?是不是仅适于在县城周边即小溪镇种植?农业、地质、气候专家给出的结论为:琯溪蜜柚喜欢土壤疏松、肥沃、微酸性,土层深厚,土壤透气性好,地下水位在1米以下的低丘陵红壤地、平原冲积地、沿河沙洲地;年均温度在18.6℃—21.5℃,土壤PH在4.8—5.5;一般要求土壤有机质含量达1.5%以上,PH值以5.5—6.5为宜;除了需要氮、磷、钾三大元素外,还需要钙、镁、硫、硼、锌、铁、铜、锰、钼9种微量元

---

① (清)施鸿葆:《闽杂记》,福建人民出版社1985年版,第164—165页。

素。此外，雨量充沛，日照充足亦是其适产基本要求。也就是说，平和县的地质与气候条件，尤其是全县远离"三废"污染源，地表水源洁净无污染的环境，适合种植琯溪蜜柚。以后的实践证明，琯溪蜜柚果然是平和当地自然因素之和的结晶，即便是产于平和邻县的同类水果，其品质都无法与之媲美。

除了对平和抛这种水果的宜产环境进行评估外，文史工作者还从历史典籍中发掘出了与平和抛有关的史料：其一，最早的与平和抛有关的文字见之于李如化的墓志铭。凭此记载这位西圃公被尊为平和琯溪蜜柚之父，也让世人知晓平和抛至少已拥有近500年种植历史；其二，清同治七年（1868）任福建巡抚后又兼摄台湾政务的王凯泰写过《台湾杂咏·麻豆文旦柚》："西风已起洞庭波，麻豆庄上柚子多。往岁文宗若东渡，内园应不数平和。"① 这首诗对平和抛有一大贡献：直接证明了平和抛于清咸丰年间入贡皇宫的事实。但这首诗也闹了一个大笑话：不知台湾麻豆柚其实也是平和琯溪蜜柚。据小溪溪园李姓人家的代代相传的口述，"麻豆文旦为清朝康熙四十年（1701）由台南郑杨庄庄民黄灌从福建漳州府平和引进'平和抛'，俗称文旦柚，最初仅作为田园点缀。道光三十年（1850），麻豆街（今台南安定乡麻庄）居民郭药，用两斗米换了六棵柚苗，携回麻豆庄郭氏祖厝庭园栽种。若干年后，开花结果，令人喜爱，剥皮食之，美不胜收，于是乡邻族亲纷纷引种增植，几乎家家栽种。如果说口传历史不足采信的话，以上事实也可从史书中找到旁证。如《诸罗县志》载："柚，有红、白二种。列子所谓'树碧而冬青，实丹而味酸'。台产皆然。漳州文旦柚入贡。此外，佳种亦多有泛海而至者。"② 这里虽没直接点明"泛海而至者"为平和抛。但在漳州，成为贡品的柚子只有平和抛一种。故《诸罗县志》中所载的"泛海而至者"，不可能为其他品种，

---

① 潘超、丘良任等主编：《中华竹枝词全编》（第七卷），北京出版社2007年版，第472页。
② 高贤治主编：《台湾方志集成·清代篇（第1辑）〈诸罗县志〉〈澎湖纪略〉合订本》，宗青图书出版有限公司1995年版，第207页。

只能是平和抛。《诸罗县志》的记载与黄灌引种平和抛到台南的口传历史恰好相吻合。两岸蜜柚的地缘联系以及民间社会的血缘特点,都注定了两地文化交流的巨大潜力;其三,同治皇帝对平和抛钟爱有加,专门颁刻了"西圃印记"的印章二枚并赐青龙旗一面,作为禁止平和琯溪蜜柚自由买卖的印信与诏令。这在平和当家名画家吴七章的《琯溪蜜柚往事》一文中有详细记载:"当年清廷赐印两枚,其中一枚为'西圃印记',玉质,印文呈葫芦状、朱文。在'文化大革命'期间成了'四旧'被抄而不知去向。另一枚为寿山石类,瘦长型,后人以为能治疮疾,将它磨用了。至于青龙旗早就不知所踪。"[①]

三 "绿色银行":荒山开发与品牌战略

经过慎重评估之后,县委、县政府决定:充分发挥农业资源优势,狠抓山地综合开发,展开扶贫攻坚战,不断调整优化农业生产结构,大力发展琯溪蜜柚生产。由此掀开将琯溪蜜柚作为全县农民脱贫致富的当家品种,推广种植的序幕。

1986年建立领导小组和办公室,实行县五套班子领导成员包乡镇,部、委、办、局直接和81个山区老区贫困村挂钩,乡干部包行政村,村两委及党员、团员干部包贫困户。从1986年至1988年,县乡两级每年抽调近400名干部,配合省、市70多名工作队员,分别驻村包户开展扶贫工作。县委动员各行各业从政治上、经济上、物资供应上、科学技术上、文化教育上扶持贫困村、贫困户。根据本地的实际,县委提出"正党风,念山经,上工业,靠科技,促民富"的口号,把开发山地资源,大种林果竹,恢复和建立传统名果"琯溪蜜柚"基地列为脱贫致富的主攻方向。[②] 然而,琯溪蜜柚被确定为脱贫果大力推广之后,一切并没有想象得那样顺利起步。调查发现主要存

[①] 赖俊杰:《平和琯溪蜜柚的传说》,载福建省商标协会编《福建地理标志传说》,海潮摄影艺术出版社2011年版,第17页。

[②] 平和县地方志编纂委员会编:《平和县志》,群众出版社1994年版,第159页。

在三方面的问题：一是群众担心政策多变。山是集体的，开发出来种上柚子后公家会不会收回去？二是担心全县都种柚子，以后柚子必定堆成山，要卖给谁？柚子又不能当饭吃！三是即便想种，也没钱买1株0.5元的柚苗。针对前两个问题，1986年年初平和县委、县政府出台红头文件，鼓励干部承包山地，带头上山种柚子。为解除群众的后顾之忧，县政府规定谁开发荒埔山地种柚，荒埔山地经营权永久归谁，柚园的收益权归谁。同时还规定："干部每年可用两个月时间带薪推销柚子。"政策出台后，又狠抓落实，要求"户种十亩，村种百亩，乡种千亩"琯溪蜜柚。县委办、县政府办、县人大、县纪委、团县委、县妇联以及直属科、委、办、局纷纷响应号召，到处承包荒山创办柚园。针对第三个问题，县政府将原有的果树良种场升格为县水果开发中心，指定其利用省里的扶贫基金培育平和琯溪蜜柚果苗，再赊销给广大农民种植。约定待柚子结果后每赊销一株柚苗向水果开发中心还一粒柚果作为本息。

伴随着这两个措施的出台，群众开发荒山种植琯溪蜜柚的积极性高涨。农民尝试把"鸡屁股当银行"转变为以种柚子创建"绿色银行"上来。为了再度激发群众大种琯溪蜜柚积极性，县政府从北京引来一家中央机关下属的事业单位，在霞寨镇创建专营平和琯溪蜜柚的福建中润农业发展有限公司。该公司在霞寨镇一次就种植琯溪蜜柚3000多亩。消息传出之后，当地种植上千亩蜜柚的大户很快达到20户，种植500亩的超过100户，上百亩的超千户。据统计，仅1989年9月至10月，全县就累计出动60多万人次，为大种蜜柚挖穴整地9334公顷。种柚1040公顷，实行乡乡办柚园共计800公顷，70%以上的村办了柚园计1000公顷，全县个人户均种柚0.14公顷。福建省和漳州市为此分别在平和县召开"开发性生产脱贫致富现场会"。[①]

针对群众种柚子能不能脱贫的疑虑，县政府又适时以小溪镇西林

---

① 福建经济年鉴编辑委员会编：《福建经济年鉴》，福建人民出版社1990年版，第476页。

村李亚信的事例现身说法，引导广大农民坚定种蜜柚必定能致富的信心。李亚信是琯溪蜜柚发源地的农民。琯溪蜜柚就是由他祖先李如化在明嘉靖年间培育成功的。李亚信高中毕业后回乡务农。1981年国家刚出台允许个人承包荒山坡地搞开发的最初阶段，他就承包了当时生产大队和生产队的112亩荒山荒滩，先试种其他水果。1984年改种琯溪蜜柚，三年后开始挂果并上市。开始时每500克卖0.5元，后来眼见许多外地人前来争购，李亚信便把柚价一次一个台阶最后涨到每500克2.5元，结果是柚子照样卖了个精光。其时，有心人将李亚信卖柚子的单价与当时人们引为奢侈品的猪肉价格作了一个比较：一斤柚子卖2.5元，一斤猪肉0.76元，一斤柚子可以换三斤猪肉。而李亚信的柚园当年一亩地可产柚子1200公斤，由此得出种柚子一亩地可收毛利6000元。这对于当年的农民之家，可是天文数字般的财富。1986年，李亚信凭借先人一步种植琯溪蜜柚成为平和县的第一名农民"万元户"。后来很快又成为漳州市乃至福建省的第一位农民"十万元户"，成为靠种植水果打拼出来的全国第一位农民"百万元户"。活生生的事例，让广大农民坚定了脱贫有望、致富可期的信心！

1986年至1988年，已有小溪、山格、下寨3个乡镇创办千亩蜜柚场；坂仔、安厚、九峰3个乡镇创办500亩蜜柚场。到1988年，全县的蜜柚种植面积达11966亩，当年产量11.3万公斤。经过三年的努力，大种琯溪蜜柚之举让平和县的脱贫工作初战告捷。按照当时人均收入320元就算是脱贫的标准，1988年已有3.03万个贫困户实现了低层次脱贫。初尝甜头的平和农民，在进入1990年以后，大种琯溪蜜柚高潮更是一波高过一波，致使平和的山地资源开始紧张，由此催生出一个奇观："外地人热衷炒股，平和人疯狂'炒山'。"

1988年以后，随着琯溪蜜柚的规模化生产，搞好市场营销，把柚子卖出去并且卖出好价钱成了平和琯溪蜜柚走规模化产业化发展亟待解决的重点问题。在市场开始出现品牌引导消费的时代，一种大宗土特产品缺少品牌的参与是不可想象的。1990年6月，县水果开发中心申请注册使用于蜜柚的"琯溪"商标。1992年8月，"琯溪"商标注册成功。这是平和琯溪蜜柚拥有的第一个商标品牌。这枚商标虽为平和琯溪蜜柚解决了一个向市场推介自己的牌子，但实践中人们很快就发现作为普通商品商标，"琯溪"难以适应千家万户种柚人需要共同品牌的要求，而且它不具有证明平和琯溪蜜柚原产地功能，更无法标志平和琯溪蜜柚的自然属性和质量信誉。

1994年12月31日，国家工商局颁布了《集体商标、证明商标注册管理暂行办法》，其中所列举的证明商标，实际上就是西方发达国家盛行的原产地标识，其实质是本土知识的证明与保护制度。平和县工商局马乔通过研究发现：世界上最早实行原产地保护即地理标志制度的法国，正是利用地理标志制度成功培育出世界级名牌——法国葡萄酒。这个案例说明地理标志商标比普通商品商标更适于传统名优土特产品的品质保护与品牌传播。因为所谓地理标志，指的是"某商品来源于某地区，并且该商品的特定质量、信誉或其他特征主要由该地区的自然因素或人文因素所决定的标志"。这种标志注册人自己不能使用，相关产品生产者、营销者申请使用，只要其质量符合要求，申请使用程序不对抗相关规定，商标注册人就不能拒绝其使用。所有这一切恰恰说明，类似平和琯溪蜜柚这样的大产业，如果能成功注册地理标志商标，一可以解决原产地证明问题；二可以解决相关群体亟须"共同品牌"问题；三可以向市场提供这样一条信息：平和琯溪蜜柚的品质独特、质量稳定具有保证；四可以通过注册和运用地理标志商标，助推平和琯溪蜜柚产业发展，进而消除贫困，实际上是挖掘本土知识优势，求取本土自然因素与人文因素利用的最大公约数之创举。

为了申请注册地理标志商标，县领导接受了工商局马乔的建议，成立一家琯溪蜜柚发展中心。之所以这样做，第一点考虑是平和琯溪蜜柚作为一种传统名优水果，属于全县人民共同创造的文化遗产，理应由全县共有；第二点考虑是这个地理标志商标注册成功后，势必成为适产区内农民脱贫致富的共同品牌，由任何一家企业或者个人独占都是不合适的；第三点考虑是平和蜜柚做成农村经济的支柱产业后，如果由一家普通企业来管理，无论如何都难以胜任。因此，县里认定这一宝贵的地理标志资源不能旁落，商标权和管理权一定要掌握在县政府手上。有了这样的认识，县政府在筹建"福建省平和琯溪蜜柚发展中心"时，便将其定编为县政府授权主抓蜜柚地理标志产业的机构，经费从县财政列支。"平和琯溪蜜柚"于1997年7月18日正式向国家工商局商标局申请注册地理标志证明商标。2000年4月21日，成功拿到该商标注册证。这是全国第一批申请注册的地理标志商标，是全国第一件柚类地理标志商标。嗣后，平和县再度挖掘地理标志资源，又申请注册了"平和红柚"等22件地理标志商标，使该县17个乡镇场及开发区，都拥有了地理标志证明商标。2006年9月，福建省平和琯溪蜜柚发展中心又以实施商标国际注册为手段，将"平和琯溪蜜柚"和"平和红柚"地理标志证明商标保护领土延伸到美国、英国、法国、德国、加拿大、澳大利亚、俄罗斯等18个国家与地区。

四　蜜柚产业：政府主导与藏富于民

为琯溪蜜柚申请注册地理标志商标，是平和县引入地理标志保护机制的开始，是平和琯溪蜜柚由传统土特产品向地理标志产品转化的起点，亦是平和县挖掘本土知识资源，运用地理标志机制促进全县脱贫致富的转折点。

平和县培育和发展地理标志产业，实行的是全县共举共赢机制，即倾全县之力，从政府到群众，从团体到企业，结成发展"共同体"，把发展平和蜜柚地理标志产业作为共识，"风险共担，利益共沾"。在这种"举县体制"中，政府承担主导责任，发展"平和琯溪蜜柚"和"平和红柚"地理标志产业的顶层设计由政府来组织实施。例如，发展规划的制定、扶持政策的出台、发展难题的破解，品牌影响力的扩张等一系列大事都由县政府来做。县里专门成立了"平和琯溪蜜柚产业管理局"，负责行业发展的组织、引导、实施、控制。据不完全统计，自1986年蜜柚被确定为县里农业支柱产业到2014年底，平和县四套班子出台的与平和琯溪蜜柚产业相关的各类红头文件不下300份，都是为了有针对性地解决问题。

县政府调动有关部门发挥职能作用，助力平和蜜柚地理标志产业。农业局负责将农业部星火科技项目引入平和，并以琯溪蜜柚为重心发展产业。充分发挥农业技术人员多的优势，做好产业发展的技术保障，培育了蜜柚修剪、环剥、施肥、防治病虫害、柚果套袋、柚果采收等各种专业化技术服务队伍10万人。工商行政机关是商标品牌行政管理部门，熟悉地理标志商标相关知识，平和县工商局就利用这一特长，当好县决策机关的地理标志参谋，建议申请注册地理标志商标，充当地理标志产业"操盘手"。在"平和琯溪蜜柚"和"平和红柚"地理标志商标注册成功，但品牌效应尚未显现，相关群体使用地理标志商标打品牌积极性还不高时，工商局适时向县政府建议，出台"鼓励使用、免费使用、包容使用、规范使用"十六字地理标志商标使用政策。工商局给全县柚农及柚商算了一笔账：以年产100万吨柚子，平均每粒柚子1500克论，100万吨柚子有近6.7亿粒。如果每粒柚子上都贴上一枚"平和琯溪蜜柚"地理标志商标，那就有近6.7亿枚商标进入市场，每位消费者买5粒柚子，其中又有一位消费者记住了这枚地理标志商标，那么一年就有近2700万人对"平和琯溪蜜柚"留下印象。坚持10年，就有2.7亿消费者熟知"平和琯溪蜜柚"地理标志品牌。如果拥有这么庞大的品牌忠诚群体，平和琯溪蜜柚的市场前景自然就无忧无惧了。

在各职能部门充分发挥所长的同时，政府也高度重视协会和企业所具有的整合功能。平和开始有两个县级蜜柚协会——"平和琯溪蜜柚协会""平和蜜柚出口商公会"；乡镇又有9个蜜柚协会分会。这些协会或分会（现已整合成为"平和蜜柚产业联合会"），对促进平和蜜柚产业的发展发挥了很大作用。霞寨镇蜜柚分会与金融机构挂钩，采用会员联保方式融资；小溪镇蜜柚协会与平和邮储银行创建"平和蜜柚产业互惠担保基金"，解决发展急需的资金。在地理标志产业的发展过程中，企业带头使用"平和琯溪蜜柚"地理标志商标，为"发财树""致富果"的经营起到了重要的助推作用。当"平和琯溪蜜柚"商标品牌还处于"养在深闺人未识"之时，会员都是本县蜜柚经销大户的平和蜜柚出口商公会，就要求会员带头使用地理标志商标。后来，又针对有的企业"不愿为他人作嫁衣裳"的思想，及时向会员推介落实县里出台的商标"包容使用"政策。所谓"包容使用"，就是使用"平和琯溪蜜柚"地理标志商标的同时，允许企业突出使用自己的注册商标。以此求取双赢效应。

随着蜜柚产业的快速发展，20 世纪 90 年代中期，平和出现了年年都有大量蜜柚亟须销售，而本县却缺乏大量市场营销人才的矛盾。为化解这个矛盾，平和县委和县政府又以红头文件出台政策：允许机关干部"停薪留职"或请长假搞蜜柚营销，鼓励干部与蜜柚营销企业大胆闯市场，建立蜜柚营销网络，以此培育本土营销队伍。以销带产，推进地理标志产业效益提升。如今平和县已培育出东湖、南海、中顺等营销企业 3000 多家，从业人员达 10 万多人。其中东湖公司的蜜柚加工场及库房就超过 20 万平方米。以前卖柚子靠外地企业或营销人员前来收购的现象早已彻底被扭转。

蜜柚种植规模的不断扩大，要求市场扩土拓疆必须同步跟上，否则柚果销售就可能出现滞销甚至卖不出去的局面。平和县政府策划把"平和琯溪蜜柚"广告打到中央电视台一套黄金时段，这也是市场导入期品牌扩张的捷径。正当捉襟见肘的县财政为几近天价的广告费而踌躇时，县工商局适时向县政府建议采用"三个一点"的办法来筹措这笔费用，即"政府出一点、柚农出一点、柚商出一点"。县政府于是出政策规定：种柚人每卖 500 克柚子出一分钱，收购柚子的柚商也每卖 500 克柚子出一分钱（在缴纳特产税时统一上缴），而县财政则从蜜柚提供的特产税中每 500 克柚子出两分钱，每年筹集 100—200 万元用来为平和琯溪蜜柚打广告。于是从 1997 年开始，每年国庆节前后 1—2 个月内，受众总能在央视一套每天晚七时《新闻联播》之前看到"平和琯溪蜜柚"广告。这一做法一直持续至今。只是广告费再不由柚农和柚商出了，而是全部由县财政支出。还有，随着平和蜜柚进入市场扩张期、市场巩固期的不同时段，平和蜜柚广告的媒体选择也不仅限于央视一套，央视四套、央视七套乃至其他主流媒介也有了平和蜜柚的广告。以政府之名为农民上央视作农产品广告的举动，平和成为"全国第一县"。

2002年平和脱掉了贫困县帽子，当年全县GDP总量377780万元；农业总产值262065万元；县财政收入10308亿元；琯溪蜜柚种植面积22.01万亩，产量313866吨，产值60576万元；年终金融机构存款140058万元；农民人均年收入为3470元。[①] 如果把1987年《平和县人民政府关于扶持县直机关干部、职工创办果园有关事项的通知》和《平和县人民政府关于鼓励机关、企事业单位和基层干部职工开发山地，造林、种果、栽竹的规定》视为挖掘本土知识资源，以培育"平和琯溪蜜柚"和"平和红柚"地理标志产业作为向贫困宣战的发轫，那么到2002年平和县被福建省人民政府正式宣布脱掉"贫困县"帽子之日止，脱贫之路整整走了十五年。

脱贫后的平和县始终秉持商标品牌战略。确立以"平和琯溪蜜柚"和"平和红柚"两件地理标志商标为引领，营造"众星拱月星系"，即以这两件地理标志商标为"月"，以众多企业注册的使用蜜柚的商标为"星"，打造开拓市场的利器。在行动策略上，有三点创意展现了地方政府的作为：第一，为了化解蜜柚产能大、销售压力也大的问题，平和县大胆尝试了"农超对接"的产、供、销模式：先是实行"农户＋企业＋市场"形式；继而发展到"企业（农户）＋品牌＋市场"；后又发展到"农超对接"，即"地理标志＋龙头企业＋基地＋农民专业合作社（家庭农场、农户）＋商标品牌＋大超市（市场）"的产、供、销模式；早在进入21世纪之初不久，平和县政府就携手全国连锁协会，探索平和蜜柚由地摊售卖向"登堂入室经营"转变。之后，又实施农民蜜柚专业合作社与沃尔玛、家乐福等著

---

① 根据平和县统计局2003年统计资料整理。

名超市巨头结成产销联盟,实现平和蜜柚由粗放经营向精细经营模式的切换。这种"农超对接"模式,不但减少了平和蜜柚从果园到消费者手上的环节,还促进了产销两端互动。这一项目的成功实施,使平和蜜柚的收购价格比实施"农超对接"前提高了20%。换算成具体价值约在10亿元。

第二,用植物新品种权拉动产业发展。1997年3月20日,《中华人民共和国植物新品种保护条例》第一次由国务院颁布施行,标志着我国一种新的知识产权制度的诞生。所谓植物新品种权制度,指的是由农业部或林业部依照法定授权,为人工培育或者野外发现的具备新颖性、特异性、一致性和稳定性的植物给予认定,颁给新品种权证书,并对其权益进行保护。植物新品种权享有受法律保护的期限为自授权之日起,藤本植物、林木、果树和观赏树木为二十年,其他植物为十五年。就在这种制度诞生的第二年,由平和琯溪蜜柚基因裂变出一种新柚类。后经福建省有关机构认定,将其命名为"平和红肉蜜柚"。这种蜜柚种源提供人和发现人分别为小溪镇厝圻村屏朗组的林开祥与林金山,但他们都被排斥在植物新品种权人之外。林开祥与林金山联合将福建省农业科学院果树研究所及其研究员陆修闽告上法庭,要求自己也要拥有一份平和红肉蜜柚植物新品种权。央视一套《焦点访谈》栏目,两次播出专题节目《红肉蜜柚之争》与《红肉蜜柚之痛》,为农民主张合法权益呼吁。后来经过福州市中级人民法院与福建省高级人民法院二审判决支持林开祥与林金山的诉讼请求。平和县利用这一案例,大举弘扬平和蜜柚市场知名度和美誉度。方法是进行长达三年的跟踪报道,发表了十余篇与红肉蜜柚植物新品种权纠纷有关新闻,以此充当"软广告"。更难能可贵的是,平和县的农民与柚商,从这一事件中学会以创新赢得财富,即利用植物新品种权大发其财。林开祥和林金山把拥有红肉蜜柚植物新品种权的信息醒目地打在本公司的网页上,以此为卖点在网上推广和销售平和红肉蜜柚果苗和果实,赚了个钵满盆盈。

第三,大造平和蜜柚地理标志产品声势,从2005年到2014年连续举办的十届"中国（平和）蜜柚节"，以节庆的方式，向世人推介地理标志理念。办节期间，请来央视"乡村大世界"等节目组，深入平和蜜柚节节庆现场与农民同乐。到全国各大城市去举办新闻发布会，柚果品尝会，直到举办"平和蜜柚神州行"，一为推介，二为打假。在不能收农业税和特产税的政策背景下，县里还这样四处为果农推销产品，只因有助于脱贫致富，只为藏富于民。民众富了，消费水平就水涨船高，消费水平高了购买力就强了。县里在蜜柚上收不到税，群众通过蜜柚致富多消费了，从其他方面照样可以收到税。更为关键的是，政府不惜为柚农、柚企花钱，赢得了政府的招牌和信誉。2012年以来，平和县还年年把平和蜜柚运到诸如清华、北大、复旦、哈工大等著名学府，免费送给学生品尝。大学生拿到免费赠送的平和蜜柚后，手机一拍又圆又大的柚果，再加上几句小资赞语就发到微博、微信上去了。朋友圈一传十、十传百，呈几何级上升、扩散，等于为平和蜜柚大做精细定位广告。

正是凭借这些创新性的手段，"平和琯溪蜜柚"和"平和红柚"凝聚起浩大的品牌忠诚群体，他们不但分布在全国，还覆盖四大洲的43个国家和地区。对地方产业发展的艰辛探索，使平和的蜜柚产业创下8个全国县级行政区之最：种植规模最大，柚类品种最多，年产量和年产值最高，同类水果名气最响，品牌评估价值最高，市场占有率和出口量都名列第一。平和县因此被誉为"中国柚都、世界柚乡"。"平和琯溪蜜柚"被评为"中国柚王""中国名牌农产品""中国驰名商标"，还被欧盟确定为对等保护的十大地理标志。

五　溢外效应：山地园艺农业的价值与潜力

从主攻脱贫到奔赴小康的27个春秋里，平和县县委和县政府的领导班子已先后调整了7次，但无论哪一届在任，都义无反顾地把运用本土知识资源，培育"平和琯溪蜜柚"和"平和红柚"地理标志产业，作为带动县域经济发展的"接力棒"。在向荒山进军的时期，平和曾出现一种独有景观："农村人种地、城里人耕山。"（也叫"农民种田，工人耕山"）这里的城里人，包括失业的居民和下岗的工人以及公职人员。当年平和县有 80% 的工厂，如三家糖厂、若干家化肥厂、农用车厂，陶器厂、食品厂、糕饼厂，以及 90% 的商业企业，例如百货公司、食品公司、糖酒公司、外贸公司等，或因不能适应产业转型，或因参与市场竞争无方纷纷倒闭，上万工人下岗。这个群体中的捷足先登者，利用平和县早年出台的"山地谁先开发，经营权永久归谁"政策，通过开发荒山种植蜜柚，或解决了再就业问题，或拥有了致富"资本"。当宜耕荒山被开发殆尽后，城里人则通过租赁直到买断经营权的办法，拥有一块属于自己的柚园。这些柚园对于失业和下岗者就是生活依靠，一家子只要种上 200 株蜜柚，年收入几万元就没问题。2000 年以来，荒山荒坡逐渐被开发殆尽，而先拥有果园的农民又不愿意把柚园卖掉，后来的下岗工人没有荒山可承包种柚子，也买不到柚园来自己经营，只好投身到农民柚园里，给农民打工。如果他们深谙种柚管柚技术，打短工也能过得很安逸。因为平和的人工价很高，为柚树做环割和剪枝的工人、采柚子的工人和给果树喷施农药的工人一天能挣 300—500 元，东家还包一餐饭；为柚果套袋的女工，一天挣 300 元都没问题，身手敏捷的一天可挣 450 元；最不济的工人为柚树挖坑填有机柚，一天也能挣 200—250 元。难能可贵的是，全县几乎没听说过农村人与城里人因开发荒山种植蜜柚发生纠纷的。和平共处与和谐发展成了平和社会的主旋律。正是基于这一现象，时任平和县县委书记的林忠曾经发出这样的感慨：琯溪蜜柚不但是一种经济作物，它还是一株政治树；不但是平和人民的致富果，也是平和社会稳定的"定海神针"！

　　2014 年，平和蜜柚种植规模达到 65 万亩（不含平和人在老挝等国和海南等省区种植的 20 万亩"飞地柚园"），占全国柚类面积的四分之一。全县人均 1.14 亩，约相当于人均拥有 51 棵柚树。年产量 120 万吨以上，全县人均产柚 2.1 吨，直接产值 46 亿元（指柚农把柚果交给柚商收购的价值之和）。事实上，这样的统计口径已不能反映平和蜜柚产业的真实产值。平和全县拥有的蜜柚加工厂400多个，保鲜仓库800多座，收购网点3000个，营运车辆近20000台；有6万名从事与蜜柚产业有关的推销员，平和蜜柚生产总量的90%是由他们销售到全国乃至世界各地。这些增加出来的价值加上种柚子需要的劳动力与服务业的投入与产出，加上种柚子需要的农资，加上蜜柚采摘后的加工、包装、运输和信息传播运用，打假与品牌保护，最后加上蜜柚加工业带来的附加价值的提升，平和蜜柚产业每年产生的延伸产值早已超过100亿元。这一年，全县GDP总量159.86亿元，农业总产值99.46亿元，县财政收入8.5亿元，全县农民人均收入12423元。县统计局曾根据县政府部署进行过一项专题调查，结论是平和琯溪蜜柚占农村家庭收入的比例为70%，经营其他农业收入的比例为2.5%，外出务工收入的比例为19.2%，经营非农行业收入的比例为7.5%，其他收入的比例为0.8%。以此为依据测算，得出的数据是2014年全县农民人均年收入中的8696元是由平和蜜柚产业带来的。[①] 由此可知，如今的平和县，农业增效、农民增收、农村增强，蜜柚产业的支柱地位是不彰自显的。

蜜柚产业带给平和的不止于脱贫致富，还是山地园艺型农业发展模式的确立，是传统农业向现代农业转型过程中农业功能的拓展，以及由此带来的柚农生活观念与生活方式的变化。人们把这称为平和发展蜜柚地理标志产业的"溢外效应"。

效应之一：山地园艺型农业的生态效益。这种发展模式就是以引进和消化现代农业技术、管理经验，充分利用地方资源优势，采取种养结合方式，发展特色生产，促进山区农民增收的立体型、多层次、集约化复合农业。蜜柚属于园艺类植物，平和打造蜜柚地理标志产业，等于选择了山地园艺型农业发展模式。其最突出的特征在于合理利用自然资源、生物资源和人类生产技能，在有限的生产空间内，通过物种、层次、能量循环、物质转化和技术要素优化，谋取尽可能大

---

① 根据平和县统计局2015年统计资料整理。

的生产效益。平和在发展蜜柚产业过程中,发现仅是利用土地地面种植经济作物是一种浪费,于是适时引导广大农民开展层状农业试验,收获了很好的效果。如农民石胜德,利用安厚农场的柚园搞立体种养结合,一茬就在柚园里饲养了1.5万只灵山土鸡,一年可增加收入几十万元。又如文峰镇龙山村的林明义,在自己的蜜柚园一茬就养殖了13万只江西土鸡,一年产值近千万元。这种利用柚园搞立体养殖的全具就有1593户。

效应之二:特色乡村游的经济效益。平和利用蜜柚花色洁白,蓓蕾成团,花香类型如同白玉兰,浓烈有如桂花;果实又大又圆,成熟后芳香扑鼻;果皮金灿灿的,其形其神,都像一颗颗小太阳,观赏性很强等特点,春天开展"赏花游",秋天开展"采摘游",夏冬两季结合当地风景名胜开展"休闲游",拓展了地理标志产业致富效应。2014年专门到平和赏柚花的旅游团队就达400个,整个赏花期接待游客人数累计突破23万人次。仅2014年10月1日到7日,前来平和参加"采摘游"的游客就达到10.49万人次,旅游收入5576万元,仅小溪镇联光村观音山、高南村观音湖两个采摘点就有100多批次游客前往采摘蜜柚,3000亩柚果被采摘一空。有位叫李明的柚农,一个上午就迎来300多名游客到自己的柚园里采摘蜜柚,一粒柚子10元随意挑,半天就卖了一万多元的柚子。他说:"这样卖柚子比市场上的收购价可高25%,而且还不用雇人摘柚子,找挑工,也省下了从柚园到收购点的运费,节省的成本相当于每千克柚子又增加了5%的收入。"2014年前来平和旅游的人数达到217.59万人次,旅游收入10.71亿元。

效应之三:蜜柚脱贫的文化效益。平和人自古就有"匪气"。清康熙五十八年《平和县志》里就有"好讼""好械斗"的记载。[①] 到当代演化为好写信"告状",动辄用"八分钱邮票"把一个地方告得"鸡犬不宁"。有了蜜柚园要看顾,有了卖蜜柚的钱足以维持生存需要

[①] (清)王相修、(清)姚循义修、郑丰稔纂:《康熙平和县志》,上海书店出版社2000年版。

并维护人身尊严之后，平和人变得知书达理。同时，也逐渐抛弃了农民固有的吝啬与小气习性。脱贫致富后的农民变得大方了。家里来了客人，无论是亲朋好友，即便是初次见面的人，都热情招待。有条件的人都把客人带到饭馆来吃喝，抑或打电话叫"外卖"到家里款待来客。客人临走了，还不忘送柚子。来轿车的让把后备厢装满；没车的送到客人提不动为止。更为可贵的是，平和农民由保守变得乐于与他人分享文明成果。小溪镇厝垱村屈朗组年逾七旬的老农林开祥，近十年来，自掏盘缠20多万元，应邀到云南、海南、广西、湖北、江西等12个省区去免费为当地农民传授平和蜜柚种管技术，接受过他传授技术的各地农民不下10000人。他因此被许多柚农亲切地称呼为"农民教授"或者"蜜柚教授"。近两年，他的孩子放心不下他出远门，他就自掏腰包创办"平和蜜柚技术培训学校"，为上门求教的农民免费培训。几年来，已为慕名而来的广西、云南、江西、浙江、广东、湖南等省区和本省的农民举办了二十多期科技种柚短训班。2014年8月，广西环江县扶贫办一次就组织了40人的学习团来接受林开祥的培训。这样的农民平和县还有很多，蔡新光、李生华都是他们中最为优秀的代表。

　　蜜柚产业颠覆了农民千百年来的耕作模式，也催生了地方新文化的萌芽。以前平和人见面时的问候语年复一年都是同样一句话："吃过了吗？"如今人们见面的问候语四季各不相同。春天是"柚仔花开厚呒？"夏天是"今年柚仔生有厚呒？"（"厚"即多的意思）秋天是"今年柚仔卖几万银？"冬天是"柚仔剪枝环割好了吗？"以前平和农民一直对移动通信公司推出的这种"套餐"那种"套餐"不感兴趣，但对县气象台通过移动通信平台发布的地方天气预报却定制踊跃。他们之所以这么热心于此，源于他们天气关乎收成意识的苏醒和科学种管蜜柚理念的生根。然而，改变远非如此。广大农民还学会了"蜜柚＋互联网"的经营模式。早在2005年，全县农民创办的蜜柚网站就超过3000个。他们不满足于只在互联网上打打产品广告，而是懂得把搜索引擎变成印钞机。何坤生就是此类农民的典型。他深知网店知名度是成功利用互联网当经济平台的关键。为了让自己的红肉蜜柚"网上苗圃"闻名天下，他投入了100万元以上的广告费，在知名搜索引擎做广告。这一来，只要有人在搜索引擎上填入"红肉蜜柚"这一词根，跳出来的相关网页总是"平和锦盛红肉蜜柚"网页。凭借这一招，何坤生成了平和县卖红肉蜜柚果苗赚钱最多的人。

近年来，农业的多功能性已经获得了普遍的认同，它是指农业除自身特有的食物生产功能外，还应该具有经济、生态、社会和文化等多方面的功能。它把特色产业、生态产业、旅游休闲产业、农业文化产业等新型产业形态纳入了大农业的范畴，从而丰富和拓展了农业的内涵。这一概念的提出上溯至20世纪80年代末和90年代初日本的"稻米文化"；1992年，联合国环境与发展大会通过的《21世纪议程》，正式采用了农业多功能性的提法；1996年，世界粮食首脑会议通过的《罗马宣言和行动计划》中明确提出，将考虑运用农业的多功能性特征，促进农业和乡村可持续发展。在平和蜜柚产业的发展历程中，源于山地园艺的多效用性及其功能的延伸，清晰地呈现了农业在现代社会中的独特地位与作用。

六　告别贫穷：地理标志资源与可持续发展

地理标志产品是一种本土自然资源和人文智慧的结晶。1992年7月14日，欧盟理事会通过了一项关于保护地理标志和原产地名称的条例（Council Regulation No. 2081/92）。"受保护原产地名称"（Protected Designations Origin）和"受保护地理标志"（Protected Geographical Indication）都明确规定，适用于一个地区、一个特殊地点或者一个国家，其名称被用于为某种原产此处的农产品或食品命名。二者的不同在于，前者产品的"质量或特性基本上或完全归因于某种地理环境，这种地理环境伴随着固有的人文与自然因素；生产、加工和制作在某一有着明确边界的地理区域内进行"；后者产品的"特质、声誉或其他特征能够归因于这种地理来源，生产和/或加工以及/或者制作，在某一有着明确边界的地理区域内进行"。事实上，在具体的保护实践中，二者都可以归入"地理标志"（GI）这一包罗更广的术语。① 作为一种对乡土资源的保护策略，地理标志不仅使文化多样性和生物多样性的结合成为可能，也为农业政策的制定以及乡村问题的解决提供了重要的依据。作为地理标志产品的平和琯溪蜜柚，其质量和特性如何获得保证并成为支撑地方经济的品牌？其产业链又如何衔接与拓展继而成为农民致富和农村发展的有力支柱？生产者和消费者能否在地理标志产品中获得对乡土文化的归属与认同？

蜜柚的自然属性与信誉保障。地处闽西南的平和县，气候温润，四季如春，年均日照达1891—2665小时，平均气温为24.3℃，境内年降水量近2000毫米，土壤肥沃，有机物含量高，这些独特的自然生态因子孕育了平和琯溪蜜柚的独特品质。然而，任何一种植物的物理性状都可能随着时间的推移而出现退化。由于蜜柚雌雄同蕊，无需传粉即可结果。但这样结出的果实果瓣之间结合不甚紧密，果芯缝隙很大，造成果汁泡水分流失，严重的会出现柚果汁泡变硬变干的粒化现象（俗称"木质化"），导致平和蜜柚的品质下降或者质量不稳定。为了应对这些问题，平和县成立了蜜柚产业院士专家工作站，将果树栽培技术、土壤、机械制造、果品加工等领域的专家学者作为强大的技术人才后盾，从而保证蜜柚的地理标志品质。除了在技术上攻坚，相关责任部门坚持实施质量与商标监管关口前移，建立了从测土配方、用肥用药到控制农残的质量倒溯机制。

2003年，琯溪蜜柚首次攻破"绿色壁垒"进入欧盟市场，成为平和县以建设出口基地为核心的标准化蜜柚种植基地的契机。为了保证出口蜜柚质量，全县对基地柚农实施统一培训、统一用肥用药监控，实行标准化栽培、无公害生产和规范化管理。具体措施为：推广使用低残农药、水果套袋、生物防虫、健身栽培、测土配方、平衡施

---

① [法]洛朗斯·贝拉尔、[法]菲利普·马尔舍奈：《地方特产与地理标志：关于地方性知识和生物多样性的思考》，《国际社会科学杂志》2007年第1期。

肥等标准化栽培技术和无公害生产技术；为了拓展国外市场，建立信用等级，引进"英国诺安农残检验检疫中心"落户平和，使检疫性病虫害、农药残留等质量安全水平全部达到进口国标准。2004年8月，根据"输欧蜜柚检验检疫及监管规程"，平和县与漳州市进出口商品检验检疫局联系，共同创建了94个总面积21万亩的蜜柚精品柚园基地，其中已通过无公害认证、绿色认证和GAP认证的果园达70多家，平和以这些基地为示范，促进科学种管平和蜜柚。从2008年以来，每年出口蜜柚都在10万吨以上；2014年达14.8万吨，创汇1.14亿美元。

蜜柚产业链的延展与循环经济。在福建省农科院的支持下，平和县从传统琯溪蜜柚基因芽变植株中新培育出了三红蜜柚、红绵蜜柚、红皮橙肉蜜柚、黄金蜜柚等新柚类。包括原有的传统琯溪蜜柚和红肉蜜柚，平和县已拥有本地原产的六个蜜柚品种。新品种的推广，为平和蜜柚产业的更新换代，保持平和县蜜柚产业发展后劲以及巩固脱贫致富成果，奠定雄厚的物质基础。

与时令水果相比，蜜柚具有储存时间长、保鲜效果好等特征，而且从表皮到内果皮，从果肉到果渣均有综合开发的价值。蜜柚全身都是宝，外果皮可以提炼香精，再提取黄酮类化合物，中果皮可做优质果胶的原料，柚子囊可以榨汁，残余的柚子渣可加工成饲料、肥料等。1吨鲜蜜柚价值3000元，若经过深加工，附加值可增加8倍。有鉴于此，平和县制定了一个"三三四"战略，即十分之三国内市场销售，十分之三出口，十分之四深加工。2007年初，平和县成立了蜜柚深加工发展办公室并出台一系列优惠政策，鼓励发展蜜柚深加工企业。深加工就是做长平和蜜柚产业链。到2014年底，平和县已生产出蜜柚果脯、蜜柚软糖、蜜柚果茶、蜜柚果酱、蜜柚果冻、蜜柚饮料等八个系列40多种产品。平和宝峰食品有限公司生产的平和蜜柚罐头，已成功出口到美国。中科南海公司生产的"O尼柚"蜜柚果脯、蜜饯等系列产品已销往往荷兰、德国、法国以及中东一些国家和地区。蜜柚深加工系列产品的成功研发，不仅使次果和果皮变废为宝，提高了企业的经济效益,还从根本上解决了柚子消费后产生的环境污染问题,使蜜柚生产走上了循环经济之路。历届以"柚香四海,生态平和"为主题的"中国(平和)蜜柚节",除了庆祝蜜柚丰收,为平和蜜柚上市造势外,更重要的是以此倡导和表彰整个产业对绿色发展的坚持。正是对"生态平和"的坚守,才使平和蜜柚产业赢得了三十年的持续发展。

地理标志与地域文化认同。在世界文学大师林语堂的笔下,故乡秀美的山陵使他拥有了"健全的观念和简朴的思想",使他始终"用一个朴素的农家子的眼睛来观看人生"。"我本龙溪村家子,环山接天号东湖,十尖石起时入梦,为学养性全在兹。"[1]《四十自叙诗并叙》中的诗句,倾诉的正是他对平和梦牵魂绕的乡愁。而今,"十尖""石起"两座南北相对的高山依旧是追忆故乡的意象,漫山的柚林更能唤起平和人对家乡文化的强烈认同。

蜜柚产业在全县的推广与发展,改变了平和人对大自然的态度。在中国的绝大部分农村,往往是越在山区越穷,生活的愿望就是要逃出大山,但平和恰恰相反,越是住在高山上或深山里,老百姓往往越富裕。比如南胜镇糠厝村徐土组,位于大矾山褶皱里,这里农民曾经连买柚苗的钱都要借,却因为山地多而广种蜜柚,年年人均收入4万—5万元。坂仔镇峨嵋村,住在全镇最高的山上,家家户户种柚收入少则10多万,多则上百万元。昔日陌生的山林变成了自家的田园,曾经野兽出没的地方早已成为布满山坡的柚子树。这种环境的变化,使柚农对赖以生存的山地充满了感激之情。正是这份对待土地的感情,也增进了他们对家乡历史文化的珍爱。也就是说,蜜柚不仅带给人们以小康生活,它还让这三江之源的平和声名鹊起,让许多尘封的历史变成了人们耳熟能详的文化记忆。明正德十三年(1518),时任都察院佥都御史的王守仁在平定寇乱后上书明武宗朱厚熙,将原属南

---

[1] 林语堂:《四十自叙诗并叙》,载《柚都平和》编委会《柚都平和》,海峡文艺出版社2009年版,第184页。

靖县的清宁、新安二里共十二图分出置县，定名"平和"。当时的县城河头（今九峰镇）地处闽粤边界，在近500年的岁月沉积中，这里形成了闽南、潮汕、客家交融的地域文化。而今，与县治同时建制的城隍庙犹存，每年农历正月十五日依旧制上演的迎城隍爷、城隍妈出巡仪式，总是与殿内古老的碑刻与依稀可辨的壁画一道，宣告着传统的复活。

  在这片土地上，历史留下的谜团正在逐一破解。20世纪90年代，流浪江湖四百年的"克拉克瓷"在平和找到了出生之地。"南澳一号"的考古发现，更使平和青花瓷的传说蒙上了一层神秘的面纱。追踪平和窑的历史，其源头仍与置县者王阳明相关。那年平乱之后，为了使平和长治久安，他在军队中挑选了一些兵丁充役于县治衙门。这些兵卒与首任县令罗干均为江西人。据统计，从正德十三年到崇祯三十三年（1518—1660）的142年间，共有13位县令是江西人。这在客观上使景德镇的烧瓷工艺传入平和成为可能。是历史的巧合，使依山临水的一百多座窑口突起；也是历史的宿命，使从旧县城到南胜、五寨的百里窑烟在海禁政策下熄灭。在渐行渐远的历史长河中，那曾经市镇繁华的月港，那阶梯式夯筑的窑址，此时也只能化作追忆往事时的一声叹息了。

  在平和的记忆谱系里，闽南佛教圣地三平寺占有着不可或缺的地位。这是唐代高僧义中禅师于会昌五年（845）创建，也是他圆寂的地方。随着三平祖师信仰的传播，20世纪90年代以来慕名而至的游客、香客日益增多，至今每年接待总量已上百万人次。每逢春节和"三个六"（农历正月初六义中诞辰日、六月初六义中出家日、十一月初六义中圆寂日），三平寺就会不断重现佛灯长明、人声鼎沸、炉火熊熊、爆竹连天的盛况。除了这千年古刹，秀峰乡的"太极村"，以及那些散建于乡间的一座座土楼，无不承载着闽南的过往，叙说着平和的文化。正是基于这些得天独厚的文化资源，琯溪蜜柚产业与平和的自然观光、宗教朝圣、人文体验、历史文化、生态观光等旅游产业才融为一体，从而彰显了地理标志产品所深具的文化内涵。①

结　语

　　被称为"果中侠客""柚中之王"的平和蜜柚，是特殊土壤、特定海拔、特别机缘与种植技术融合的产物。它从琯溪河畔的西圃洲地而出，如今已遍布平和的大小山岭。每逢阳春三月，闽西南的这座边陲小城就会被柚香花海所淹没。这里东南低平、温暖，西北高隆、寒冷的地势与气候特征，也使柚花每年由东南向西北依次绽放。此时，无论是行走于街市，还是穿行于山间，这一股股恰似丹桂的馥郁清香，总能使赏花人驻足流连，并有花香满衣的惬意。待至金秋时节，同样的故事会再度上演，曾经的花园变成了梯次采摘的果园。正是这一年四季花香与果香的交替，不断地撩拨着平和人对幸福的追逐和对生活的畅想。琯溪蜜柚产业的发展，记录了闽南乡村的变迁图景；告别贫困的历程，承载了平和人利用本土资源的生活智慧。

　　扶贫是一种经济干预，而脱贫的本质却是地方文化的自我修复。要改变一个地区的贫困状况，外界的扶持是必要的，但更有效的途径在于利用其内在的资源并激发出自我救赎的力量。平和县对地理标志产业的培育，用的是倾全县之力，又大量借助外界干预力量的体制机制。而地理标志是地方文化的产物，自然属性与文化禀赋的融合才是地理标志产品的基因特质和根本内涵。福建平和琯溪蜜柚产业的地方实践，让我们目睹了传统农业的现代转型，看到了农业产业化给乡土社会带来的深刻变革。作为本土资源的地理标志产品，不仅让农民看到了脱贫的曙光，也为我们在农业之内寻求农业的可持续发展提供了一条重要的路径。

---

　　① 孙庆忠：《地理标志产品的文化禀赋》，《中国农业大学学报》（社会科学版）2011年第4期。

传统生态文化系统及山地社区可持续发展：石头城村的种子梦

宋一青[*]　宋　鑫[**]　木文川[***]

导言：种子，生物多样性，小农户

种子是生命的开始和延续。人类文明的起点来自于先祖农人对种子的驯化和耕作，由此产生了农耕文明。而在世界各地不同时空的生态文化区域的多元进程中，农耕文明不断的积累，形成了极其丰富多样的农家种子资源，这些农家种子的多样性也意味着多样性的生命和多样性的选择，它们是人类共同的生物文化遗产和财富，也是人类面向未来推动创新和应对外部变化的立足点和重要基础。

中国具有4000多年的悠久农耕文明，拥有世界上规模最大、历时最长的精耕细作小农耕作体系，勤劳的中国小农以世界7%的耕地养育了全世界22%的人口，创造了世界奇迹。目前中国仍有2亿4000万小农户，平均耕地仅0.6公顷，拥有世界上最大的小农群体。小农传统的自留自用和相互交换的农民种子系统正是维系这一持续农耕文明的根基。丰富的农家种和相关的传统知识造就了农业生物文化多样

---

[*] 宋一青，博士，中国科学院农业政策研究中心高级研究员、中国农业大学和吉林农业大学课座教授、合作博士研究生导师、中国农科院农业知识产权研究中心课座研究员；主要研究方向为：农业科技和推广政策，生物多样性和相关法律法规，农民组织和农村社区发展及社会性别等。

[**] 宋鑫，硕士研究生，中国科学院农业政策研究中心研究助理、农民种子网络协调员。

[***] 木文川，云南丽江宝山乡宝山村委会党总支副书记、纳西山地社区网络总协调员。

性，一直为我们的生存和持续发展提供选择、应对和创新的基础和保障。

20世纪六七十年代的绿色革命推出了玉米、水稻、小麦杂交种，使这几大主粮杂交品种迅速蔓延与推广，这带来主粮产量大幅增加的同时，也使得广大小农不得不愈加频繁地使用杂交品种，形成强烈的市场依赖，由此导致传统的农家种子不断萎缩甚至消失，从而造成了生物多样性锐减、种质资源窄化等育种和生态领域的多重负面后果。水稻从原先四万六千多个品种减少到一千多个品种，小麦从一万三千余个品种减少到六百个品种，玉米则从一万多个品种减少至一百五十多个品种，农户世代依存的传统农家品种（自留，自选，相互交换）系统正在消亡，不得不越来越依赖种子市场，承受市场风险和化学投入品的负面效应。

在种子保育传承和农民种子权利的领域，种子行业市场集中也带来严重后果。具有资本优势的种业公司加大研发力度，造成育种技术和知识向专业与商业育种人员倾斜，农民种子系统和传统农耕实践中有关种子选育和管理的本土知识和文化被不断忽视和边缘化。杂交品种的推广使得农民在生产过程中越来越依赖种子市场所提供的品种，在种子上投入的生产资金越来越多地流向种子公司，农民只能被动地接受种子市场所给定的价格。大量使用杂交品种以及配合杂交种使用的大型机械和化学投入品，导致传统农耕体系中的适用技术、地方知识和相关的传统文化逐渐消失，具有生物文化多样性与环境友好内涵的小农生产方式及其农民种子系统正遭受大规模和单一化生产模式的威胁与破坏。

2015年7月公布的中国实施千年发展目标报告（2000—2015年），我们遗憾地看到，在确保环境的可持续性的第七目标中（目标7B）：时至2019年显著降低生物多样性丧失的速度，是唯一没有实现的目标。最主要的原因是国家政策和保护生物多样性的行动，仅以保护区为重点，忽视了广大农户和农村社区。[①]

[①] 此观点基于本文作者和国家生物多样性政策研究专家们的探索和讨论。

放眼国际社会，各国政府均致力于遗传资源的在地保护和传统知识的维护，这些行动通过一系列的国际国内公约得以实现，尤其是《生物多样性公约》及其缔约方大会第10届会议通过的《名古屋议定书》《粮食和农业植物遗传资源国际条约》、联合国教科文组织通过的《保护非物质文化遗产公约》。2015年12月，第21届联合国气候变化大会上，全球195个缔约方国家通过了《巴黎协定》，该协定强调基于生态系统的适应性的重要作用，倡导结合传统知识和科学技术，联合原住民族和当地社区在内的所有利益相关者，共同减缓和适应气候变化带来的影响。世界粮食安全委员会同样认可文化元素在保障粮食安全和农业遗传资源中发挥的重要作用，体现在其制定的负责任农业投资原则（RAI）中（原则7概述了尊重文化遗产和传统知识，支持多样性和创新性的需求）。2015年在联合国可持续发展峰会上通过的17个可持续发展目标中，明确包括了增强生态系统复原能力、发展可持续农业、保护遗传多样性和山区生态系统。

目前，我国具有生物文化多样性和环境友好内涵的小农生产方式及其农民种子系统面临严重威胁正在减弱和消失，这一趋势越来越影响到生态环境和生物多样性，对广大小农生计与福祉、农村可持续发展影响深远。面临种子、生物多样性和气候变化等危机与挑战，抚育人类文明几千年的小农农耕和农民种子系统必然要消失吗？其能伴随我们，支撑延续至今的奥秘和系统是什么？现状如何？是否能发挥更大作用，以应对变化和挑战？

宝山石头城村是一个位于滇西北金沙江上游，具有上千年农耕史的普通小山村，是中国千千万万个边远山村之一。相对以上巨大问题，我们更愿意以小见大，立足于这个小山村，和村民一道沿着以下问题，共同梳理、一起探索、合作创新：

- 为什么这个古老的村庄，历经如此多的风风雨雨，面对经济、政治、自然等方方面面的变革和变化，她还能持续生存到现在，生机勃勃地屹立在那里荣辱不惊？！这背后关键的因素是什么，是经济？生态？抑或文化？

- 石头城村的现状及面临的主要挑战是什么？
- 石头城村要如何传承生态文化系统、应对变化和可持续发展？

本文以种子为切入点，通过剖析一个小山村的案例，以小见大展示、分析和回应以上问题。本文是团队合作的结果，数据和资料主要来源于正在进行的参与式行动研究和前期调查。除此导言，本文分为四个部分，一以山地社区传统生态文化系统为背景，叙述国际国内挑战和政策动向；二为石头城村介绍，包括村民和研究者的角度；三为在石头城村的参与式行动研究，与村民共同研究梳理，一起行动创新应对挑战和变化的初步结果；四为主要发现和讨论，最后以石头城案例的启示、村民的期望和种子梦作为结语。

一 山地社区传统生态文化系统：理念和框架

（一）背景

山区维持着关键生态系统服务功能，为世界上一半的人口提供水，并且是许多原住民文化的发源地。原住民和当地社区可持续的管理山地生态文化系统已绵延千年，他们通过传统的本土知识系统保护生物多样性和生态系统，满足了地方社区粮食、农业、社会经济和文化的需求。

原住民和农村社区在面对气候变化时尤其脆弱，因为他们紧密地依赖自然资源，特别是那些生活在恶劣环境如边远山区的人们。同时，山地社区和他们周围的生态文化系统维持着提供食物、农业和适应气候变化的重要资源，包括丰富的遗传多样性、适应性强的地方品种和持续演化的野生近缘作物，传统的农业与生态一体化实践、多样化农业和低碳农业的创新，以及可持续、集体管理生态文化系统的文化传统和价值观等。目前，遗传和文化的多样性正以惊人的速度丧失，严重破坏了农业系统的复原能力。[1]

---

[1] 联合国粮农组织2010，联合国教科文组织2003。

（二）山地社区在生物文化多样性和社区可持续发展的优势

近年来，山地社区为保护生物多样性、可持续发展、减少贫困和应对气候变化而进行的生态文化系统保护和管理，通过联合国机构、各国政府、民间组织和社区领导的各种不同层面的行动和措施得到了国际社会的认可。例如，秘鲁安第斯山脉的印加原住民社区组织——马铃薯公园，就是一种以原住民生态文化遗产为基准的新型农业生物多样性保护模式。马铃薯公园被公认为马铃薯起源地和品种资源多样性中心。目前，此公园拥有超过 1000 种不同的原生马铃薯品种，以及相关的生态文化系统管理知识和传统农耕技术，是人类的宝贵财富。国际环境与发展研究所（IIED）的研究表明社区所管理的山地生态文化系统，对维持生态系统服务及促进社区适应气候变化十分重要，正在为人类社会现在和未来做贡献。

山地生态文化系统概念，始于原住民和大自然天人合一、和谐相处的自身经历，连接相邻的社区，以便集体管理流域和生物多样性，允许野生和驯养的物种在同海拔区域迁移，使得社区能够在不同流域和区域试种不同的作物。山地多样性生态文化系统加强了种子交换和知识交流，支持复兴生态系统管理的文化和精神价值，并且使得贫困社区能够增加收入（如通过生态旅游和中草药资源利用等），如国际山地原住民网络①中安第斯山脉的印加社区、喜马拉雅山脉的不丹、印度社区等。

中国政府也愈发重视生物和文化多样性在生态文明建设和绿色转型中的重要角色，并通过一系列不同的活动支持多重功能的农业和生态文化景观保护，如联合国粮农组织提出的"全球重要农业文化遗产"，此概念等同于世界文化遗产，意为农村与其所处环境长期协同进化和动态适应下所形成的独特的土地利用系统和农业景观，这种生

---

① 国际山地原住民网络（International Network of Mountain Indigenous Peoples）：2014年5月26日，来自10个国家25个山地社区的原住民代表于不丹共同发起的全球合作网络。

传统生态文化系统及山地社区可持续发展：石头城村的种子梦

态文化系统与景观具有丰富的生物多样性和文化多样性，并且可以满足当地社会经济与文化发展的需要，有利于促进区域可持续发展。在国家认定的13个连片扶贫区中，山区占多数，山区可持续生计发展是重要扶贫理念。

（三）参与式行动研究的观点和框架

我们从研究的角度，以此框架来看待本土知识和小农生态文化，不难发现这是一个系统性的东西，而不是单方面的。本土知识与文化、生物多样性、居民生计、社会元素和创新方法共同组成了一个有机系统，其中几方面都相互交融，例如，居民生计和生物多样性，联同小农精神生活和延续至今的信仰与价值观，交织促成了下图三角形内的创新系统。这几大元素共同作用下形成的应对创新，即眼下国际社会热议的具有恢复力的本土知识和小农文化应对创新系统。我们也以此视角来分析石头城为何会有此等内生复原力，如何应对各种经济

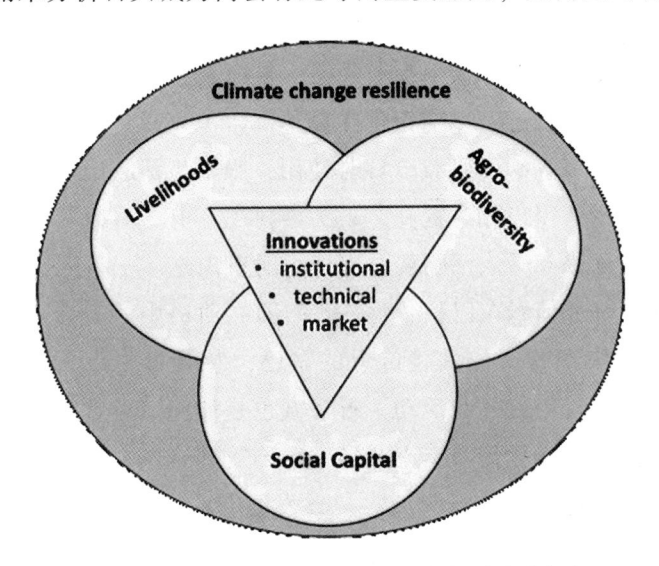

图1 具有恢复力的小农生态文化创新系统的框架

资料来源：Song, Y., Zhang, Y., Song, X., & Swiderska, K., 2016, *Smallhalder Farming Systems in Southwest China: Exploring Key Trends and Innovations for Resilience*, IIED, London.

与自然气候等变化。

二 石头城村案例研究探索

宝山石头城村位于丽江西北126公里的金沙江峡谷中，因为108户纳西人家聚居在一座天然大石之上而得名。据考，石头城始建于唐朝，元世祖忽必烈曾在此革囊渡江，越天险太子关南征大理国。纳西语称其为"拉伯鲁盘坞"，意为"宝山白石寨"，至今已有上千年的历史。根据2000年的人口普查数据，石头城居民共有885人，其中纳西族880人，纳西族里"木"与"和"是大姓，"木"姓多为显贵之后，"和"姓多为东巴后人。云南以气候适人、物产丰富、文化多元著称，云南人历来享有"家乡宝"的称号，石头城的村民也不喜远迁，迁入城市的村民也大都止步于丽江。

（一）村民眼中的石头城

大山深处的石头城长年不通公路，村庄直至十五年前都处于自给自足的生产生活状态。以前粮食产量不高，家家户户酿出来的粮食酒仅供清明、春节、纳西民族节日时使用，眼下生活状况有所改善，其自产酒的产量才得以相应提高。石头城村民亦有冬月杀年猪制成腊肉的习惯，保证来年干农活需要补充体力时有肉吃，干活更有劲。

纳西族普遍信奉东巴教，"东巴"即纳西语中的智者。原本，每一个纳西村庄都有一位世袭传承的东巴，掌管村中祭天、丧葬、驱鬼、禳灾和卜卦等仪式和活动，石头城也是如此。可近年来的城乡频繁互动令其东巴文化传习出现断层，已不复拥有本村的东巴。近几年的春旱时节，每年都有石头城农户自发组织小规模祭天求雨的仪式，从外村请来一位东巴，诵经求雨，祈求三多神庇佑石头城风调雨顺。

东巴教教义是"天—地—人"和谐共生，从图2东巴教画卷中得以清晰呈现，东巴教的三多神执掌人与自然的平衡，不偏不倚。传统农耕文化系统集生态、耕作、生计、精神、信仰及文化为一体，普遍信仰东巴教的石头城村民，本着其宗教信仰及文化内核，守卫着这个古老的纳西家园。

石头城周边山高谷深，海拔1720米，地势西高东低，最高海拔点在太子关主峰，为3505米；最低海拔在金沙江江面，为1504米，气候属河谷亚热带，干湿季分明，温度变化不大。

宝山石头城一带山势陡峭，耕地坡度36°以上。有梯田1026亩；旱耕地92亩，人均耕地面积1.26亩，梯田集中在江面至石头城之间，主产水稻、小麦、玉米、高

图2 东巴文化

（2016年3月宋鑫摄于昆明）

粱、黄豆、蚕豆等农作物，海拔2700米至居住地之间还是荒山，森林主要分布在2700米以上的山地，森林覆盖率38%—39%，重要树种有云南松、云杉、冷杉、红豆杉等，常见的动物有猴子、野猪、林麝、斑羚、熊猫、穿山甲、雉鸡等。

图3 宝山石头城

（2016年5月宋一青摄于石头城）

本土知识促进减贫发展

石头城村还有一个古老的灌溉系统，浇灌着依山傍城而建的梯田，滋养着一代代的石城人和山水万物和谐共生。

宝山石头城大事记（转载自村民日志）：
唐中期，纳西族先民从吕朵（今宁蒗县永宁乡）迁徙居宝山；
元宪宗三年（1253）元世祖忽必烈革囊渡江，越太子关途径宝山；
元十四年（1277），置宝山县；
元十六年（1279），建宝山州；
"民国"九年（1921），乡绅和绍先组织村民修建东西城门、城墙；
1976 年，在政府的帮助下，安装水管，引水入城，解决城内居民生活用水；
1981 年，建成宝山村电站，装机容量 50 千瓦，实现了照明自治；
1987 年 11 月，丽江纳西族自治县人民政府公布宝山石头城为丽江县文物保护单位；
1993 年 11 月，云南省人民政府公布宝山石头城为云南省重点文物保护单位；
1996 年 2 月 3 日，丽江发生里氏七级地震，城西巨石震裂，城墙坍塌，民居受到破坏；
1997 年 12 月，由上级出钱，对地震冲垮的平台、城墙进行加固；
1999 年 4 月，政府出资与村民投工投劳相结合，修建从宝山乡政府到石头城的 21 公里旅游公路；
2001 年 1 月 1 日，丽江东部电网工程全部竣工；
2001 年 10 月，丽江县百村扶贫工程之石头城人畜饮水工程全面竣工，石头城人民彻底摆脱了"饮水不净，用水困难"的局面；
2006 年，宝山石头城被誉为国家级文物保护单位；
2011 年 12 月，阿海水电站大坝蓄水，石头城江面出现"高原平湖"景观，近 1/4 梯田被淹没，主要是水稻田；

2014年，石头城荣选为全国首批传统古村落；

2016年，面临旅游全面开发，全村安装消防管道，夜间照明系统；并在金沙江岸边修建码头，开辟水路交通。

(二) 研究者眼中的石头城

参与式行动研究项目组于2013年在石头城开展了基线调研，基于研究框架，首先对村里的基本社会经济、农业及种子系统等的现状和近十年的变化进行定量摸底调查，同时针对近几年中国西南地区的大旱，了解气候变化对当地生态、生物多样性、小农生产和农民生计带来的影响及农民如何基于他们的传统农耕文化系统，因地制宜，以各种方法和集体行动应对变化。

以下数据分析源自2013年9月的基线调查数据，调查涵盖100户，随机抽样分别来自石头城行政村的12个自然村。

在调查的100户农户中，共有人口437人。从事农业的人口是171人，87名女性，84名男性。他们的平均年龄是53.1岁，60岁及以上的人口占36.8%。115人外出打工，平均年龄32.4岁，女性比例为45.22%。

基线调查主要发现：

1. 近十年户均收入和支出都增长迅速。

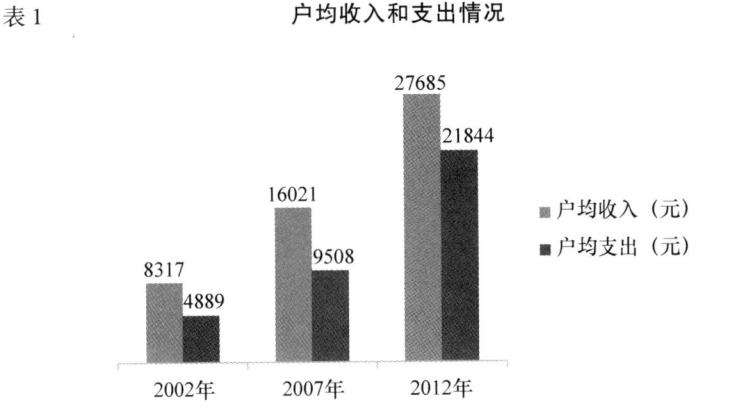

表1　　　　　　　　　户均收入和支出情况

年份	户均收入（元）	户均支出（元）
2002年	8317	4889
2007年	16021	9508
2012年	27685	21844

2. 户均收入结构和趋势：

务工收入为主要收入，但是其所占比例，先升高后略有下降；

2012年出现从事旅游业的收入。农业收入（1+2）总比例从30%下降到23.8%。在村周边就业的收入下降。小额贸易的收入稳步上升。

表2　　　　　　　　　户均收入结构和趋势

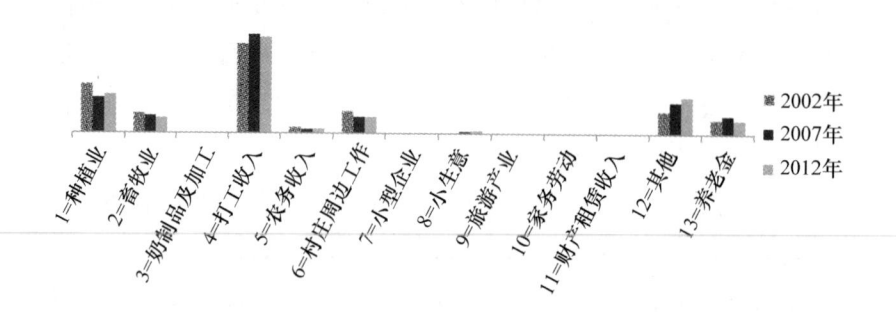

（图：柱状图，横轴为1=种植业、2=畜牧业、3=奶制品及加工、4=打工收入、5=农务收入、6=村庄周边工作、7=小型企业、8=小生意、9=旅游产业、10=家务劳动、11=财产租赁收入、12=其他、13=养老金，数据系列为2002年、2007年、2012年）

3. 夫妻均务农比例明显下降。相应地，妻子务农和丈夫为主务农比例都明显增加，妻子务农比例大于丈夫务农比例。

表3　　　　　　　　　丈夫/妻子务农比例变化趋势

年份	2002	2007	2012
夫妻皆务农（%）	90	80	50
妻子为主务农（%）	8	15	30
丈夫为主务农（%）	2	5	20

4. 对于家庭收入而言：主要的收入来源是种植业、打工收入和畜牧业；对于家庭粮食安全方面而言：主要是种植业、畜牧业和打工收入。

表4　　　　　　　　　三大主要收入来源　　　　　　　　单位：户

	收入模式	家庭粮食安全
1 = 种植业	80	86
2 = 畜牧业	41	40
3 = 奶制品及加工	0	0
4 = 打工收入	53	18
5 = 农务收入	10	6
6 = 村庄周边工作	13	10
7 = 小型企业	0	1
8 = 小生意	4	2
9 = 旅游产业	2	3
10 = 家务劳动	0	1
11 = 财产租赁收入，如土地、设备、住房等	0	0
12 = 其他	9	5
13 = 养老金	12	5

注：复选题：每户选择三种最主要的收入来源以及三种对家庭粮食安全最重要的收入来源。例如：在石头城调研中，有80户农户认为种植业在家庭收入中排前三。

5. 从2002年到2012年，农户种植的总品种数量呈下降趋势，尤其是2007年开始，下降迅速。本地品种和引入改良种的比例也是下降趋势，而杂交种的比例呈现迅速上升趋势。

表5　　　　　　　　　品种数量变化情况

(1户1种作物种2个品种，算作2种，仅从数量上考虑)

年份	总的品种数量	本地品种的比例（%）	引入改良种的比例（%）	杂交种的比例（%）
2012	179	45.81	2.79	51.4
2007	202	50.99	2.97	46.04
2002	206	64.085	3.88	32.04

6. 水稻、小麦和黄豆主要是自己食用，玉米和蚕豆主要是用作饲料，香料作为经济作物是用作销售。

表6 2012年农作物种植及销售情况

作物	种植总面积（亩）	平均产量（斤/亩）	自食比例（%）	饲料比例（%）	销售比例（%）	平均价格（元/斤）
1 = 玉米	274.00	729.15	2.41	93.11	2.27	1.61
2 = 水稻	19.60	601.53	81.76	11.87	6.36	1.92
3 = 小麦	178.30	437.16	73.36	20.34	3.31	5.96
4 = 黄豆	3.40	398.53	88.19	0.00	11.81	1.50
5 = 蚕豆	49.00	362.86	3.83	90.26	5.91	0.75
6 = 香料	112.80	35.85	0.00	0.00	100.00	244.77

7. 水稻和小麦的老品种（可留种的品种农户都称为老品种）保持得很好。但是玉米的老品种消失很快，而且种植面积的比例大幅度下降。

表7 石头城村三大主粮作物的本地品种数量及种植面积占比

年份	玉米 本地品种的数量	玉米 本地品种的种植面积比例（%）	水稻 本地品种的数量	水稻 本地品种的种植面积比例（%）	小麦 本地品种的数量	小麦 本地品种的种植面积比例（%）
2002	6	56	5	100	3	100
2007	—	—	10	100	5	100
2012	2	2.2	15	100	5	100

表8 石头城村过去30年品种的丢失及引入情况（户表）

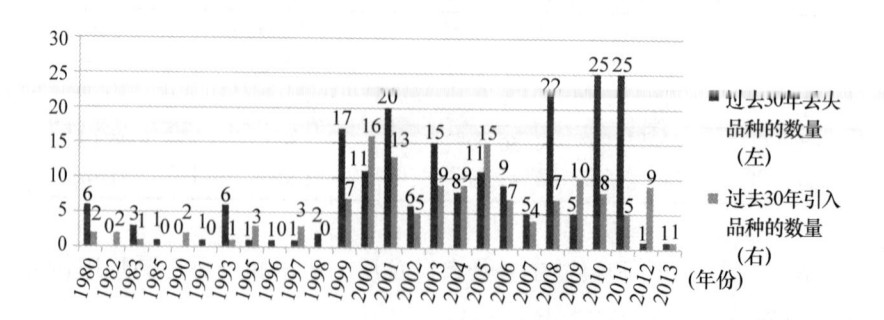

8. 过去10年来采用的新品种情况，采用的新品种中：

（1）就种类而言，主要是玉米和天竺葵。其中玉米占75.21%，天竺葵占17.95%；

（2）就品种类型而言，杂交种占73.5%，引入的改良种占12.82%，本地品种占11.11%，自己改良品种占2.56%；

（3）就品种来源而言，购买占76.07%，NGO与科研机构提供种子占11.11%。

9. 总的来说，在选择品种的时候，女性占主要地位，其次是老人和男性。

就杂交种而言，女性还是主要的选种人，但男性发挥作用相比其他品种要大得多。

表9　　　　　　　　　　　　谁来选种？　　　　　　　　　　单位:%

	所有品种	杂交品种	引进改良品种	本地老品种
1 = 男性	25	32	22.229	21.74
2 = 女性	45.57	38	66.67	48.31
3 = 老人	25.32	25	11.11	26.09
4 = 其他	3.16	5	0	2.42

10. 总的来说，在保存种子的时候，女性占主导地位。

表10　　　　　　　　　　　　谁来留种？　　　　　　　　　　单位:%

	所有品种	杂交品种	引进改良品种	本地老品种
1 = 男性	19.05	21.43	14.29	19.05
2 = 女性	53.81	50.00	71.42	53.44
3 = 老人	24.29	14.29	14.29	25.4
4 = 其他	2.86	14.29	0.00	2.12

表 11　　　　　　　　　　　谁来引种、换种？　　　　　　　　　单位：%

	所有品种	杂交品种	引进改良品种	本地老品种
1 = 男性	19.05	21.43	14.29	19.05
2 = 女性	53.81	50.00	71.42	53.44
3 = 老人	24.29	14.29	14.29	25.4
4 = 其他	2.86	14.29	0.00	2.12

11. 气候变化：近十年来农户反映干旱情况比较多，其次是洪水和暴雨，相比十年内，有更多的农户反映以前有干旱，但是比近十年来要少得多。

表 12-1　观察到气候变化现象的户数

气候变化现象	观察到此现象的户数
1 = 本地物种的消失	16
2 = 河流和湖泊的干枯	40
3 = 森林面积的减少	43
4 = 湿地的消失	3
5 = 季节长短的变化	15
6 = 作物生长期的长短变化	7
7 = 树木播种模式的变化	17
8 = 洪水发生概率的增加	8

表 12-2　与十年前相比，农户观察到气候变化现象的比例

	观察到此现象户数的比例（%）
干旱	22
洪水	5
暴雨	6
其他	10

结论：

（1）实际在家从事农业的人以老人和妇女为主；

（2）农户收入和消费同步迅速增长，收入增加主要源于非农务工，消费市场依赖度增加；

（3）农作物和品种多样性均快速减少，尤其是传统作物和品种；

（4）妇女是选留种、引种、换种的主要从事人和决策者；

（5）金沙江系列水电站建设，淹没近 1/4 梯田，影响了传统农耕，尤其是水稻耕作；

（6）气候变化，尤其是近年西南大旱带来影响，如春播用水紧张、虫害增加等，但古老的水渠和村规民约用水、管水制度发挥了作用；

（7）总体而言，石头城村的传统农耕受到经济快速发展的影响和冲击，但依然保有较完整的"具有恢复力的小农生态文化创新系统"在持续应对变化。

三 共同研究和行动：参与式传统生态文化梳理、保护和加强

参与式行动研究是我们的主要研究方法，这种参与式行动研究方式把农户和科学家连在一起，共同梳理、调查社区的生态文化系统的方方面面，共同制订应对行动计划。本着多元互动、集体分享、平衡发展、传承创新的可持续发展原则，在制订石头城行动计划时，项目团队分析总结了广西参与式项目总结的合作创新经验，由社区资源登记、本土品种保育、选种及提纯复壮以及种子交流会等方式，结合社区支持农业（CSA）和参与式保障体系（PGS）理念及多方资源助力乡村能力建设，为后续市场链接环节中的厚积薄发打下基础，以实际需求为前提共同进行技术探讨，实地指导和支持，简单高效，向心力强。以下是2013年基线调查后开展的一系列共同行动和成果。

（一）桂糯2006的种子之路：广西农户—科学家—云南农户接力制种

基线调研结束后，项目组将"参与式选育种"（PPB）引入了石头城，以期加强地方传统资源和知识的利用和保护。始于2005年广西参与式育种项目的成果，玉米桂糯2006杂交品种，一路向西，跟着项目组的脚步，走入了石头城，生根发芽，开花结果。

2014—2015年，广西玉米研究所的科学家们对石头城PPB项目进行专家与农户育种接力改良方面的技术方案制订和实地指导。经过数十次的田间交流指导，石头城的农民育种家迅速成长并取得了傲人的成绩。

本土知识促进减贫发展

图4 农民育种家陆荣艳与广西玉米所科学家田间交流

（2006年7月张艳艳摄于广西马山古寨）

2014年，桂糯2006在石头城的试制种成果分别为父本总产量23.50市斤，母本总产量4.70市斤，杂交种总产量25.20市斤。并由首位参与合作的农民育种家，张秀云尝试秘鲁引进的2个品种试种。

2015年，桂糯2006杂交品种的制种人由1名女性扩展为4名，在石头城进行的玉米PPB试验大幅增至六个方面：

1. 桂糯2006制种：2015年杂交种总产量154.40市斤；

2. 桂糯提纯复壮；

3. 四项总长历时五年的玉米品种改良试验；

4. 桂糯2006亲本繁殖：2015年父本总产量61.40市斤，母本总产量84市斤；

5. 四项适应性繁种；

6. 八项适应性鉴定。

表13 桂糯2006种子生产（PPB）——云南省丽江市宝山石头城

年份	户数	面积（亩）	种子生产（公斤） 杂交种	亲本系 父本	亲本系 母本	杂交种销售 销售量（公斤）	杂交种销售 价格（元/公斤）	总收入（元）
2013								试验阶段，没有收入
2014	1	0.1275	12.6	11.75	2.35		16（社区价格）	制种人收取项目补贴：800元
2015	4	1.15	77.2	70.7	10.5	50	36	1800元
2016	2	1.2	26	74.5	16		36	*

注：由2016年开始，桂糯2006杂交种每销售1公斤种子，提取6元作为社区发展基金。

图5 石头城第一代育种家张秀云（右）和二代育种家李瑞珍（左）田间交流制种心得

（2015年6月宋鑫摄于石头城）

（二）加入农民种子网络的参与式大豆地方品种就地保持和区域适应性试验

2013年12月，参与式项目组在石头城组织了一次国际交流研讨会，在石头城的传统农耕文化系统面前，本着发掘农民、农村社区及合作组织的力量来探索就地种子选育和知识共享的有效机制，同时以保护农民的种子权益并维护国家的种子主权为目标，来自行动、研究和政策倡导三个层面的机构负责人达成合作共识，发起了全国农民就地种子选育和共享网络（以下简称"农民种子网络"），三家发起机构分别为：北京梁漱溟乡村建设中心、中国科学院农业政策研究中心和第三世界网络。时至今日，农民种子网络已覆盖河北、河南、江苏、江西、重庆、广西和云南7个省份的20多个农村社区。

图6　于石头城村小原址举办的国际交流研讨会

(2013年12月 Jared Schy 摄于石头城)

传统生态文化系统及山地社区可持续发展：石头城村的种子梦

2015年，为了保持濒临消失的本地黄豆品种和选择适合当地的品种，农民种子网络在5个项目社区进行了黄豆地方品种的就地保持和参与式选种试验（PVS），石头城村是其中一个试点。为了使试验效果最大化，鉴定各参与试验品种的地方适应性、经济性状、增产潜力、稳产性、抗逆性以及其他重要品种特性，石头城的两名试验负责人在海拔相差300米的田块里同步进行31个黄豆品种的适应性试验。同时根据评估表格在收获时节分别在田间和室内一一进行考种记录，通过各项科学家指标，分析各个试验品种的颗粒是否大而饱满，豆荚数量多少，是否耐密集，是否抗倒伏与病虫害等特征。挑选出综合评分最高的几个品种后，再在各个品种中挑选出植株最好的进行留种。试验的最后一步是将各个黄豆品种煮熟试吃，以便村民挑选出高产，适应当地气候状况，同时风味好的黄豆品种由试验者扩大规模繁种后分发给大家。

（三）社区资源登记

为了保护传统品种和传统知识，参与式行动研究项目组从2006年开始尝试在广西4个项目社区进行资源登记。2009年对项目社区农户重新进行培训，并将资源登记扩展到7个社区。2014年在农民种子网络第一次会议上，对参会的10多个社区的农户进行资源登记培训。截至2015年12月底，农民种子网络里有11个社区进行了资源登记，共登记了484种作物资源，下一步还会继续在种子网络的所有社区都开展资源登记的工作。宝山石头城村，也于2014年光荣加入了社区资源登

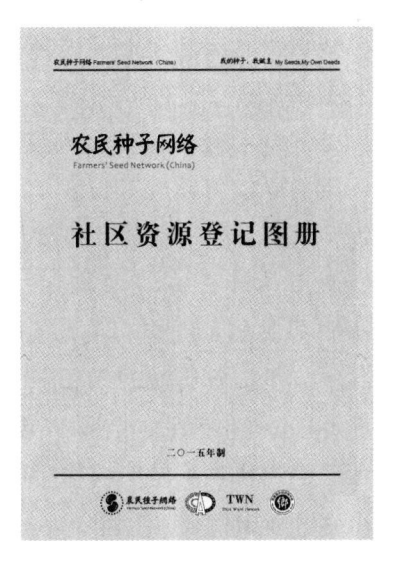

图7 社区资源登记图册
（农民种子网络2015年制图）

记的行列。

我们希望用文字和图片的形式来记录并保存社区的资源及其相关的传统文化知识，就像是给生物文化资源做一个"族谱"。让它们可以代代相传，成为承载社区生物文化多样性保护的载体，促进社区的可持续健康发展。

（四）石头城种子银行

纵观国际社会，各国都在陆续创建种子银行，其灵感源自原本灭绝了数年的植物，某天突然在一个角落里再次出现。经科学家们研究发现，大多数植物种子具有休眠性，长埋于地下数百年，甚至上千年也可以在环境条件合适的情况下被唤醒，重新发芽、生长。这项发现给予了我们希望，储存于地下的天然种子银行和科学家创建的种子库，可以给世界再次带来真正的绿色。

可是，即使科学家们保存了所有生物的"种子"，还是需要有条件适宜的地方供它们"复活"，筹建中的石头城社区种子银行一方面就地保育当地品种资源，另一方面，也保护着提供品种茁壮生长的生态圈。天然在地社区种子银行和科学家种子库互为补充，相得益彰。

2015年，项目团队加入了中国科学院昆明植物研究所丽江高山植物园的专家，针对石头城生产生态生活圈里的环境及其濒危野生生物种质资源进行调研。昆明植物研究所拥有中国西南野生生物种质资源库，对石头城即将成立的社区种子银行（Community Seed Bank）提供技术支持。在石头城的社区种子银行里，共陈列了108个品种，包括石头城的水稻、玉米、高粱、蔬菜等本地品种69个、PVS黄豆试验品种22个和PPB试验品种17个。另外，种子银行还展示着中国科学院昆明植物所丽江高山植物园布置的"玉龙雪山植物垂直分布概况图"，且分设一个丽江本地植物的展柜，陈列着25个本地植物品种。

传统生态文化系统及山地社区可持续发展：石头城村的种子梦

图8　石头城社区种子银行

(2016年7月宋鑫摄于石头城)

乡土生物文化多样性保护行动对当地的影响

社区领袖（木文川）：

我们纳西族对种子一直以来都很重视，以前我们把种子悬挂在每家每户最尊贵的"祖母房"的梁柱上。现在建筑风格转变了，祖母房也很难得见到了，参与式团队的到来，让我们回想起记忆中的祖母房和珍贵的种子。

石头城以前一直种麻，织成麻布，为老人送终和在其他仪式上都会用到，最近在石头城却找不到了。由于织麻材料的紧缺，村里参与传统织麻的老人仅存两名。2015年5月，宋一青老师和我们去徒步摩梭油米村的时候，偶然找到了大麻的种子。经过我和另外一名参与织麻的中年妇女进行小规模种植，收获种子约30斤，明年种植大麻的人数会增多。这将会对石头城传统古老的丧葬民风有很好的促进作用。

社科专家（宋一青）：

我们的社区就是我们集体的家，每个社区的历史文化、生态环境都不一样，都是独一无二的，拥有珍贵独特而且丰富多样的生物文化资源。社区资源登记也是我们常说的资源盘点，弄清并记录祖祖辈辈留下来的生物文化资源家产，并传给下一代，这是我们的骄傲和责任！通过盘点弄清我们的资源家底，还能更清晰有效地利用和公平分享我们社区的生物文化资源。

社区是由人、房子、道路、学校、庙宇、多种多样的植物、动物、山和水等组成，既有空间维度的延展，又有时间维度的积累。随着时间的推移，社区也在不断地发生着变化。当社区被"主流"社会"吸纳"的同时，我们所拥有的老品种资源和传统文化知识也在悄悄消失。社区里的老品种因为适应当地气候、口味以及特殊的文化价值等原因被农户一代代地选育留存至今，但是在现代这个杂交种大肆蔓延的时代，种植的老品种越来越少了，大多被高产杂交品种替代。一个品种的消失，不仅仅是失去一个自然资源，还会通过生物链引起连锁反应，影响其他物种的生存。同时消失的还有和这个品种相关的传统文化知识和手艺，而正是这些为可持续发展提供了弹性空间，这是我们做资源登记和保护生物多样性的社会意义所在！

（五）城里和城外的故事

著名的"城里城外"的说法，也发生在石头城。根据十多年累积的参与式行动经验，项目团队总结发现，在农户与农户之间的社区互访过程中，信息交流和相互学习的效果最佳，不但可以达到分享交换资源与信息的目的，还能促进农户认知水平的提升和自我认同的增强。

农户之间的交流模式，通常以亲眼实见为基础，搭配社区故事分享，伴随各地的山歌和舞蹈交流，将学习互访变得好玩又高效。

此外，每个社区里的男女分工都会让其男性与女性居民拥有不同的视角和兴趣点，因此，社区互访的设计环节里，我们都希望各社区派出一名男性代表和一名女性代表，期待交流过程中的不同视角能引出花火和启智，以及社区代表返乡后能通过多渠道分享学习心得。

国际山地原住民社区结盟

2014年4月26日至5月2日，在秘鲁库斯科市（Cusco）的马铃薯公园（Potato Park）里，石头城的木文川和张秀云，与来自不丹和秘鲁的山地原住民朋友进行了知识、经验和协作的交流，并在此过程中达成了合作共识，包括相互之间的知识交流与能力建设以及不断增进对彼此文化的理解，该合作的独特之处在于强调农民和科学家之间进行公平合作与惠益分享。这项全球合作关系通过山地社区倡议（MCI）得到了进一步的加强。

图9　山地原住民经验交流

（2014年4月宋一青摄于马铃薯公园）

本土知识促进减贫发展

图10　木文川与张秀云参观国际马铃薯研究中心
（2014年5月宋一青摄于秘鲁利马）

　　2014年5月26—31日，来自10个国家的25个山地少数民族社区成员，其中包括石头城的木义昌和李瑞珍，参与讨论了气候变迁对生物多样性和传统农耕文化带来的影响并共同制定和发表了《不丹宣言》，参会成员相互约定今后彼此分享种子资源以及在不同气候和地理环境下的种植知识。秘鲁安第斯协会（ANDES）负责人Alejandro Argumendo表示，"这种合作伙伴关系代表了原住民所创造的一种独特的联合，旨在克服气候变化中农业与粮食安全所遭受的威胁，它在推动农民权利实现的同时也加强了农业生物多样性、文化遗产与可持续发展之间的重要联结"。

传统生态文化系统及山地社区可持续发展：石头城村的种子梦

2015年9月11至18日，第二届国际山地原住民网络（MCI）会议于塔吉克斯坦召开，石头城的木文川与广西都安的韦玉规，代表中国参加了本次研讨会。此次会议的重点之一是生态文化遗产指标与标识系统（Bioculture Heritage Indication Labeling System）的建立，各国研究机构和原住民代表就此系统的必要性和可行性进行了认真商讨。生态文化遗产是原住民族群历经祖辈传承，社区共有的以本土化知识、多样性生态、生产生活景观、文化与信仰，以及村规民约链接而成的一项无形资产。本次研讨会的与会成员们也共同制定和发表了 *The Tuggoz Declaration on Climate Change and Mountain Indigenous Peoples*，呼吁各国政府承认传统知识和西方科学具有同等的重要性。

图11 生物多样性公约缔约方大会COP13边会上张秀云分享参与式选育种心得
（2016年12月李管奇摄于墨西哥坎昆）

2016年5月19—22日，在丽江和石头城以"山地原住民

81

社区生态文化系统，减贫和可持续发展"为主题的南南合作与政策咨询研讨会，围绕农业文化遗产、生物文化多样性、里山景观倡议等主要议题进行了观点交流和案例展示。最后达成《国际山地原住民网络之石头城宣言》，石头城宣言中的政策建议于 2016 年 11 月在摩洛哥马拉喀什召开的联合国气候变化框架公约第 22 次缔约方大会上提出。

  2016 年 11 月 29 日至 12 月 6 日，来自墨西哥、危地马拉、厄瓜多尔、秘鲁、美国、加拿大和中国等国家的原住民和农民代表、学者和民间组织代表在墨西哥齐聚一堂，共同就玉米、原住民社区利益和农民权益等问题展开跨越国界的讨论。石头城村的"农民育种家"张秀云和李瑞珍受邀参加了交流活动。在交流环节，张秀云介绍了她们参与选育种工作的经历和心得，以及在石头城村建设社区种子银行的重要意义。交流会最终发布了 Declaration of EK Balam 以凝聚大家的共识。宣言着重指出，原住民和农民社区是玉米品种资源的合法拥有者和守护者，玉米及其多样化的品种在原住民的文化和精神世界中具有神圣的价值，妇女在农业耕作和守护玉米价值上发挥了重要作用。宣言还针对紧随召开的 COP13 大会提出了包括禁止进口转基因玉米、尊重和认可原住民及农民权益、强化农民种子系统等一系列政策建议。12 月 5 日，张秀云和李瑞珍与其他农民和原住民代表在 COP13 的分会场宣读了 Declaration of EK Balam。

（六）石头城纳西生态文化梳理与传承

  原宝山村小因"整合资源，集中办学"的教育政策思路，搬迁到宝山村委会中心办校，村小原址在参与式项目组多方筹措经费协助下，对主楼进行全部修缮，转型为"石头城纳西文化传承与创新中心"，为老年协会、妇女小组设立办公场所和公共活动空间，并专门设立"返乡有种"之农民种子银行和展室。2015 年 10 月 21 日，在传承中心成功举办了石头城老年协会成立 20 周年庆典，庆典上老年人载歌载舞，村党支部倡议广大老年人老有所乐、老有所为，在石头城保护和开发中发挥余热，特别是在民族文化传承和关心下一代工作中要发挥好作用。

经过积极的向上申请和项目组的示范作用，村小余下所有房屋的修缮工作已经得到上级组织的批准资助。现上级主管部门已经多次亲临实地进行规划。目前，工程已经全部启动。工程结束后，还将设立民族文化博物馆、游客休息室、全民健身室等，更进一步为石头城社会稳定和经济发展服务。

石头城水渠系统及管用水村规民约的全面梳理

从石头城的传统水资源管理系统入手，以村民参与式调研为主要方法，系统收集、提炼当地社区基于传统智慧修建的明沟暗渠相结合的水系，以及基于习惯法的村民自组织管理模式，探索传统生态文化系统在应对环境与社会变迁过程中的价值和作用。

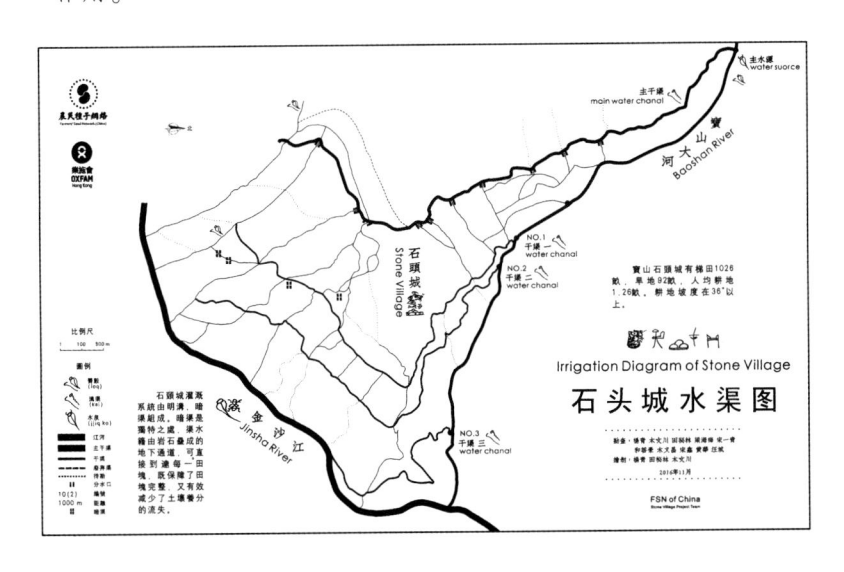

图12　石头城水渠图

（2016年5月杨青、田秘林绘制于石头城）

石头城水渠系统灌水规则：从上到下，从左到右。

即垂直方向，先灌溉靠近水源的田地，再到离水源最远的田地。

水平方向，先灌溉靠近水源的田地，再到离水源最远的田地。

（七）传承创新促进传统生态文化产品和工艺价值再现

通过拜访石头城村的老中医以及有经验的村民们，以村民参与式调研为主要方法，协助回忆并登山寻找制作传统酒曲和传统食品的原材料，借助影像全程记录制作工艺，科学绘制简单易懂的流程图来宣扬与传承传统手工艺。项目团队持续收集和整理传统食品的制作工艺和传统的酿酒技术。

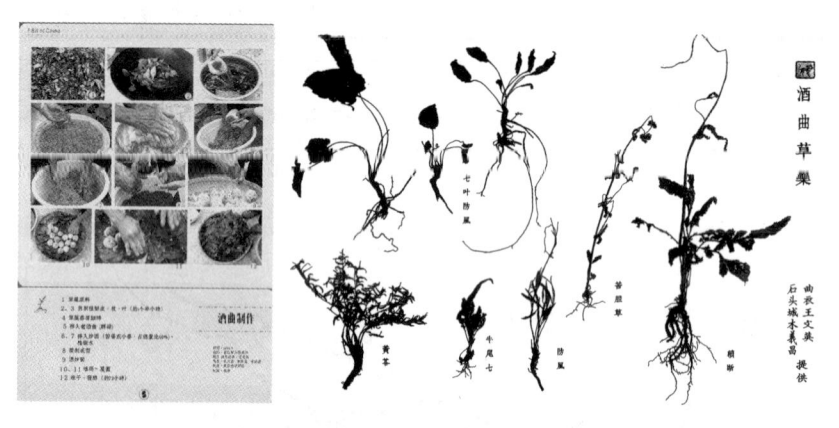

图13　酒曲制作流程图与酒曲草药

（2016年5月杨青绘制于石头城）

2015年9月22日至26日，石头城村的两名骨干，木义昌和李瑞珍，于北京举办的小农产品工作坊期间，参加了国际慢食协会大中华区所举办的中国美味方舟产品展和高峰论坛，石头城的粮食酒和腊肉入选了国际慢食协会中国美味方舟名录。我们将注重传统的饲养方法，完善传统的酒曲方子，把优质的石头城粮食酒和腊肉推向世界。

传统生态文化系统及山地社区可持续发展：石头城村的种子梦

图14　石头城村民代表木义昌（男）和李瑞珍（女）参加北京小农产品工作坊

（2015年9月李管奇摄于北京）

2016年9月22日至27日，石头城的妇女代表张秀云受邀参加了由国际慢食协会主办的第11届"大地母亲·品味沙龙"活动。这届在意大利都灵举办的大会主题是"关爱地球"，活动包括有机农业、生物多样性、食物价值链、环境保护、主厨联盟、美味方舟等主题论坛。张秀云将2015年入选中国美味方舟的石头城腊肉和粮食酒带到了意大利，与国际友人分享石头城风味。

图15　张秀云参加"大地母亲·品味沙龙"活动

（2016年9月白亚丽摄于意大利都灵）

85

四 发现和讨论：乡土知识的传承，从农耕文明到生态文明

石头城参与式行动研究是一个仍在进行合作探索、共同创新的过程，但至此，我们可以回应开篇提出的前两个问题，阶段性总结讨论第三个行动研究问题：

为什么这样的一个古老的村庄，经历了如此多的风风雨雨，经济也好、政治也好，还有自然等方方面面的变革和变化，她还能充满活力地持续生存到现在，生机勃勃地屹立在那里荣辱不惊？！这背后关键的因素是什么，经济、生态，抑或文化？目前的状况及面临的主要挑战是什么？如何传承、应对和可持续发展？

（一）关键在于石头城村依然有较完整的"有弹性的社区本土知识与小农生态文化创新系统"，其多样性、互补性和完整性，成就了她的公平、包容和可持续发展

小农生态文化是一个系统，由本土知识文化、生态生物多样性、村民生计、社会发展和创新等方面组成，并不单方面存在。应对经济、政治与自然环境等多重变革，小农生态文化系统持续演化，有机结合村庄生计与生物多样性，同时交织村民信仰与价值观，支撑着石头城村民一代代走到今天。而以上各个要素交织在一块促生了新的有机系统，形成了有弹性的本土知识和小农文化的创新系统，不断调整应对社会经济变迁和自然气候变化。

（二）面对的最大挑战就是现代社会和技术对这个系统的影响和冲击，加上近年来的气候变化

（三）参与式行动研究如何增强石头城村传统生态文化系统？

本土知识与传统生态文化多样性共同形成了一个内生性的系统，

此知识系统在不断地应对外部世界和伙伴合作创新的过程当中进化与发展，是一个内驱为主的有机的、多元的、不断变化和应对的过程。这是我们的结论也是我们的行动研究工作的指导框架，要点如下：

1. 我们在社区的工作目标就是协助社区为基础的集体行动。

（1）了解与认可"传统生态文化创新系统"的理念和主要观点；

（2）重唤此系统各方面的精神及物质价值；

（3）通过记录、保存、利用、使用以应对变化等方式深度激活此系统；

（4）分享经验、传播案例、扩散影响、联网合作，倡导并巩固此系统的多元价值。

2. 传统生态文化创新系统的理念和原则。

主要基于中国天人合一的理念。纳西民族崇敬自然，正如秘鲁印加社区的 ayllu 概念，肯尼亚传统社区与印度东喜马拉雅地区的理念。大多数发展中国家多是基于自然，崇敬自然与人的平衡发展。

基本价值观和原则：分享、互惠、再次分配、互助、合作、和谐，而非竞争、积累、控制、垄断等。也遵循人类、自然、超自然（物质、精神、自然世界）的核心价值观。

强调和遵循：

（1）人与人、人与自然之间的互惠、互利与互助；

（2）公平性、平衡和谐、天人合一；

（3）二元性、阴阳双重性、互补性、合作性。

3. 这个传统生态文化系统受到了破坏和威胁，需要政策和社会更多的认可、支持、保护和加强。

4. 需要传统生态文化系统和科学体系的结合：互助互补，共同应对。

如以种子为切入点，以参与式选育种为方法，农户与科学家这两个知识体系得以对接合作、互助互补、共同应对。同时引入可持续社区发展（CSA）和参与式保障体系（PGS）理念和方法，推动传统生态文化产品的多元价值的认可和体现，全方位地加强传统生态文化系统。

5. 需要走出去和引进来：增进交流、沟通、学习、合作。

增强了石头城人的信心，加强了对自己本土知识系统的认识、自豪感和拥有感，同时扩大了视野和交流网络，形成更大规模的集体行动和倡导。

五　结语

（一）石头城案例的启示

目前，发展中国家（包括20世纪60年代绿色革命以来的中国）的农村和农业的研究更多基于西方技术发展及全球化经济发展理念，看重西方现代化技术和单一的现代新发明、新技术。而对自身的传统文化知识、传统技术、手艺、工艺和实践，以及这一切的核心：人、传统发明者、持续创新者，即千千万万的小农，及其背后的传统信仰和价值观认识和重视不够。同时对传统生态文化创新系统的系统性和各要素之间的关联性，如有机结合和互动的认识不够、支持不足。导致在西方文明和现代化技术的冲击下，发展中国家生物多样性急剧减少，乡土知识快速消失，传统生态文化创新系统受到巨大破坏和威胁，而这个系统恰恰是这个世界能发展至今和下一步可持续的核心和关键。它提供了环境的可恢复性、社会的稳定性和经济发展的可持续性，是发展中国家宝贵的生态农业文化遗产，是我们的基石和本钱，也是我们追求公平、包容和可持续发展目标的前提保障。

（二）石头城村民的期望和种子梦

石头城村民希望石头城一如既往的包容、公平、和谐、美好，她们的近期愿望和未来梦想各不相同，但各美其美。

1. "继续和科学家朋友合作，进行参与式育种、制种，同时收集、保存当地农作物老品种，进行品种资源收集登记，记录并保存地方遗传资源，建立完善石头城社区种子库。"——木文川，石头城村支书，男，42岁。

2. "支持妇女、老人和返乡青年。"——张秀云，石头城村民小组长，女，44 岁。

3. "注重传统的生态饲养方法，完善传统的酒曲方子，把优质的石头城粮食酒和腊肉推向市场和世界。"——木义昌，石头城村主任，男，52 岁。

4. "开展生态旅游，在石头城设立纳西民族文化博物馆。"——和尚豪，石头城老年协会会长，男，73 岁。

（三）木文川、张秀云、李瑞珍、木义昌及全体村民的种子梦

石头城村民还有一个非常美好的种子梦，建立石头城生物多样性种子园，申请成为全球重要农业文化遗产点，还要向秘鲁印加兄弟社区的土豆园学习，把石头城村的传统种子送到世界北极的挪威斯瓦尔巴"世界末日种子库"，让石头城人为弘扬古老的中国传统农耕文明，为人类持续发展作点滴贡献！让来到、看到石头城生物多样性种子园和听到石头城故事的人，都能回味珍惜乡土知识多样性和农耕文明之种，怀揣一颗种子并通过种子网络平台走向全国，通过南南合作走向美美与共、各美其美的包容、和谐与持续发展的世界！

附　　录

附录 1：参与式育种和农民种子网络（中国）

农民种子网络创立于 2013 年，基于中国科学院农业政策研究中心参与式行动项目组、中国农业科学院作物科学研究所及广西农业科学院玉米研究所在西南地区开展的参与式选育种工作成果而成立。2018 年 10 月，农民种子网络在广西南宁市正式注册成为民办非企业单位。自成立以来，农民种子网络的工作地点已遍布全国 10 个省份的 38 个乡村社区。

农民种子网络的愿景是致力于促进社会的公正、包容、多元和可持续发展，人人享有公平发展的机会、健康和有尊严的生活；通过开展农业生物多样性、传统文化知识和可持续食物体系的行动研究与多元创新，促进农业绿色转型和改善城乡居民的食物营养安全，保障国家多元和可持续的食物体系。

农民种子网络坚定地维护种子的公共属性与公共价值，以"传承创新，多方参与，平等互信，惠益分享"为核心价值观，鼓励以社区为本，在公共研究机构的支持下合作开展农家种保护、利用与创新，改善农民生计和提升农民尊严，促进国家种子安全。农民种子网络的工作以参与式发展和行动研究为导向，是国内率先在农业生物多样性和自然资源管理领域运用参与式研究方法的组织。农民种子网络取得的成就受到国内各级政府及国际社会的重视。

附录2：全球重要农业文化遗产①

全球重要农业文化遗产（Globally Important Agricultural Heritage Systems，GIAHS），在性质上等同于世界文化遗产。联合国粮食及农业组织（FAO）将其定义为："农村与其所处环境长期协同进化和动态适应下所形成的独特的土地利用系统和农业地域生态，这种系统与地域生态文化具有丰富的生物多样性，而且可以满足当地社会经济与文化发展的需要，有利于促进区域可持续发展。"

FAO专门制定了GIAHS项目试点的遴选标准，GIAHS项目应包括5个主要关键的资源禀赋、产品与服务以及该系统的其他特征：

（1）生物多样性和生态系统功能；

（2）地域生态和水土资源管理特征；

（3）食物与生计安全性；

（4）社会组织与文化（包括为农业生态管理的常规机制，为资源获得和利益分享的标准安排，价值体系，礼仪）；

（5）知识体系与农民技术（包括技术，相关的价值体系，知识传

---

① 闵庆文：《全球重要农业文化遗产评选标准解读及其启示》，《资源科学》2010年第32卷第6期。

播，语言和口头传统，艺术，哲学，世界观）。

判别以上特征的具体指标包括：

a. 食物与生计安全性：位于边际土地的社区、边远地区和贫困地区，对食物与生计安全有重要贡献，特别是风险最小化方面。

b. 效益最大化：使经济效益、社会效益、生存效益和环境效益最大化。

c. 社会凝聚力：促进社会凝聚、团结和对于归属感与身份的意识。

d. 资源禀赋和知识体系：包括显著的自然资源禀赋（特别是生物多样性）及其具有全球意义的内在知识体系。

e. 社会与文化多样性：表示多样化的社会与文化、体制与经济管理途径。

f. 公共产品：提供值得进行经济价值评估的全球性公共品与遗产。

g. 传统知识：保持关于地域生态、遗传资源、人类文化、社会组织与体制的知识和技术，其价值难以估算。

h. 与土地的关系：地域生态文化与农业生态系统对于集体和个人生存与生计的日常价值，以及因此而产生的身份与精神、宗教信仰、哲学、生活和艺术表现力的价值。

对于以上每项内容，还有一系列的次级指标。例如，用于描述遗传多样性、种内与种间多样性以及乡土多样性的指标，反映种间动态的指标，反映生态系统多样性和整合性的指标，以及反映植物、动物、微生物和生态系统等类型的指标。同样地，还可以确定反映知识和文化遗产禀赋以及相匹配的指标。今后有必要为此制定更加详细的指标。已经建议增加第六类标准，以便能够更加清晰地描述其全球重要性。

此外，还列有一项选择性指标，即系统提供的其他产品与服务，包括生态系统服务功能、气候适应性和其他具有全球重要性或特殊特征的环境效益等，如人类学、历史价值或对政治稳定的贡献。

贵州郎德苗寨的旅游开发
——全民参与的组织形式与"工分制"的分配制度

陈志永[*]

西部少数民族贫困地区是文化旅游资源富集区,旅游发展对于解决农村剩余劳动力、增加就业机会、提高农民收入,推动村民自治深化,增强社区居民文化自信、保护与传承地方文化等有其积极意义。在此进程中,村寨作为历史延续和现实逻辑的产物,如何梳理村寨历史,挖掘地方性知识并将村民有效组织起来积极参与旅游发展是一个值得关注的现实问题。

郎德苗寨是我国较早实现旅游开发的少数民族村寨,自1986年旅游开发启动以来,一直将"所有人为村寨的建设和保护出过力,应该家家受益"的核心原则延续至今,村民在决策与管理、经营与接待以及社区文化资源、环境保护中居于核心主导地位。其全民参与、自组织管理、以工分制为分配特征的制度安排,被称为"郎德模式"。作为我国民族旅游村寨自组织管理与村寨旅游扶贫的典型代表,"郎德模式"在国内民族村寨旅游开发中独树一帜,对于民族贫困地区文化旅游资源富集区探索内源式旅游发展模式和村寨旅游扶贫路径有着积极的实践借鉴意义。那么,郎德苗寨旅游业是如何发育的?旅游业成功启动后是如何组织运行的?自组织生成机制是什么?与地方政

---

[*] 陈志永,教授,文化和旅游部中国乡土社会研究中心(贵州)执行主任,主要研究方向为乡村旅游、景区治理、传统村落保护与发展。

府、业务主管部门关系如何？"郎德模式"的典型性和借鉴价值何在？这些问题亟待通过深入研究予以解答。

一 案例地素描

郎德苗寨①位于贵州省黔东南州雷山县西北部，西距省会贵阳160公里，北距州府凯里27公里，南距雷山县城13公里。全寨140余户600余人，全系苗族。该村优美的自然生态环境、浓郁的民族文化风情以及悠久的历史文化为其赢得了数项荣誉和桂冠，强烈吸引着中外游客前来观光、考察，与凯里市下属的怀恩堡、南花、季刀以及雷山县下属的南猛、脚猛、猫猫河共同组成巴拉河苗族村寨群，是贵州省"巴拉河乡村旅游示范项目区"重点建设的民族旅游村寨之一。郎德苗寨已开发的旅游产品系列有：体验苗寨12道拦路敬酒、参观寨容寨貌、观看村民组织的歌舞表演、参观上郎德苗寨博物馆和杨大六故居、购买民族工艺品、吃住农家等。2006年郎德苗寨被世界旅游组织评选为世界级乡村旅游村寨，其乡村旅游示范项目被作为成功案例向世界各国推广。在近三十年的乡村旅游发展中，郎德苗寨先后获得全国重点文物保护单位、全国农业旅游示范点、世界级乡村旅游村寨等荣誉和称号。2008年6月该村作为北京奥运会圣火传递贵州黔东南站起点站，是全国唯一传递奥运火炬的村寨。郎德苗寨全民参与、自组织管理、以工分制为典型特征的分配制度和运行模式，吸引着众多学者长期关注。

二 案例地特征：全民参与的组织形式与工分制的分配制度

郎德苗寨是我国较早实现旅游开发的少数民族村寨，自1986年

---

① 郎德苗寨包含郎德上寨和郎德下寨，本文专指郎德上寨。

旅游开发启动以来，一直将"所有人为村寨的建设和保护出过力，应该家家受益"的核心原则延续至今，村民在决策与管理、经营与接待以及社区文化资源、环境保护中居于核心主导地位。其全民参与、自组织管理、以工分制为分配特征的制度安排，被称为"郎德模式"。其组织特征主要体现在以下方面：

（一）全民参与

按照村寨的制度性规定，作为本村村民，不需要任何技能，也不需要付出任何体力劳动，只要穿上民族服饰聚在铜鼓坪周围便可得到工分。这一规定实际上确保了全体村民，尤其是村中的弱势群体，如老人、小孩等也有机会参与旅游利益分配，充分体现了全民参与的特点。从组织情况看，郎德苗寨除了村民因外出务工或外出求学、工作等原因未能参与旅游接待外，基本实现了全民参与。

（二）自组织管理

随着郎德苗寨游客量的逐渐增加，为应对与旅游相关的事务，村民于1994年初自发成立了旅游接待办公室（有时称旅游接待小组），负责全村的旅游管理与运作。办公室下设芦笙队、歌舞表演队，工分发放组、工分计分组、卫生及后勤组。职能包括与外来团队联系，通知并组织村民参与旅游接待，落实"工分制"的分配制度，维护旅游市场秩序及村寨公共场所卫生等。接待小组组长由村民民主选出，小组成员包括村支书、村主任、会计及各村民小组组长以及热心于村中事务的普通村民。接待小组组长三年选举一次，由全体村民投票决定，旅游接待小组与村委会成员有交叉，村支两委负责人不得同时兼任接待小组组长，这在一定程度上防止了村寨旅游发展中权力的垄断和滥用。旅游接待小组日常运行的经费来源于集体接待总收入的25%。

为鼓励群众积极参与旅游接待，制造、烘托民族村寨浓厚的民族文化氛围和热情好客的隆重场面，旅游接待小组探索出了一套全民有效参与的利益分配机制——"工分制"，规定如下：

贵州郎德苗寨的旅游开发

1. 以工分制计酬，按劳分配

每场旅游接待以家庭为单位，按家庭实际出工人数，记工分一次，多来多得，少来少得，不来不得，每月或每季度结账一次。

2. 参与人员按参加内容、角色及着装要求记不同的工分

经村民代表大会讨论决定，郎德苗寨村民按参与旅游接待的内容、角色以及着装记不同的工分（见表1）。为调动村委会成员及旅游接待小组成员的积极性，每一次集体接待，旅游接待办成员记18分。会计由于计算量较大，除享受接待办成员的工分收入外，计算每本账本另有3元的额外报酬。为鼓励村民参与旅游接待，保证那些无法通过合适途径参与旅游活动的村民能够从旅游业中获取经济收益，营造文化氛围和隆重场面，规定只要穿上民族服饰站在铜鼓坪周围的群众均可得到工分。

表1　　　　郎德苗寨村民角色、工分值及相关要求

角色名称		工分值	着装要求
盛装		12分	要求穿黑长裙子、盛装、角头巾、绣花围腰巾、布鞋，总工分12分。年龄要求在51岁以上，如果少角头巾扣1分，少绣花围腰巾扣1分，布鞋扣1分，少一样扣1分，少两样扣2分，少三样扣3分
绣花衣		12分	要求穿黑长裙子、绣花衣、布鞋、绣花围腰巾，要梳理好头，总工分12分。年龄要求为46—50岁，少布鞋扣分1分，少绣花围腰巾扣分1分，少两样扣分2分
银角		16分	要求绣花带裙子和内裙子、银衣、银帽、银角、布鞋，总工分16分，年龄要求：16（初中生）—45岁。如果少布鞋扣1分，少银角扣1分，少两样扣2分。不挽头髻扣1分
演员	男演员	23分	穿黑家布便衣、黑布鞋、包头巾，总工分23分。如果少布鞋扣1分，少包头巾扣1分，少两样扣2分
	女演员	20分	穿银衣、穿布鞋、穿绣花带裙子加内裙子、银帽、银角，基本工分16分，参加演戏按演员级别发放工分，总工分20分，如果少布鞋扣1分，少银角扣1分
	便衣女演员	17—19分	要求穿黑长裙子、穿绣花衣加花胸腰巾、穿银帽、穿布鞋，基本工分为13分，加演员级别分（一级6分，二级5分，三级4分），如果少花胸巾扣1分，少银帽扣1分，少布鞋扣1分，少一样扣1分，少两样扣2分，少三样扣3分

续表

角色名称	工分值	着装要求
高排芦笙	15分	要求穿长衣、包头巾、穿布鞋、捆腰巾，总工分14分，如果吹笆筒加1分，总工分15分。如果少包头巾扣1分，少布鞋扣1分，少两样扣2分
学生	4—8分	要求必须穿民族服装（小男孩穿长衣、穿布鞋；小女孩穿银衣、银帽或绣花便衣和布鞋），要戴整齐，扣子扣上，按原规定年级给工分。如果衣服不穿扣子不扣，不得给工分。少布鞋扣1分（总工分：一年级至二年级4分；三年级至四年级6分；五年级至六年级8分）
接待办人员	19	要求穿黑家布便衣、布鞋、包头巾，总工分19分，少布鞋扣1分，少包头巾扣1分，少两样扣2分

资料来源：根据《郎德上寨迎客服装穿着要求制度》并结合实地调研资料整理而成。

3. 工分牌分阶段发放制度

为保证群众能按时和自始至终参与旅游接待，村委会根据不同参与人员制作不同分值的工分票，以穿戴是否整齐和是否按时到岗来分三阶段发放。

表2　　郎德苗寨旅游集体接待中的三次工分牌发放情况

发放时段	标志性环节	备注
第一次	游客即将入寨，鸣礼炮及吹响迎客芦笙时	确保村民准时到寨门迎客，营造热情好客的接待场面
第二次	民族歌舞即将表演时	确保村民能够及时到场参加表演
第三次	团结舞表演结束后发放	确保村民能与游客共同参加最后的表演

郎德苗寨工分制的演进经历了三个阶段：

第一阶段从1987年开始，当时为准确记录并支付表演者的酬劳，采取的方式是专人在表演开始和进行中登记表演者的姓名并记录工分。但这种方法易产生的弊端是部分表演者得知名字被登记后便中途离场，影响演出质量。

第二阶段，针对上述缺陷，20 世纪 90 年代开始改为演出结束后发放记录演出项目的条子，月底凭条子领取酬劳，但容易出现条子丢失的情况，导致参与者难于领取报酬，影响参与积极性。

第三阶段，为规避上述问题，2007 年旅游接待办公室出台了新的工分卡发放制度，即工分卡在演出前、演出中、演出后由工分卡负责人分三次发放，演出结束后，负责人将工分卡收回，核对后把工分记录到各户的工分本上，之后交给会计汇总，根据每月总工分及收入总额确定各户酬劳。

4. 工分统计与月底分红：表演结束后，各组发牌人负责收缴登记，再到会计处汇总，然后以当月①总收入确定当月每个工分值多少钱，再算出每户村民应分得的金额。

5. 全村集体接待表演的收入，由村委会提成 25% 作为村寨旅游基金，用于维修道路、铜鼓坪，购买芦笙以及其他多种与旅游有关的集体性支出。

6. 旅游收入和分配情况定期公布，受村民监督。

（三）郎德上寨村民自组织能力还表现在他们处理旅游带来的村寨社区内部的冲突问题上②

在参与集体接待的同时，部分村民选择了向游客兜售各种工艺品或出租苗族服装照相，曾一度引发争夺客源的混乱局面。不仅影响了外来游客的体验效果，损害了村寨形象，还导致村民之间不和。面对这种不和谐的状况，旅游接待办公室及时召集村民大会，于 2004 年制定了《郎德上寨关于工艺品销售抽签的有关规定》，后经过调整形成《郎德上寨旅游工艺品销售管理公约》，规定不准许拦路摆摊或围堵追踪游客强行售货，如造成游客跌倒损伤或伤亡，肇事者承担一切

---

① 若当月收入较低，则一个季度结算一次。2009 年至 2014 年，因游客过少，有时半年结算 1 次。

② 杨正文：《从村寨空间到村寨博物馆——贵州村寨博物馆的文化保护实践》，《中国农业大学学报》（社会科学版）2008 年第 3 期。

后果。由接待办成员在铜鼓场地面用油漆划定号码，确定销售工艺品的摊位编码。每次接待团队前，由专人负责将号码放入号码箱，交由要售卖工艺品的村民抽签，抽到号码的村民在该次接待中售卖工艺品，任何人不准窜出原位到其他位置出售工艺品，在最后的团结舞结束之前不准任何人向客人兜售工艺品。除上述制度安排外，郎德苗寨还制定了与旅游开发相关的《郎德苗寨游客须知》《郎德上寨旅游卫生管理公约》《郎德镇上郎德村村规民约》等制度性规定。上述制度对于约束村民与游客行为，将村民个人理性融于集体选择发挥着重要作用，充分显示出村民较强的自组织能力。

（四）有效地控制村寨与化解外部干预再次体现了郎德苗寨自组织能力

郎德苗寨旅游起步时，大多接待地方政府安排的政务性客人。地方政府领导担心村民的歌舞表演不够专业，于是组织县文工团的专业舞蹈演员"混"入村民中参与表演，但村民集体表演的"包场费"照付给村民。村寨参与歌舞表演的女性感到外来专业演员的参与伤害了她们的自尊，于是通过旅游接待小组和村委会多次向地方政府相关部门表达其诉求，在村寨组织的积极努力下，地方政府负责旅游接待的部门不再组织专业演员参与到郎德苗寨的集体歌舞表演中。在郎德苗寨景区化发展中，黔东南州、县旅游主管部门多次希望推动郎德引入外来资本或组建旅游公司，均遭到村民反对，村民甚至举起"全国重点文物保护单位"的法律武器捍卫其意愿，告知开发者若强行介入村寨、破坏文物将会遭到法律的严惩。这使地方政府曾一度放弃该计划。2008年是郎德苗寨旅游发展进程中的重要节点，在地方政府的努力争取下，村寨保存较好的自然生态环境与富集而独特的民族文化，辅之以村民较强的集体行动能力，郎德苗寨被遴选为北京奥运圣火传递站，其价值和意义不言而喻。然而，在火炬传递纪念碑位置的设立问题上，村民与当地政府出现意见分歧。村民认为当地政府所选位置亵渎了村寨的护佑女神，影响村寨风水，如果在此树碑将会给整个村寨带来厄运，遂与地方政府形成对立局面，使纪念碑迟迟未能落地。在个别村寨精英的引领和村民的一致反对下，地方政府最终采纳了村民意见，对树碑位置进行了更改。

三 郎德苗寨自组织旅游发展模式的历史文化、政治条件与现实逻辑

马林诺斯基说："一切组织和一切协调行为都是传统的延续性的结果，并且在每个文化中，都有其不同的形式。"[1] 中华人民共和国成立后，在民族—国家的建构过程中，郎德苗寨的自组织模式不可避免地被打上了集体化时代的痕迹，工分制的分配方式在一定程度上与苗族社会内部的价值取向与制度安排同构。改革开放后，国家文物保护政策在贵州民族村寨的特色化、在地化实践与地方政府在民族村寨推行的村寨景区化发展并伴随外来游客的进入所带来的资源和就业机会，不断激活郎德苗寨自组织要素，通过村民的理性选择从而提升了村民的自组织能力。可以说，郎德苗寨的自组织模式既有传统村寨共同体的结构性要素特征，又有人民公社时期政治共同体的影子，但它又区别于历史上两种组织模式，它是历史与现实逻辑的统一体，既是村寨历史文化机制的延续，也是国家建构与市场化条件下村民理性选择的综合结果。

（一）郎德苗寨自组织旅游发展模式的历史文化基础

郎德苗寨是一个极为强调公共性与平衡性的社会，其之所以坚持"工分制"就在于郎德苗寨这一公共性社会并没有被现代货币主义市场社会所替代。全民参与的组织形式与工分制的分配制度同样源于当地深厚的历史文化渊源，我们可以从现有的旅游发展运行模式中读出历史文化的痕迹。

---

[1] ［波］马林诺斯基：《文化论》，中国民间文艺出版社1987年版，第90页。

1. 苗族先民的世界观与郎德苗寨旅游发展的自组织模式

苗族的先民认为，世界和生命起源于云雾，然后是植物、动物、人类，巨人创造了天和地，树种从天上下到了人间，最早的树种是枫香树；枫香树倒了以后它的树心飞出蝴蝶，其他部分变成万事万物；蝴蝶生了12个卵，但因蝴蝶会生不会抱，大鸟来帮抱了12年；最聪明的一个蛋是人类始祖，其余的是雷、虎、龙等，人和他们是兄弟[①]。苗族先民的世界观透露出人与自然界不仅同源，而且平等共生的价值理念。从当地人的姓氏结构看，郎德苗寨子父连名，男性取名多为"石""金""宝""银"等，女性为"水""花""菜"等，"家"既注重男性的继承，也重视女性所带来的亲属关系。苗人将村落与自然融为一体，个体的观念、行为体现在集体行动的文化逻辑之中。不难看出，这些价值理念鲜活地存在于全民参与的旅游发展实践中，而12道拦门敬酒仪式一定程度上是苗族先民世界观来源的延续和体现。

2. 结群策略、村寨聚落与郎德苗寨旅游发展的自组织模式

黔东南苗族社会的村社建构充分体现了"血缘聚落"的原则，一个自然村寨即一个父系血缘宗族。即使在同一个自然村寨内存在不同的父系血缘集团，他们之间也通过互认兄弟、互不开亲的方式形成一种拟制性的血缘宗族关系来维持"血缘聚落"这一村社建构的理想模式[②]。郎德苗寨历史较为悠久，属父系社会，有陈吴二姓，清代咸同苗民起义的著名将领杨大陆[③]即为郎德上寨人。根据子父连名，较早

[①] 张晓：《西江苗寨传统文化的内在结构》，《中央民族大学学报》（哲学社会科学版）2008年第2期。

[②] 张原、汤芸：《传统的苗族社会组织结构与居民互惠交往实践——贵州雷山县苗族居民的礼仪交往调查》，《西南民族大学学报》（人文社科版）2005年第2期。

[③] 杨大陆为雷山县郎德上寨人，姓陈，苗名为"腊"（Dlas），父名为"略"（Niel），按子父连名为"腊略"（Dlas Niel）。陈腊略于咸丰五年（1855）三月十五日参加张秀眉发起的"展梅尼聚义"，被推为"平杨王"，负责攻打丹江（今雷山）、凯里和清平（今凯里市炉山镇）等地。战斗中，陈腊略勇猛异常，吓得清军惊问："这是谁？"但听苗民赞誉道"羊打罗！"苗语"羊打罗"即汉语"雄死了""勇敢极了"之意。清军因不懂苗语，误以为这位身先士卒的悍将叫"杨大陆"。于是，杨大陆的名字便上了官方文件和官书，以致后来许多人只知道杨大陆而不知道陈腊略。

的家族具有二十多代，估计有 500 年以上历史。据传，郎德苗寨发展至清末咸丰年间，已有 70 多户 200 多人。"咸同起义"失败后，惨遭清军血洗，仅存 4 户 15 人。战乱之后，因田土多，赋税重，陈家从贵州黔东南州凯里市舟溪镇邀请吴家入住郎德，以兄弟相称互补婚配。经过休养生息，郎德苗寨 1950 年代恢复到 50 多户，260 余人。血腥的历史，惨痛的记忆，使得郎德上寨村民更加强调本社区的团结与认同。于是"团结"便潜移默化地内化为当地社会文化价值的一部分，成为深藏于他们内心的一个信念，渗透于其生活的方方面面。旅游开发中，"寨子要团结，不要分裂"就成了"工分制"制度设计者必须要考虑的一个要素①。

聚落与家屋空间是人类创设的物理空间与文化空间的统一体。郎德苗寨的聚落空间不仅创造了一个分隔内部各房族（郎德苗寨共有四个房族，每一房族都有自己供祭祀的桥和居住地名）的不同文化空间，而且具有想象力地创造了一个整体的文化空间。郎德苗寨选择在三面环山，背后为"包几山"，左为"甘荣咋当山"，右为"央干山"，面向河流的一个风水极佳的位置，三座寨门将郎德苗寨的内外进行区隔。作为公私的分界，如铜鼓坪②、"岩菩萨"（苗语"阿丢咋相打"，意为土地庙，岩菩萨为一公一母，中寨寨门岩菩萨为全寨之土地庙，冬月扫寨时需在旁边进行祭祀）、游方场（位于河畔，为男女青年恋爱交友之所）等，为郎德上寨苗人的公共活动提供了交流平台。在这样的文化空间中，个人、家庭，甚至一个家族都是村落共同体的组成部分。笔者在调查中，一再询问村民对工分制的看法，得到的答案几乎都是强调郎德苗寨的发展是靠大家共同努力得来的，其旅游利益也要使大家共享。

---

① 李天翼：《贵州民族村寨旅游开发模式研究》，西南交通大学出版社 2014 年版，第 94 页。

② 郎德上寨老鼓楼坪位于村寨中间，正中有石头供插铜鼓柱，农历十月过苗年和十二年一次的招龙需要挂铜鼓进行"跳笙鼓"。后来，因为人口增加，旅游发展的需要，又建有新铜鼓坪，但在跳笙鼓之前，必须先到老铜鼓坪踩鼓。

3. 传统社会权力结构与郎德苗寨旅游发展的自组织模式

黔东南苗族在雍正改土归流前，处于无国家自治状态。苗族聚集区无国家无法律，并不等于治理的混乱。改土归流后，国家渗透到苗疆，但对于苗疆的治理，仍然按旧有的传统"苗例"治理。苗族在其长期形成和发展过程中，创造了一套足以保证他们生存的、纯属苗族社会所固有的社会结构和组织，这就是鼓社、议榔、理老三位一体制。

苗族"鼓社"是同源于一个男性祖先而结合起来的人们的集团，鼓社内部有共同的语言、信仰、地域观念和共同习惯法。鼓社具有发展生产、促进人口增长、祭祀、协调苗族社会内部关系、防卫等功能。鼓社在苗族社会内部发挥着重要的自治功能。议榔是苗族社会内部地区性的政治经济联盟组织，它突破了血缘关系，以村寨和地域为基础。议榔最重要的职能是制订和执行习惯法，维护组织内部的社会关系，同时兼有生产管理和维护地区安全，反对外来侵犯的功能。理老即苗族社会内部讲理评判是非的老人，理老通常为德高望重、能言善辩、熟悉村寨规约、处事公正的老人。苗族社会内部的纠纷往往由理老来主持裁定。在理老裁判的事件中，如果案情重大、是非不清，当事人之间分歧较大，则要通过赌咒、占卜、破鸡头等方式进行"神明裁判"。实际上，旅游发展语境下郎德苗寨的自治模式一定程度上是传统治理模式在新的历史时期的重构和发展。

> 村里过去解决纠纷还有神判：以前我们郎德的小鬼师和大鬼师首牛票叫每一个寨子准备一个石头到一个地方，用一只公鸡，喊大鬼和小鬼来集中在这里，第一步就是跟他们讲大的吃大的，小的吃小的，这是鬼的。除了鬼的还有人的，人不允许偷东西，哪个犯了，我们就用针去刺鸡，他就变成这只鸡，之后还要杀，用一大碗酒来接鸡的血，每一个人都要喝。比如发生什么纠纷矛盾的就要刺鸡，像你不承认偷我什么东西了，就用鸡来刺。民国时期，郎德苗寨保长之子因多占扫寨食物遭发毒誓绝后：扫寨

时，每一户都分得有东西，吃不完的就放在那里，有一位保长的儿子去偷人家的来煮吃了，每个人都不承认偷，后来人们就来刺鸡，结果那位老息就倒霉了，整个家庭至此绝后了。

——郎德苗寨老支书访谈

4. 祭祀庆典活动与郎德苗寨旅游发展的自组织模式

"招龙"与"扫寨"是郎德上寨全民参与的两项最为重要的仪式，从仪式活动的内容和过程可以解读出郎德上寨集体行动的文化逻辑。

招龙，如同鼓藏节，但郎德上寨不过鼓藏节，只过招龙节。招龙也是每隔十二年一次，即规定在猴年猴月进行招龙：郎德上寨招龙节每次过三年，最后一次为猴年。第一年为马年，过5天；第二年为羊年，过7天；第三年为猴年，过9天。招龙仪式的第一年，全村百姓到芦笙场民主推举21名村民负责组织招龙节。评选标准为已婚男性村民，父母健在，三代齐全，且家庭中第一个是男孩，第二个是女孩。评选出的21名村民，按得票的多少，确定12位核心成员参与招龙祭祀，其他9名成员负责到东南西北四个不同的山坡挖取泥土，集中泥土倒在鼓藏树下进行祭祀。按照祭祀要求，每家每户需缴纳一定的公共经费与物资。以2015年招龙节为例，每家每户自筹资金300元，共144户，合计人民币43200元。每家每户自筹3斤糯米，6斤大米，20根竹子，一两鱼虾。人员和物资备好后，选定日期，在鬼师带领下，村民抬铜鼓到后山"招龙"。首先鬼师用12碗米，12个鸭蛋面向东方祭祀祖先；祭祀毕，挖取泥土并牵鸭子回村寨。牵鸭子等于是用鸭子来背龙。同时，选派4个全福之人到最后用从河边抓来的鱼虾做成的稀饭，全村寨共吃一次，吃完后整个村寨每户领取一份猪肉、泥土和纸人回家。纸人挂在门口，泥土用布袋挂在中柱祖灵下。招龙节的第二天，12位鼓藏头在鬼师带领下，抬着铜鼓，吹着芦笙，挨家挨户游行，谓之"送龙进家"，在家中绕柱转圈。每到一家，房东以酒肉款待，共祝风调雨顺、人寿年丰。招龙节结束后，组织招龙节的成员需将招龙节期间的经费开支详细地在村寨显要位置公布于众，接受村民监督；结余的资金用于村寨下次的公共活动或公共设施建设。招龙节从筹备到整个仪式过程，无不体现出全民参与、自组织管理的特征。郎德苗寨旅游接待小组成员的评选，经费管理与监督，旅游集体接待的有效组织均体现出当地村民较强的自我管理能力。

扫寨，又称扫火星：冬月第一个龙场天，全寨举行。村寨各路口插芭茅草的草标，派人把守，不许外人进入，为"封寨"。封寨期间严禁用火，扫寨为全寨共同参与的集体仪式，到时全村每家每户都把火灭得干干净净，自己不许点火，要到隔壁村去借新火来河边烧火，再从这里点火去家里面。早晨由属龙且叫龙的成年男子到村寨西南的山坡有水坛的地方取水，意为龙水坛（该水坛内常年存水）。在鬼师带领下用"龙水"淋浇火塘，鬼师用芭茅草扫火星。上午推举全福之人到村寨西北中寨门与岩菩萨的场坪上举行扫寨仪式。祭祀毕，鬼师与全福人到河对面寨子"堡寨"讨新火，并用新火在河坝煮鼓藏饭，即将牛血、牛内脏熬稀粥。煮好后，仝村寨人共享鼓藏饭，剩下的丢入河水中，送火鬼回东方。芭茅草绑在东边的大树上，火鬼就不敢进寨了。

郎德上寨不是货币主义的市场社会，村民所强调的是基于"生命""自然""平等"基础上的村落共同体。郎德上寨共同体的构建不是不尊重个体的生命，恰恰相反，其家屋观、人观、自然观等都是爱惜个体的生命；但苗人不仅仅停留如此，其价值观、聚落景观、祭祀仪式、榔规等都体现了整体社会观的一种自然秩序体系。

（二）郎德苗寨自组织旅游发展模式的政治条件

中华人民共和国成立以后，国家先是通过土地改革运动打破了村寨原有的传统权力结构，后又通过土地、生产资料以及劳动的集体化运动将农民及其土地整合至具有政治、经济、军事等多功能为一体的公社体制中，借助于"破四旧"等革命运动扫除农村的各类文化活动及其遗产。借助于这样的革命运动，民族—国家历史上第一次真正地将权力延伸至农村,强化了对农村基层的渗透能力,同时将基层权力不断上移,提高了国家的整合能力,为国家工业化、现代化建设以及城市化发展提供资源基础和社会政治保障。

改革开放以来,长期在农村运行的计划体制并没有因国家权力结构的上移而退出农村社区,相反,制度性路径依赖的逻辑塑造着国家在场的功能与优势,"国家"已在村民心中建立了权威并一定程度上得到了认可。因此,此时国家的权力结构虽有上移的趋势,但在农村社会依旧有较强的动员能力和号召功能,尤其是当国家将动员与号召建立在承认村寨历史文化及其连续性的基础上,往往能得到村民的认可与积极回应。

改革开放后,《中华人民共和国文物保护法》的颁布,无疑为博物馆建设和文化遗产保护保驾护航。在此政策环境下,贵州文化部门为响应当时中央号召,组织对全省各地的文物古迹、革命遗迹和民族节日等进行广泛调查。由于贵州建省时间较短,被王朝帝国开发"教化"较晚(明永乐十一年,即1413年"贵州督指挥使司"正式设立),不像其他省区拥有数量众多的符合传统文物保护中历史悠久"时限性原则"定义的"文物古迹"[①],民族村寨作为民族文化遗产的主要载体,其自然、活态、物质遗产与非物质遗产有效结合等特征,为贵州突破"文物古迹""文物保护"的既定概念,开拓贵州文物保护工作提供了新选择。郎德苗寨因作为抗清英雄杨大陆的故居,加之特色鲜明的古建筑群与地方民俗、优美的自然环境被遴选为村寨博物馆加以建设。

1986年5月,贵州省文化厅拨款2万元资助郎德上寨修整村容寨貌。在贵州省文化厅经费的资助下,郎德苗寨村委会借助村民对美化村寨环境的良好愿望和需求,动员全村农户投工投劳,对寨中的道路、鼓场和寨门等进行整修。在当时的历史条件下,人民公社时期的

---

① 杨正文:《从村寨空间到村寨博物馆——贵州村寨博物馆的文化保护实践》,《中国农业大学学报》(社会科学版)2008年第3期。

组织制度尚有余温，采用工分制计算出工天数容易获得村民的认可，制度实施起来相对较为便利。另外，工分制也是连接集体经济性质的"红帽子"的重要条件，在经营上可以大大降低政治风险。更何况此时的工分制与集体化时代存在本质上的差别。集体化时代的工分制作为外来的制度安排强制性嵌入农村社区，作为强制性制度变迁，未能与农民的生产生活逻辑、乡村内生制度与历史文化机制相协调，人类自愿合作与理性选择未能得到尊重，个人、家庭利益未能在一种经济联合体中得到优先考虑，一种表面的积极合作掩盖了政治的迫力。在这样的合作机制中，农民最终通过选择"瞒产私分""出工不出力"等弱者的武器予以对抗，最终这样的制度设计走向衰亡也就在所难免。不仅如此，集体化时期，农民的生产资料被以"集体化"的名义整合进国家的权力结构中，村寨社区的主观能动性与地方性智慧无法得以有效发挥，因而也就没有真正实现按劳分配，很多时候劳动者的工分常常被政治工分取代了。集权体制下各级干部的权力缺少社区组织的约束，这使得他们往往在群众中获得优势地位。与此相比，郎德苗寨的集体组织特征与分配制度作为一种诱致性制度变迁方式，充分体现了自愿、民主的原则，考虑了家族制度的认同原则和承认历史文化的延续性，将当地自然生态、历史文化孕育下的地方性知识与现实逻辑有机结合，使旅游经济活动内嵌于村寨社会结构与文化机制中。村民集体行动产生的旅游经济成果仅在村寨内部分配，村寨整体利益、家庭利益和个人进取心均得到了满足和认同。在历史文化与现实逻辑的综合作用下形塑出郎德苗寨特有的村寨旅游共同体特征。在此体制下诞生的村干部，其行为逻辑受到社区力量的约束，不会轻易发生腐化或出现村寨法定组织功能行政化的取向。

在此时"工分制"的激励下，经村民的共同劳动，郎德苗寨的村寨环境得以优化，生活质量得到提升。在村寨修整的集体行动中，村民对村寨的归属感和认同感获得增强，自组织能力得到业务主管部门的认可。1987年，贵州省文化厅再次资助3万元，村民投工投劳，将寨中生产队时期公有的粮仓改为旅游接待室和民族文化陈列室，新修

贵州郎德苗寨的旅游开发

了杨大陆故居。当年11月，郎德苗寨被选为贵州省文化厅组织的全国文物专家考察团接待点。接待来访的考察团时，村民积极参与营造的热情好客的接待场面和彰显的苗族文化的特色为来访客人留下了深刻的印象，获得了文化厅的高度认可，为郎德苗寨旅游业的成功启动奠定了坚实的群众基础。在贵州省文化厅和外来考察专家的推介下，郎德苗寨的知名度得以传播，旅游接待频次逐渐增加。1988年，郎德上寨青年陈光文等人应邀参加贵州民族节日文化表演队赴西安半坡博物馆表演民族歌舞。同年，文化部副部长到郎德苗寨参观考察，来自美国、英国、日本等国的海外游客到郎德苗寨参观旅游。多次的旅游接待经历让村民理性意识到，作为郎德苗寨的核心旅游产品——12道拦路敬酒仪式和铜鼓坪歌舞表演（尤其是最后的团结舞）以及整个文化氛围的营造，几乎需要全体村民共同参与才能完成，村民参与的缺失将使旅游吸引力和游客感知效果大打折扣。郎德苗寨旅游发育时，文化管理部门通过自上而下的国家管理与自下而上的农村社会管理有机结合，将公共财政支持与民间集资、集老的社区自我服务相互补充，使公共服务的生产与供给建立在村民民主讨论的基础上。这种组织结构将行政性主导与农民的主体地位很好地结合起来，通过行政力量提升农村自治能力而不是侵蚀农村社会，是一种典型的促增效模式[1]。

作为贵州省第一批以少数民族村寨进行旅游扶贫试点的八个村寨之一，郎德苗寨成功发育后相继得到文化、旅游、城建、消防等各级部门陆续的资金支持和物质支援。在资金支持和村民积极响应下，郎德苗寨文物收集、整理工作稳步推进，寨中道路等公共服务设施不断完善，先后安装了消防设施，增设了垃圾处理设备，修建了连接上下郎德的生态步道，重要景观添设了旅游标牌。基础设施的建设和完善为郎德苗寨旅游开发提供了重要支撑，增强了村民对乡村旅游发展的

---

[1] 郁建兴等：《从行政推动到内源发展：中国农业农村的再出发》，北京师范大学出版社2013年版，第206—212页。

信心和村寨凝聚力。

自2000年以来，雷山县政府先后到北京、上海、广州、重庆、贵阳等地召开新闻发布会，发放雷山旅游宣传资料；多次参与省州组织的珠江三角洲旅游促销活动；通过举办近10年的"苗年节"等活动，雷山旅游知名度和美誉度不断提升，确立了雷山作为中国苗族文化中心的地位，对郎德苗寨旅游发展起了重要的推动作用。尤其是2008年奥运圣火传递凯里站在郎德举行火炬传递起跑仪式，更是让全国乃至全世界的人们认识了郎德苗寨，国内外游客慕名而来，当年游客数量为郎德苗寨历年之最。为提高村民参与旅游发展的能力，雷山县旅游局、文物局等部门多次采取"请进来、走出去"的方式，组织相关领域专家进驻郎德苗寨为村民提供歌舞展演、烹饪技能、服务礼仪、法律法规等内容的免费培训；组织村干部及部分村民代表到广西桂林、四川成都、贵州天龙屯堡等乡村旅游地考察、学习。在地方政府的帮助下，郎德苗寨村民自我发展能力不断得到提升。

为了让游客能获得较为满意的旅游服务，吸引回头客，各级政府管理部门先后出台了《贵州省乡村旅舍质量等级评定管理办法》《贵州省乡村旅游区质量等级划分与评定标准》《雷山县乡村旅舍接待标准》《雷山县星级接待户评定标准》等。管理制度的相继出台为规范郎德苗寨乡村旅游市场秩序，提高旅游服务质量，让游客获得满意的体验提供保障。为维护旅游工艺品销售市场秩序，雷山县旅游局在郎德苗寨醒目位置公布了旅游投诉电话，以保护游客的合法权益。

作为一种自组织模式，旅游资源、市场秩序的公共性特征决定了需要地方政府、业务管理部门提供强制性制度的力量，确保乡村旅游自组织运行过程中，不会因村民的搭便车行为或由于知识结构的缺陷导致村寨自组织走向衰亡。郎德苗寨保存完好的古建筑风貌和浓郁的民族风情先后获得民族村寨重点保护对象、民族村寨博物馆、全国百座特色博物馆等荣誉和称号，2001年被国务院列为全国重点文物保护单位。上述荣誉和称号在提升村寨知名度和美誉度，增强村民对村寨认同的同时，意味着村民的旅游开发行动将会受到相关制度的强制性约束，一定程度上确保了村寨风貌的真实性和完整性。郎德苗寨旅游开发以来，村寨内部至今没有一栋违规建筑，整个村寨的木结构吊脚楼完好无损。为使郎德苗寨乡村旅游开发有序进行，雷山县政府先后编制完成了《雷山县旅游发展总体规划》《郎德苗寨综合性修建性详细规划》等；贵州省旅游局组织编制了《贵州省旅游业发展总体规划》《2006—2020年贵州乡村旅游规划》。以郎德苗寨为代表的巴拉河流域的7个苗族村寨均被列为规划示范。上述规划的完成与实施为郎德苗寨旅游业的可持续发展提供了科学的指导依据。

综上，郎德苗寨旅游发展实践表明：国家与村寨社会并非单向零和博弈关系，两者在乡村旅游发展中是互动与耦合、适应与合作、控制与自主的平衡，在互动与交融中为社区组织再造提供了外在动力。郎德苗寨乡村旅游发展起步时，文化管理部门自上而下的资源转移在为农民提供公共服务的同时，将农民的主动性和主体性调动起来，为基层治理提供了强有力的组织基础和动员能力，为基层权力提供了新的组织网络。乡村旅游蓬勃发展时，地方政府介入为乡村旅游地提供了有序市场秩序和可控的公共产品与服务，在此过程中村寨获得的全国重点文物保护单位、中国古村落名录等称号意味着本民族的文化传统获得了官方的认可和肯定，村寨的民族身份和地位也可获得某种意义的确认与提升，这极大地增强了村民的社区认同感和文化自豪感。

（三）郎德苗寨自组织旅游发展模式的现实逻辑

如前所述，村寨结构特征是历史文化与现实逻辑共同形塑的结果，且村寨的发展并非是孤立运行的，需要与外界发生社会经济联系，这才能为组织的发展增添活力与积极因素。但外部力量的介入需要借助村寨内部的组织优势与力量有效回应。郎德苗寨以老支书为代表的村寨精英、旅游发展中为有效应对游客需求而产生的旅游接待小组无疑发挥着重要作用。

1. 村寨精英：郎德苗寨自组织旅游发展模式的凝合剂

乡村精英的存在，无论在任何时代，都是农村自治的依托，失去了这个依托，真正意义上的乡村自治是无从谈起的①。郎德苗寨旅游发展中，以陈正涛、鬼师为代表的村寨能人为社区组织再造提供了重要的助推作用。老支书陈正涛年轻时曾参军入伍，退伍后先后到地方交通管理部门就职，后因家庭原因辞职回村担任村支书。村干部经历培育老支书善于理解和贯彻政府的各种政策、法令的能力，同时三十余年的干部经历使其具备寨老的特点和功能，具备较强的组织、说服动员群众的能力。

20世纪80年代中期，在省文物局个别领导的动员下，老支书决心在郎德开门迎客，率先推动乡村旅游发展。但是，按照苗族人的传统习俗，春天插秧后至收割前，不允许吹芦笙、跳舞、放鞭炮，否则会影响庄稼收成，甚至遭到祖先的降灾处罚。第一次准备接待省文化厅安排的文物考察团时，村民们战战兢兢，村寨中弥漫着灾害的恐惧。邻近的苗族村寨得知郎德苗寨要破古俗时，派出村寨中的鬼师和寨老到郎德苗寨寨门口杀鸡、叫骂。为消除村民们的恐惧，老支书在村中说服鬼师，安排其做旅游接待的核心成员，鬼师出面对收割前不能吹芦笙、跳舞的习俗做了新的诠释——祖先安排不能吹芦笙的规矩是希望年轻人在庄稼未收割前，专心耕作，不能贪恋男女爱情，确保丰衣足食。现在做乡村旅游开发，也是一种劳动，也是为了将生活过得更好，因此，祖先不会生气，只会高兴②。鬼师对村寨习俗的重新诠释消除了村民部分的忧虑，但这种忧虑尚未根除。为彻底消除村民顾虑，为乡村旅游接待奠定群众基础。老支书一方面答应省文化厅以及州政府将郎德作为参观考察点的要求；另一方面他又私底下找到州领导，以群众担心吹芦笙、歌舞表演引发灾难为由，希望领导能够特批数吨化肥，确保庄稼收成。老支书的请求得到州领导的批准，当年

---

① 张鸣：《来自传统世界的资源》，《读书》2013年第1期。
② 李丽：《郎德工分制中的道义、理性与惯习——农民行为选择的田野研究》，硕士学位论文，贵州师范大学，2008年。

便获得了用于提高农业产量的数吨化肥。这样,接待考察团后,郎德苗寨当年的庄稼并未减产,反倒增收的现实彻底消除了村民们的顾虑,老支书敢于打破陈规,富有企业家的冒险精神赢得了村民信任。之后,老支书又趁各级政府领导到村中参观考察之际,发动村民参与旅游接待,接待中与各级政府领导建立的人脉关系又为老支书获得各种物质帮助和支持提供保障。这样,老支书一方面在村中逐渐建立起自然权威,动员能力逐渐增强;另一方面能发动群众迎合外来考察团需求。这样,老支书在国家与社会之间搭建了一道上下沟通的桥梁,并利用这样的桥梁作用组织村民参与旅游接待,通过外来的帮助和支持,改善村寨环境,获得村民的支持和认可。不仅如此,在制度构建过程中,他们是制度的起草者、管理者和实施者,是实实在在的内生型骨干力量,同时也是外生秩序得以顺利实施,有效发挥作用的重要桥梁。另外,老支书率先在村中从事家庭接待,多次接待过国家高层领导人以及各类社会名流,成功后成为村民效仿的对象。作为村民利益的代表,他们与村民共同守望着社区宝贵的旅游资源,合力抵制外来利益主体的强势介入。作为旅游发展中的精英群体,他们具有苗族社会中"寨老"的功能,有一定的群众基础,是村中的权威性人物,有相当强的组织策划能力,有强烈的愿望和充分的动机去推动农民合作。毋庸置疑,以陈正涛为代表的社区精英在郎德苗寨旅游发展中发挥着重要的助推作用,是社区组织再造的助推器。

2. 旅游接待小组:郎德苗寨自组织旅游发展模式的载体

郎德苗寨全民参与和井然有序的旅游接待以及村民较强的集体行动能力离不开旅游接待小组的作用。其作用具体体现在以下三个方面:

第一,郎德苗寨旅游接待小组为村寨精英的成长提供开放性平台。现阶段西部少数民族贫困农村一个重要趋势就是大量精英的外流。但这并不意味着农村组织资源的完全枯竭,关键在于开发和利用。行政化的村组体制只是将村组干部作为领导和组织者,其他民间精英往往被排除在外,缺少成长的空间和平台。不仅如此,现有乡村治理结构下诞生的村寨精英往往带有外部性制度安排的特征,内源性明显不足，很难获得村民的支持和认可，无法较好发挥组织动员和凝聚整合作用。郎德苗寨旅游接待小组建立并运行后，打破传统的村组体制，将村内的各种民间精英吸纳进小组，既丰富组织资源，同时也为精英的成长提供了开放性平台。

第二，郎德苗寨旅游接待小组提供的公共服务功能有利于增强社区归属感和认同感。社区是人们基于共同利益与需求而结成的社会生活共同体。传统社会时期，村民基于血缘和地缘关系建立起村落组织以解决共同生活之所需。人民公社时期借助于行政手段组建社区组织的方法已失去其社会基础及合法性。郎德苗寨旅游兴起后，旅游接待小组是联络旅行社与客源市场、组织村民参与旅游接待的平台依托。村寨防火池、自来水、村寨内便道等基础设施的维修，大都也由旅游接待小组负责实施。正是借助旅游接待小组提供的就业、基础设施等公共服务，郎德苗寨村民的社区归属感和认同感不断增强。

第三，郎德苗寨旅游接待小组与村寨法定组织的互动与博弈使村寨保持着较强的集体行动能力，推动着村民自治的深化。旅游接待小组成员，与村委会成员有交叉，即个别村委会领导同时也是接待小组成员，借助双重身份，一方面有利于依托村寨法定组织将国家公共财政的支持与项目引入村寨，使村委会和旅游接待小组在动员、组织村民参与各项公共活动时有资源作为保障和支撑；另一方面以此为基础，村寨双重组织通过资源整合，将公共财政支撑与民间集资、集老的社区自我服务有机结合，通过完善公共服务来提升村民的生活质量和凝聚力，增强社区认同。在此过程中，组织动员能力逐渐增强的村寨精英可以凭借村寨中获得的支持与信任，顺利完成政府下达的各项政策性指令和任务。如村里曾多次接待国家领导人，2008年村寨举办奥运圣火传递仪式。凭借着双重组织平台和精英作用的有效发挥，郎德苗寨实现了自上而下的国家管理与农村社会自我管理的良性互动。在此过程中，村寨精英游离于国家与社区之间，在获得国家支持认可的同时，得到村民的积极拥戴与信任，在村寨旅游发展中具有较强的凝聚、整合作用，使村寨保持着较强的集体行动能力。另外，村委会成员虽有双重身份，但他们所属平台的生存逻辑与运行特征有明显差异，且村委会主要领导村支书、村主任和村会计，不能担任旅游接待小组组长。因此，村委会与旅游接待小组在互动的同时，在村寨公共服务供给上存在博弈与竞争。这种竞争对村委会领导形成无形的压力，使其代表村民行使公共管理职能时，不会过度偏离自治与服务的功能，努力为村民服务，获得村民认可。

3. 外来游客的评价与认可：郎德苗寨自组织旅游发展模式的外来动力

外来游客作为这些被重构的村寨传统文化的直接服务对象，在与村寨主体交往中，获得对这些长期游离于主流文化之外的"边缘群体文化"的认识和再认知，他们的评价与认同也会一定程度上激发或强化对村寨文化主体的民族身份意识和自我认同心理。近三十年来，郎德苗寨在历史文化、建筑文化、服饰文化、芦笙文化等方方面面都非常完整地保留了苗族文化的固有特点，引来大批专家学者和高校师生前来考察。相继接待了北京大学、清华大学、美国华盛顿大学、中国社会科学院、中国国家博物馆、法国巴黎人类学博物馆等著名大学和科研单位的在校师生和专家学者数千人次。不少音乐学院、美术学院、戏剧学院的在校师生，前往郎德上寨采风，将其视为不可多得的第二课堂。一些高等院校和科研机构的研究人员以郎德上寨的苗文化及"郎德模式"为研究对象，在实地考察中撰写学术著作。郎德上寨在保护与开发民族文化资源实践中，已成为中外闻名的教学科研基地[①]。因此，当雷山西江苗寨因政府的强势介入旅游业迅速发展时郎德人并没有因此产生嫉妒与憎恨，而是依旧默默地坚守着传统的开发模式。引用老支书陈正涛的话："我们有信心做到细水长流。"当西江苗寨因为政府强势介入收取门票导致村民利益流失从而引发激烈的社会冲突转而求救于"郎德模式"时，更坚定了郎德人的自信。

---

① 吴正光：《郎德上寨成为民俗学教学科研基地——专家学者纷纷前往考察》，《贵州日报》2005年2月3日。

政府的多层征用、游客的认同与评价以及专家、学者的长期关注的多元性相叠加,为唤醒村民自我意识,增强自我荣誉感,实现组织整合提供了外在动力。

四 郎德苗寨旅游发展模式的多维减贫价值

(一) 经济价值: 乡村旅游开发所需资本及市场吸引力因村寨集体行动而得以增强

郎德苗寨位于贵州省雷山县西北部,为高原山地地貌,道路交通不便,基础设施落后。由于海拔高,耕地少,发展农业先天条件不好。受自然资源和地理位置所限,虽保留着传统民族文化的精髓,但由于村民收入极为有限,自我发展能力较弱。改革开放以来,生产资料个体私有制的重建,虽然在个体层面上实现了劳动者生产资料的直接结合,一定程度上提高了劳动者劳动的积极性,但生产的扩展在根本上受到个体所拥有的资源数量和个体自身生产能力的极限约束,使整个经济活动只能以生计为重心而展开,并以主体性生产的短缺和小生产者的分化赋予整个经济体系脆弱性的基本特征。因此,互助的方式或关系的构建,历史地成为克服这种生产局限性的首选①。

郎德苗寨的旅游实践显示,村寨旅游发育时,借助地方政府资源注入和社区精英的有效动员,通过农民集体行动有效地改善了当地的接待环境,实现了旅游公共产品的有效供给,为乡村旅游的成功启动奠定了坚实的基础。英国、澳大利亚、法国等国乡村旅游发展的经验显示:可持续的乡村社区旅游,其旅游产品不仅包括村落格局、建筑、自然风景、田园风光、特色农产品、健康食品等,更重要的是旅游的过程需要与村民在友善、开放的环境之下的良性互动,这是旅游者获得体验价值的保障。郎德苗寨全民参与的组织形式和工分制的分

---

① 陈庆德、潘盛之、覃雪梅:《中国民族村寨经济转型的特征与动力》,《民族研究》2004 年第 4 期。

配制度与苗族社会"有饭吃"和"安全第一"的生存伦理观念同构，村民虽未能实现收入最大化的目标，但却以较低的风险获得生存安全的保障①。其本身所体现出的较原始的合作劳动方式和和谐的人文环境，从制度层面反映出郎德苗寨原始与淳朴，构成郎德苗寨的吸引要素②，保证了旅游产品的原真性。外来游客入村后，集体接待表演作为一项参与性、观赏性极强的乡村旅游产品，对于构筑乡村旅游产品内容体系，弥补当地社区资金投入不足而引发的资源开发深度不足、产品单一等问题予以解决，从而达到延长游客停留时间，增加交易机会的目的，提高旅游生产力的作用和功效。这种整体上的利益与综合性的资源优势，绝非单个家庭所能完成，是当地村民居于社区环境而理性选择的结果，是当地自我发展能力有限条件下的优先选择。"工分制"与村民参与有效挂钩，激发了村民参与的积极性，对搭便车者形成约束，从而保证了村民参与的稳定性和参与效果。

20世纪90年代中期以来，伴随着国家财政制度由包干制改为分税制，财政收入和分配制度领域中发生了一系列新的重大变化。最为引人注目的，是在收入愈加集权的体制下，资金分配出现了依靠"条线"体制另行运作的情形，即财政转移支付采用项目制的方式在行政层级体制之外灵活处理。在项目制度框架内，项目究竟要下放到什么样的村寨里，既要看村寨能够落实和运行项目的实际条件，也要看哪类村寨对于体现项目规划的政策内涵具有象征意义，并不是谁最需要项目资源就能够得到项目，而是谁最可能完成任务并达到项目要求才能得到项目③。依据政府绩效的行为逻辑，各级地方政府在可能与可行之间做出项目投放的选择，那些有一定发展基础、资源动员能力和集体行动能力强的村庄往往容易获得项目的青睐。农民自组织能力的

---

① 李天翼：《贵州民族村寨旅游开发模式研究》，西南交通大学出版社2014年版，第96页。
② 金颖若、周玲强：《东西部比较视野下的乡村旅游发展研究》，中国社会科学出版社2011年版，第112页。
③ 周雪光、刘世定、折晓叶主编：《国家建设与政府行为》，中国社会科学出版社2012年版，第145—216页。

增强，可以大大降低政府及其他利益团体与农民打交道的交易成本，与之相反，村庄的无组织化状态将使地方政府遭遇交易费用过高的约束，影响政府善意的支农惠农政策的实施效果。从这一角度来说，郎德苗寨无论是旅游发育阶段文化厅的资源注入和作为文物考察团的选点，还是之后地方政府对郎德苗寨的多次资金投入和项目引进，包括2008年被遴选为奥运圣火传递点，均与村寨内部较强的组织动员能力密切相关。

（二）政治意义：搭建了话语平台，推进了村民自治的深化和话语权的增强，达致了善治目标

改革开放后，国家权力的逐步退出和农业税取消为村民自治腾出了制度空间，《村民委员会组织法》作为"乡政村治"的基础，从法律层面和行政管理层面规范了村庄自治的功能和形式。然而，实践表明，多年来村民委员会在乡村要么形同虚设，要么无人问津，要么孤掌难鸣，要么成为少数人的集团，要么像是政府驻村代理处。[1] 因此，村民自治的发展有赖于乡村社会的发育和乡村社会的内部建设，尤其是要解决好村民自治的组织基础、财政基础、文化基础和社会基础等问题。[2]

郎德苗寨旅游发展中，全民参与和自组织行动构筑了村寨旅游发展的公共平台和熟人社会空间，生成了公共舆论，无形之中对村干部及旅游接待小组成员形成压力。在熟人社会的行动逻辑中，村干部和小组成员会自觉地把这种外在的压力变成积极主动的内在动力，使村两委在日常的旅游接待中更注重对村民负责，对村集体资产的保值、增值，努力实现集体利益最大化，同时有兼顾村民的福利。这样，村民与村干部、旅游接待小组成员之间形成了政治意义上的利益关

---

[1] 黄平、王晓毅主编：《公共性的重建：社区建设的实践与思考》（上），社会科学文献出版社2011年版，第57页。
[2] 黄辉祥：《村民自治的生长：国家建构与社会发育》，博士学位论文，华中师范大学，2007年。

联，促使村干部和接待办成员在有限的任期内尽可能多做有利于民众的事情。①为保证自组织过程的有效运行，郎德苗寨孕育出适应旅游业发展的各类规章制度，以此来划分权利和责任，提供激励与约束，处理矛盾和纠纷。在此过程中，村民还对不适应旅游业发展的制度安排进行了调整和变更，确保制度的有效性。这种基于平等协商和自治为基础的关系构建与秩序重构，不仅培养了村寨农民的主体性意识和社区认同感，反映和表达了社区村民的利益诉求，而且也促进了乡村基层组织的民主化，提升了农民的民主参与意识，加速了以村民资格为基础的传统乡村治理向以公民资格为基础的现代乡村转化，乡村治理在乡村旅游发展的推动下实现了重构，推动了村民自治的深化。

郎德苗寨旅游发展中，社区集体行动能力不仅有利于维护社区的和谐与稳定，建立人与人之间的诚信和互助关系，降低社区内部的交易成本，增强社区旅游吸引力，而且在与外来行动主体的博弈中，有利于对地方政府及外来资本的短视行为形成约束，有效表达和维护社区的利益和诉求。郎德苗寨旅游发展中，地方政府欲多次引入外来资本介入郎德苗寨旅游开发，但均遭到村民的一致反对而使招商计划落空。在与外来强势主体的博弈中，村民们不仅依靠集体的力量增强了话语权，甚至学会了使用法律武器来维护自己的合法权益——面对地方政府和外来资本的强势介入，村民们常常举起国家重点文物保护单位的大旗，告知开发者若强势介入村寨旅游开发，破坏文物将会遭到法律的严惩。受到社区集体力量强有力的约束以及承担破坏国家文物的法律制裁后果使外来利益主体望而生畏，至今未能强行介入。2008年无疑是郎德苗寨最为辉煌的一年，在地方政府的不懈努力下，郎德苗寨被选为北京奥运圣火传递站，其意义和价值不言而喻。然而，奥运火炬传递至郎德前期，当地政府与村民就火炬传递纪念碑位置的设立产生了意见分歧。村民认为当地政府所选位置影响村寨风水，亵渎

---

① 赵凌云：《公共物品的生产与社区整合机制》，《社会》2005年第1期。

了村寨的护佑女神，如果动土将会给整个村寨带来厄运，遂与当地政府形成对立格局，导致纪念碑无法落地。在社区精英陈正涛等人的引领和村民的共同坚持下，地方政府最终吸纳了村民意见，将纪念碑设立的位置进行了更改。

党的十八届三中全会指出："全面深化改革的总目标是完善和发展中国特色社会主义制度，推进国家治理体系和治理能力现代化。"从某种意义上讲，治理是指为获得公共秩序而进行的各种自上而下的管理和自下而上的认同过程[①]。国家重点文物保护单位作为一种外来的强制性制度安排被植入进郎德苗寨，通过社区自组织管理，将一个自上而下安排的强制性规则内化至村寨各项管理规定中，作为旅游可持续发展的制度保障得到了村民的认可，获得了制度成长的社会基础。从这个意义上讲，郎德苗寨为获得可持续发展的公共秩序保障而进行的上下互动的过程实质上是一个"善治"的过程。在众多的民主理论中，关于农民与民主关系的理论是极其贫乏的，现有的比较政治理论很难解释中国的农村发展。所以，若要解释中国农村的发展，就要发展出基于中国现实之上的有关农民与政治的理论[②]。旅游发展语境下郎德苗寨的乡村民主实践无疑为中国农民的政治[③]提供了经验借鉴，为治理理论本土化研究提供了鲜活的素材和思考的空间。

（三）社会意义：培育了村民的公共精神，生成了社会资本，实现了公共性的重建

改革开放后，西部少数民族村寨因家庭联产承包责任制的实施和市场化冲击逐步显现出松懈迹象。农业税取消后，各地农民负担减轻的同时，村寨公共品的供给由于集体经济瓦解、公共资源匮乏和大量不可遏制的"搭便车"行为而变得严重不足[④]。一些文化旅游资源富

---

① 贺雪峰：《新乡土中国》，北京大学出版社2013年版，第157页。
② 郑永年：《中国模式——经验与困局》，浙江人民出版社2012年版，第191页。
③ 赵树凯：《农民的政治》，商务印书馆2011年版，第2页。
④ 黄平、王晓毅主编：《公共性的重建：社区建设的实践与思考》（上），社会科学文献出版社2011年版，第206页。

集的民族村寨开发中由于权力结构失衡、利益分配不均，村寨社会关系危机四伏。因此，民族旅游村寨公共物品的供给和组织仍然是一个巨大的问题，其中社会规范和伦理道德的缺失，作为一种抽象层面的公共物品更是一个重大问题。西部农村如何在解放个人积极性和主动性的同时，激发个人对于公共物品和公共服务的参与和投入，并在此过程中重新形成一种新的规范，"解开"妨碍人们在公共领域有所作为的制度障碍，生成新的道德秩序，仍是农村所面临的重大挑战和主要问题①。

在传统村落社会里，社区福利大多数都通过家庭生产来完成，社区服务和照顾系统基本上是建基于家庭活动的，公共利益意义上的社区服务和照顾系统还没来得及建立起来。在快速现代化、市场化进程中，家庭为本的照顾与服务系统及互助为基础的社区福利供给能力已经迅速崩溃，体现在村寨生活层面，突出地反映于农村"三留"人员问题，边缘群体社区生活脆弱性问题。郎德苗寨，工分制给一般群众予希望，对老人、小孩等弱势群体予以关照，从而将不同的家庭和群体团结起来，建立起社区信任和社区共同行动的基本支持，为乡村旅游的发展构筑了稳定的社会基础。

中国自古有患寡而患不均之说，利益上的分配失衡将导致村庄分裂，破坏集体行动的能力。与其他村寨因空间差异或因外来利益主体介入导致社区参与面不大、范围过窄的村寨相比，郎德苗寨集体参与旅游接待的组织形式和与"工分制"为特征的分配制度消除了社区内机会不均等而引发的不平等、憎恨和嫉妒，这为社区组织再造提供了坚实的社会基础。首先，通过旅游接待办公室的有效组织实现了全体村民的共同参与，保证了社区参与的公平性，参与过程中村民普遍感受到旅游发展与自身利益休戚，他们通过履行自身义务进而获得分享权利的机会并进一步培育起村寨公共精神，以此为契机有效培育、推

---

① 李文钊、张黎黎：《村民自治：集体行动、制度变迁与公共精神的培育——贵州省习水县赶场坡村组自治的个案研究》，《管理世界》2008年第10期。

动和完善以村寨为基础的民主决策、民主管理和民主监督的公共领域。公共领域的建立和村民的有效参与，让村民进一步认识到个人与村寨公共利益整合点，感受到履行义务和享受权利的双重性。其次，"工分制"不同于平均主义，两者的差别在于：平均主义只追求结果的平等，不重视参与与否，能力与贡献的差异。郎德苗寨的分配制度并非一味地追求结果的均等，而是遵循着参与原则、公平原则以及能力原则，使得乡村旅游发展与集体行动中的能人与社区互为一体。工分制实施过程中体现出的公平（人人参与，向弱者倾斜）、公正（根据村民参与中的角色与功能发放工分）、公开（定期公布集体收支情况）的制度特征，为村民自治提供合法性基础，这是村寨旅游组织得到村民支持与认同的逻辑基础。这样的分配制度实现了市场化运作机制和传统经验方法的有机结合，彰显了社区群众和管理者的灵气与智慧，使得有能力和智慧之人以及贡献大的人在利益分配之时得以优先考虑，确保了精英队伍的稳定性。特别值得关注的是，郎德苗寨旅游兴起后，收入逐渐提高的部分村民陆续修建新房，但整个村寨至今没有一栋砖房或洋楼，全为木结构吊脚楼。除了郎德苗寨作为全国重点文物保护单位而受到《中华人民共和国文物保护法》的制度约束外，村民对村寨的集体认同作用功不可没。

如果说传统社会时期郎德苗寨村民之间的互助与合作是出于质朴的乡土人情和亲缘关系，那么旅游发展语境下郎德苗寨村民之间的合作更多是基于社会功能的分化与互补、权益交换的契约和异质性所形成的组织形态和社会合作。通过集体行动，村民们意识到组织、分工、合作的重要价值，一起抵御外来强势利益主体的介入、共同面对市场竞争的压力。在此过程中，村民彼此之间的信任关系得到了强化，生成了社会资本。这种基于社区公共利益的乡村公共精神成为社区集体行动的基础，为村寨旅游业的可持续发展提供内在动力和持续保障。

(四) 文化传承价值：为传统文化的保护与传承提供了坚实的社会基础

郎德苗寨全民参与的表演程序随着旅游业的兴起逐渐成为村民日常生活的重要内容和相互交往的公共空间，这既为村寨传统文化的保护与传承提供了生活实践基础，也为在此空间中参与的村民提供了相互交流与沟通的平台。在这样的公共交往活动中，人们相互模仿，攀比竞争，从而激励人们对苗族文化的创造与学习的良好氛围。向游客出售手工艺品的女性发现，手工艺品制作技术越高，赚的钱越多。因此，提高编织、刺绣等技艺就成了她们争相努力的方向。与附近那些不搞乡村旅游开发的苗寨相比，郎德上寨妇女们的工艺水平略高一筹。连外寨嫁到郎德上寨的媳妇们，也会在全民参与旅游接待这样的氛围熏陶下，迅速提高其手艺。歌舞展演中，拥有精美盛装并擅长各类歌舞表演的女性，获得的工分值明显高于着便衣的女性。在全民参与的组织形式与工分制的制度安排下成长的孩子们不仅在唱歌跳舞方面从小耳濡目染，工分制的激励效应也会对他们产生诱导作用。研究者自2008年进入郎德苗寨展开持续追踪研究以来，亲眼看见老支书陈正涛的孙女尾随其母亲跳集体舞，现已成长为郎德苗寨集体歌舞表演的核心演员。

作为一支古老民族，苗族因战乱被迫长时期、大幅度、远距离迁徙。迁徙中既要面对与异族发生的战争，同时还需与恶劣的自然环境相抗衡。自然与社会生存的双重压力迫使苗族人民只有依靠族群内部的团结与合作，才能生存与延续。于是，团结与合作的精神便潜移默化地内化为苗族村寨社会制度与文化价值的一部分。中华人民共和国成立后，村民互助合作的历史文化传统与人民公社时期的集体运作逻辑具有某种结构性要素的契合。在旅游发展语境下，深刻的历史记忆及传统文化中孕育的自组织机制在旅游发展中被不断激活，通过每一次的旅游集体接待而重复演绎着，团结与互助的历史传统与文化在旅游发展语境下实现了再造和重构。另外，苗族社会内部为防止分化而孕育出的平均主义理想等根植于传统村寨共同体内部的价值因素,在工分制的制度实践中得以传承和延续。

五 郎德模式:困惑与徘徊

郎德苗寨旅游发展进程中,地方政府有限介入与村寨的主体性成长良性互动,政府与社区关系总体协调,但在旅游资源开发主体选择、项目资金使用与分配等问题上存有分歧。

郎德苗寨是贵州省较早开展乡村旅游的村寨之一,但在市场规模和旅游收入方面未能一路领跑,曾一度被同处于巴拉河畔相距不远的南花苗寨甩在身后。因资金和能力限制,村寨旅游收入的25%仅够维持旅游接待办公室正常运转,无法对营销进行投入,当地从未真正有过市场营销。若集体收入投向市场没有收益,村寨旅游接待组织无法向村民交代,在"熟人社会"的行动逻辑中,接待小组负责人不愿冒这个风险。因此,村寨客源主要靠旅行社相互介绍,旅游接待小组很少主动与旅行社联系,500元一场的集体接待表演包场价格多年未变,从不打折,也拒绝给导游回扣。目前在我国点线式旅游的产业实践逻辑下,旅行社与导游作为连接客源地与目的地的中介,通过收取门票并将门票收入部分返点于旅行社或给予导游回扣以有利于拓展旅游市场。因此,郎德苗寨这样的市场营销方式难于拓展市场规模。对此,"郎德模式"曾遭到批评,原因是观念陈旧、故步自封,不肯尝试更有效率的现代管理经营模式,反而固执地采用运行了近20年的"工分制"[①],效率便不可避免地受到限制。黔东南州、雷山县旅游主管部门多次与村寨协商,希望引入市场机制,组建旅游公司参与郎德苗寨旅游开发,一直遭到村寨反对。为让郎德苗寨的村干部们"解放思想",黔东南州旅游局曾组织郎德的村干部到贵州西线的天龙屯堡

---

① 李丽、王小梅:《"工分制"——郎德旅游的徘徊与坚守》,《贵州日报》2004年5月28日。

参观公司主导型的乡村旅游开发模式。天龙屯堡乡村旅游市场快速增长的成效让郎德的干部们称羡不已，但干部们表示：

"现代旅游需要一笔钱来投入，我们除了文物，什么都没有；而天龙靠近交通主干道，在外打工人员多，积累较厚，搞公司制有条件"。

"郎德旅游靠的是全村老少团结参与形成的节日气氛，如果引入公司制，部分村民成了雇员，表演完全成为挣钱的工具，没有技能的人将会排除在表演之外，那种热烈的和谐气氛也会消失。强调效率的公司制势必鼓励收入差距以调动积极性，但这样会造成村民关系会紧张，影响团结"。

"郎德发展旅游，目的是保护好文物，没有一定的收益，人民群众不会主动自觉地帮你保护。但如果因为引入旅游公司会导致过度商业化商品化，规模太大就会伤害文物保护"。

"我们要改革，但要结合自身的实际找准路子；我们希望富，但要慢慢地富，大家一起富；我们不要暴发，要的是细水长流"。

在郎德苗寨旅游开发经营主体选择问题上，村寨与当地政府部门之间一直存有分歧。直到2008年西江苗寨旅游崛起后，郎德苗寨旅游客源受到强烈冲击，村民们才逐渐接受地方政府相关部门意见，愿意接纳外来旅游公司参与村寨旅游开发，但持谨慎态度。

2011年雷山县文化局以郎德上寨为标的向上级文化管理部门申请郎德苗寨博物馆保护资金并获批，每年可获得30万元的项目资金用于村寨文物保护和建设[①]。项目资金下拨后，仅第一年将经费用于房屋装修、收集整理相关图片和实物展示。之后除支付博物馆水电开支、卫生清洁人员工资外，剩余资金由文化局支配。博物馆保护资金使用与分配结构引起村民不满，该村村委会领导表示："该项目是以

---

① 按项目要求，县里应配套10万元，但因县财政能力有限，一直未能配套。

郎德上寨作为申报对象获得的，村寨应该享有资金的使用权；申报时我们也出过力，参与过文本的写作，但我们现在除了几个负责打扫卫生的村民有收入外，资金使用情况我们一无所知。"当地文化局对博物馆项目资金的控制导致村委会权力被分割，资源控制权缺失使得村寨公共事务治理缺少资源支撑。村委会领导表示："我们现在的寨门摇摇欲坠，亟待维修，找了他们几次都没有结果。以后他们（文化局）再用村里的张印，我们将不再提供。"县文化局主管郎德上寨博物馆的领导却反映："国家给的项目资金杯水车薪，基本够维持博物馆的正常运转。项目资金除了每年给村里的固定支出外，文化局的工作人员经常往返于博物馆，每年还需上报博物馆的各种材料，应付各种检查，我们也难啊。"不难看出，双方争执折射出民族村寨博物馆所有者对管理部门侵蚀村寨利益以及项目资金使用信息不明的情况不满。

村寨内部，郎德苗寨自组织模式已暴露出发展的困境，突出地表现为：

首先，资源开发结构单一，带动能力有限。郎德苗寨是我国少数民族村寨典型代表，根土记忆与祖神崇拜孕育了丰富的物质文化与非物质文化体系（见图1）。然而，郎德苗寨丰富的文化内涵却因为资本的缺失和地方政府公共服务供给不足等原因，在近30年的开发时间里，文化资源优势未能有效转化为内涵丰富、体验价值高的旅游产品，几乎依靠原生的文化资源吸引游客。文化资源的开发主要集中于浅层次的物质层面，组织、制度文化难于通过产品显现，精神文化的深层内涵未能通过诠释性解说增加吸引力。总体而言，郎德苗寨由于受资本缺失以及"全国重点文物保护单位"的制度限制，未能建设成为产业要素齐全、功能完善的旅游目的地，对区域经济和地方政府财政的贡献率十分有限，富集的旅游资源并没有给这个国家级贫困县带来相对应的经济收益，旅游业的发展只是造福了郎德上寨的村民，对于同属郎德苗寨行政村的包寨以及与郎德临近的郎德下寨，未能有效带动。对包寨和郎德下寨而言，是有失公允的，毕竟二者在郎德苗寨旅游开发进程中，小寨在资源保护、郎德下寨在旅游综合服务功能等方面是做出一定贡献的。

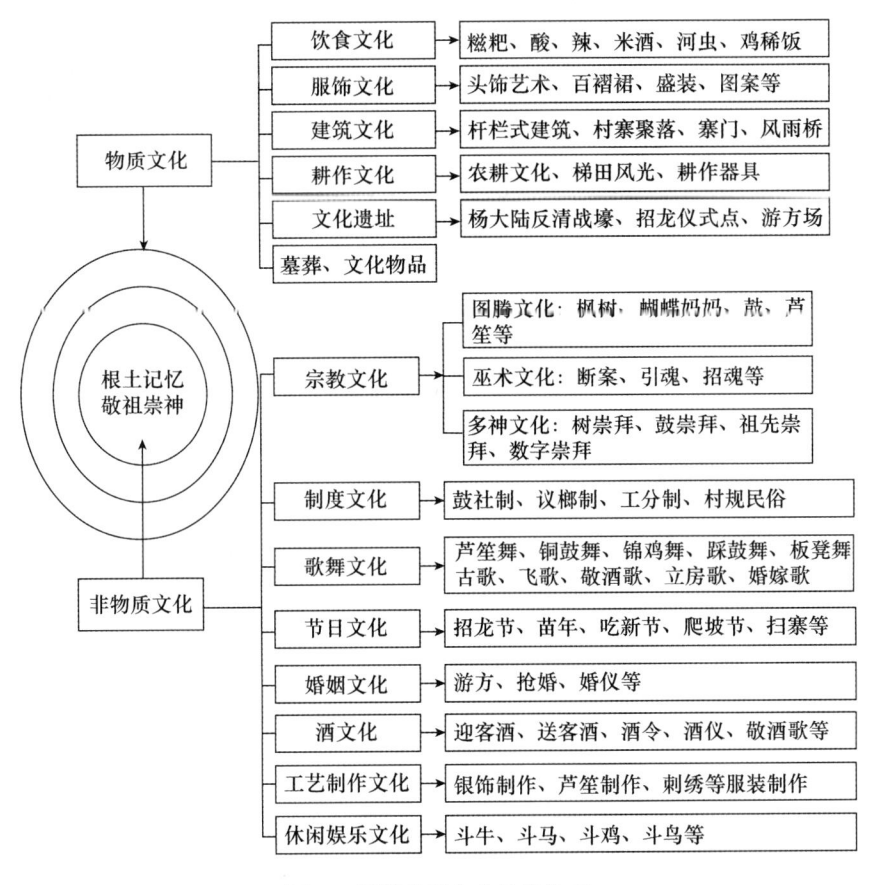

大类	子类	内容
物质文化	饮食文化	糍粑、酸、辣、米酒、河虫、鸡稀饭
	服饰文化	头饰艺术、百褶裙、盛装、图案等
	建筑文化	杆栏式建筑、村寨聚落、寨门、风雨桥
	耕作文化	农耕文化、梯田风光、耕作器具
	文化遗址	杨大陆反清战壕、招龙仪式点、游方场
	墓葬、文化物品	
非物质文化	宗教文化	图腾文化：枫树、蝴蝶妈妈、龇、芦笙等；巫术文化：断案、引魂、招魂等；多神文化：树崇拜、鼓崇拜、祖先崇拜、数字崇拜
	制度文化	鼓社制、议榔制、工分制、村规民俗
	歌舞文化	芦笙舞、铜鼓舞、锦鸡舞、踩鼓舞、板凳舞、古歌、飞歌、敬酒歌、立房歌、婚嫁歌
	节日文化	招龙节、苗年、吃新节、爬坡节、扫寨等
	婚姻文化	游方、抢婚、婚仪等
	酒文化	迎客酒、送客酒、酒令、酒仪、敬酒歌等
	工艺制作文化	银饰制作、芦笙制作、刺绣等服装制作
	休闲娱乐文化	斗牛、斗马、斗鸡、斗鸟等

核心：根土记忆 敬祖崇神

图1 郎德苗寨文化结构体系

资料来源：根据《雷山县战略发展规划》《郎德苗寨博物馆》，并结合实地调查整理而得。

其次，产品体系与市场需求错位。郎德苗寨现有的旅游产品主要集中于参观寨容寨貌、杨大陆故居以及村内刺绣坊，体验十二道拦路敬酒仪式，观看集体歌舞表演，吃住农家乐，到村前的望丰河戏水、游泳或烧烤。然而，区域旅游竞争的加剧以及旅游消费者日趋成熟使得郎德苗寨现有旅游产品难于满足市场需求。由于自然地理环境相似，文化起源相同，郎德苗寨与周边村寨苗族文化同质性极强，若缺乏深度开发，将面临同质化竞争。尤其与同属雷山县的西江苗寨相比，郎德苗寨的旅游体量和产品内容与丰度在吸引观光游客方面缺乏比较优势。因此，西江苗寨崛起后，团队观光客人大多流向西江苗寨。由于资本的缺失和有限的自我发展能力，郎德苗寨现有的交通、娱乐、住宿、餐饮设施无法满足休闲度假游客的需求。村寨至今未有一块标准停车场，黄金周期间外来车辆只能摆放路边；娱乐活动主要以观看集体表演、河边戏水为主，没有专门供游客休闲的水上娱乐设施；住宿房间采用木板修建隔音效果较差，且卫生间大多位于房间以外，给游客带来诸多不便；餐饮的原材料部分由村民提供，虽绿色、新鲜，但加工粗糙，很难赢得游客青睐。综上，由于自我发展能力有限，郎德苗寨丰富的文化内涵和优美的自然生态环境未能有效转换为产品竞争优势，既无法与西江苗寨竞争团队观光游客，也难于吸引对文化有深度体验需求的游客以及休闲、度假的客人。换言之，郎德苗寨现有的旅游产品由于开发深度有限和激烈的区域竞争，产品体系与市场需求错位，无法满足不同类型游客需求，旅游业逐渐走向衰落也就在所难免。

最后，村民集体行动能力的困境侵蚀村寨特色。郎德苗寨建立在互助、信任、合作、认同基础上的集体行动有助于激活和提升物质资源价值，弥补社区资金不足引发的资源开发深度不足、产品单一等问题。然而，西江苗寨旅游业崛起导致的冲击和政府开发战略的转向导致村寨旅游业走下坡路，接待频率降低，参与机会的减少使村民为专门等待迎接某一个团队面临较高的机会成本。村集体收入的减少使得集体组织动员能力受到削弱，2008年我们到郎德苗寨调研时村民争先恐后登台表演，2014年7月我们再访郎德时，村民外出务工增加导致表演队伍和村民数量明显减少，上台表演时相互推诿，十二道拦路敬酒仪式及团结舞时热闹的氛围不再如从前。游客人次下滑带来的低参与频率使村民面临较高的机会成本，理性的农户将被迫选择外出谋求生计，与村寨集体关系日渐疏远。尤其是有知识和能力的村民外出，导致村寨缺少能人示范和凝聚作用。以老支书为代表的村寨精英逐渐退出后，新的村寨精英暂时未获得村民的认可，且新老精英在旅游开发主体选择问题上存有分歧，难于达成共识。2006年农业税取消后，村寨缺少公共服务供给的物质支撑，加之2008年以后集体旅游收入的减少使得村寨组织的动员能力不断减弱。村中部分步道年久失修，低洼不平，一直得不到修复。村寨旅游收入减少后，村干部的收入主要来源于地方财政资金及协助地方政府各级部门落实各项政策所获的补贴，年终接受当地政府业绩考核决定工资与补贴发放额。村干部收入及考核源自地方政府，使得村委会日常工作由过去组织村民搞旅游接待转化为落实地方政府下达的各项目标任务，难于兼顾村寨公共事务，导致村民对村委会工作绩效不满意，进一步弱化了村组织的号召和动员能力。访谈中现任村主任告诉我们："老百姓不理解我们，说我们不帮村民办事，不带领村民好好搞旅游，但村委会没钱投入啊！上面压的各项任务太重了，上面的人一下来，我就要去陪，弄得我现在考驾照和相亲的时间都没有了。"郎德苗寨旅游发展受人员流动、村民生计方式多样化、村寨组织行政化、代际精英观念分化等因素影响，村寨集体行动能力不断减弱，村寨公共服务与旅游业发展面临危机。如村寨重要的公共事务——"消防"，设施的定期维修仅仅依靠年轻人和现任村主任的人脉关系，无持久性和稳定性。因年轻人无法长期以寨为家，需要外出寻求生计，人员的流动将导致村寨消防问题无人料理。一旦村寨起火，拥挤的聚落结构将会使村寨面临灭顶之灾，旅游业的可持续发展将无从谈起。面对区域市场冲击和地方政府旅游开发战略的调整，村寨居民频繁的流动、生计方式多元与分化，如何整合村寨资源，实现组织再造，重建村寨旅游发展的治理体系，无疑成为郎德苗寨亟待解决的重大问题。

六　郎德苗寨旅游发展的未来

郎德苗寨全民参与的组织形式与工分制的分配制度在西部少数民

族贫困村寨文化旅游资源开发中独树一帜。村寨的核心旅游产品为进寨的12道"拦路酒"仪式和铜鼓坪的"歌舞表演",吸引中外游客跋山涉水来这里的魅力就在于此。这两项核心产品参与性、体验性、文化性极强,需要整个村寨社区的共同参与才能完成,且拦门酒和铜鼓坪表演本身就是全体村民的专利。"工分制"体现出的只要参与就有报酬,人人有责,人人有份,既保证了旅游产品的质量,也有利于激发群众参与的积极性。

中国乡村的衰败自晚清以来就已经开始,民国时期一批知识精英发起了乡村建设运动。1950年代以来,中央不断加强对乡村的重建,21世纪以来更是加强了力度。其实,中国村落的发展最为严重的问题不是经济的不发展,而是村落社会的坍塌:自上而下的扶贫开发项目促进区域发展的同时,也导致村落内部家庭发展的严重不均衡,更何况大部分项目面临水土不服难以为继。中国乡村建设思路是基于发展主义的范畴,这必然忽视乡村公共性的重建和共同体的维护;另外,作为封闭式的发展思路和制度设计,乡村的精英、资本不断流向城市,而城市"返乡之路"被无情切断。郎德模式为我们乡村社会的重建提供了思考,即重新开启以社会治理为基础,以村落共同体为主体,开放社会各种资源,由乡村社会自主设计其制度,发展他们自身家园之路。换言之,中国乡村建设需要保卫村落共同体,构筑坚实的社会基础,那样的乡村才是多彩的和有生命力的。

郎德苗寨景区化发展中自组织模式的演化逻辑及自组织理论显示,要实现一个自组织系统的进化或发展,一个重要的前提是该组织必须保持一定的开放度[①]。面对政府、外来资本的介入以及相伴的外部资源和环境的改变,自组织的运作将是多元力量混合作用的演化过程。自组织若没有持续、及时供应新的规范的能力,自组织将很难持续下去。当然,制度的调整与改变须有包含社区在内的行动主体共同

[①] 罗家德、孙瑜、楚燕:《云村重建纪事——一次社区自组织实验的田野记录》,社会科学文献出版社2014年版,第273—274页。

参与来实现。西江旅游公司介入郎德苗寨后，于2015年7月较为顺利地完成征地工作。原因有二：一是，2015年上半年郎德苗寨历经两次水灾，村寨的稻田大多被泥沙所覆盖，清理难度较大，成本较高，村民感到无力应对自然灾害。相反，若土地被征收，将获得每亩30800元的资金补偿或选择每年获得一定数量的稻谷，这既能保证每年的收成维持生计，还能腾出时间另谋生计；二是，历经了2008年以来旅游业的兴衰与徘徊，村民对外来资本的态度从反对、怀疑到试探、期待。从制度变迁的角度来看，此时外来公司的介入实际上面对的是一个诱致性制度变迁的过程，制度变迁的成本较低，容易和村民达成共识，降低交易成本。然而，2016年6月上旬笔者再次电话访谈郎德苗寨村支书时，获悉西江旅游公司介入后专注于旅游设施建设，尚未与村民就公司介入后旅游开发的组织结构与制度安排进行商议。若外来的旅游公司不能与村寨在资源开发与设计、权力结构与制度安排方面达成共识，这会让郎德苗寨未来的旅游发展充满了各种不确定性，需要持续跟踪、关注。

社会传统与民族贫困社区内源发展
——以滇西北波多罗村为例

覃志敏[*] 孙 敏[**]

一 什么是贫困？

什么是贫困？这一问题是为贫困理论演进过程中的一个核心问题。不同学者、不同视角，对该问题给出了不同的答案和诠释。其中主要涉及两个关键方面：贫困是相对的，还是绝对的？贫困是否是现代文明建构的产物？

将贫困作为实在的绝对贫困概念来研究，起始于英国经济学家朗特里（Seebohm Rowntree）。20世纪初，朗特里对英国约克郡的工人家庭贫困问题进行家计调查，形成了《贫困：城镇生活研究》一书。在书中他将贫困定义为："总收入水平不足以获得仅仅维持身体正常功能所需的最低生活必需品。"它包括食品、住房、衣着和其他必需的项目。据此他估算了一个最低生活支出，即贫困线，按照这一贫困线得出贫困人口数量和比例。[①] 朗特里的开创性研究，将贫困引入了具有绝对性物质匮乏和经济收入贫困层面。第二次世界大战结束后，伴随国家福利制度建立，欧美发达国家进入消除绝对贫困的"丰裕社

---

[*] 覃志敏，博士，广西大学公共管理学院讲师、硕士生导师。主要研究方向为农村减贫与发展、乡村社区治理。
[**] 孙敏，云南省文联副编审，主要从事民族学及人文地理类非虚构写作。
① 郭熙保：《论贫困概念的内涵》，《山东社会科学》2005年第12期。

会"。20世纪六七十年代,欧美发达国家失业率增加和贫困现象出现。汤森(Peter Townsend)等学者认为,比较富裕国家的贫困问题并非减贫政策的失败而是贫困会随着社会规范和习惯的改变而改变。为此,汤森对贫困含义进行了新的扩展——贫困不是基于最低的生理需求,而是基于社会的比较,即相对贫困。在汤森看来,贫困的相对性是绝对的,即在任何社会、任何时间都没有一个维持体能或健康水平的统一的生活必需品的清单列表,需求必须与它所属的社会相联系,贫困是一个相对的、动态的概念。① 汤森的相对贫困理论受到了阿马蒂亚·森(Amartya Sen)质疑,森认为贫困不仅仅是相对地比别人穷,贫困的概念中含有一个去不掉的"绝对内核",即缺乏某种基本物质生存机会的"可行能力",即可行能力的剥夺。衡量可行能力的标准是绝对的,尽管这些标准会因社会和时间的变化而变化,人们丧失某些能力是可以绝对判断的(如饥饿、营养不良),而不用与社会中的其他人相比较来判断。②

一些"反潮流"的学者对发展主义反思后,认为贫困概念被放入物质财富占有多寡能否满足人类需要的现代性预设语境之中,是现代社会建构的产物。马歇尔·塞林斯(Marshall Sahlins)认为,资本主义话语中人需求大而无限的预设,形成了对传统社会(原初社会)贫困的"误读",原初社会(采集—狩猎)的丰裕源自于人们的物质需求有限而少,技术尽管改进缓慢但整体而言产出满足所需。③ 以无穷的欲望和物质财富的匮乏来界定贫困是现代文明的产物,现代社会的贫困概念是将生活"经济化",专家、政客、计划者和社区组织者不断参与建构有关世界贫穷的话语和实践④。而贫困的本质是社会性的存在,是人与人的关系的表达,反贫困者应虚心了解贫困者的生活世

---

① 杨立雄、谢丹丹:《"绝对的相对",抑或"相对的绝对"——汤森和森的贫困理论比较》,《财经科学》2007年第1期。
② 同上。
③ [美]马歇尔·塞林斯:《原初丰裕社会》,丘延亮译,载许宝强、汪晖选编《发展的幻象》,中央编译出版社2000年版,第56—83页。
④ 许宝强、汪晖选编:《发展的幻象》,中央编译出版社2000年版,第395页。

界，将所了解到的地方性知识与反贫困实践结合起来，为贫困群体重建生活世界和共同体提供支持和帮助。①

贫困是一个内涵丰富的多维概念。应将贫困问题纳入社会转型的视角中来审视。我国是正在由传统社会向现代社会快速转型的多民族国家。在传统社会向现代社会转型中，伴随市场经济的发展和现代化推进，用以衡量贫困的"基本需求"维度也在扩展。民族贫困地区地处边陲，发展基础薄弱，农村贫困人口受到现代经济影响有限，传统要素在社区治理中仍发挥重要作用。而政府主导的以自上而下、技术—现代化理念植入式的贫困干预也面临着减贫效益下降的挑战。这就需要反贫困者将贫困干预放入社会转型的视野中，了解和充分运用民族贫困社区的传统要素和地方性知识，将社区的社会传统与反贫困实践结合，推动民族社区内源性发展。

二 波多罗早期历程与社区的社会传统

（一）波多罗村庄概况

波多罗隶属于云南省丽江市玉龙县拉市乡南尧村，是南尧村13个村民小组中的最为边远的彝族村落。波多罗位于云南省西北部高寒山区的横断山深处山坳里，地形呈东高西低之势，平均海拔3200米，最高海拔4200米。年均降水量为800—1000毫米，年平均气温为11.8℃，最高气温18℃，最低气温-3.9℃。村庄距昆明市约530公里、丽江市区约30公里，距玉龙县城23公里，距拉市乡政府所在地13公里。波多罗村位于玉龙雪山西北，南依长江第一湾，北靠虎跳峡，与中甸的"香格里拉"仅一江之隔。一百多年以前拉市曾经是丽江大研古镇至中甸、西藏印度贸易茶叶的"茶马古道"，波多罗是滇藏茶马古道线路之一。波多罗茂密的原始森林保存得较为完整，生物多样性丰富，有1200多种植物种类，其中300多种有药用价值，还

---

① 张帆：《现代性语境中的贫困与反贫困》，人民出版社2009年版。

有上百亩的杜鹃群落和高山草甸。波多罗是彝语，在彝语中是"第一"的意思，意为"天下最美丽的山谷"。然而，在残酷的现实中波多罗村却是整个拉市乡海拔最高、最偏远，甚至是最穷的村寨。全村共有32户、102人（2013年），全部为彝族。全村耕地面积340亩，人均耕地面积3亩多。除了个别村干部外，村中仅有少数年轻人会用汉语交流，绝大部分成年人没有上过学。进入21世纪以来，波多罗村在外部力量的引导下实现了快速发展。村民在种植业上主要有玛卡、秦艽、附子、续断等中药材，以及花椒、土豆、油菜等，养殖上主要以牦牛、羊等为主。种植中药材是当前村民收入的主要来源。

图1 波多罗村庄全景图
(2015年4月覃志敏摄于波多罗村)

（二）村庄早期的发展

波多罗是单姓彝族村落，村庄形成的历史颇长，并有着一个共同的祖先——刘曼达。刘曼达属于黑彝[①]，7岁习武，身怀武艺。因不能忍受白彝的欺压，刘曼达带着家人从原先居住在四川省小凉山，迁移到了现在的波多罗。波多罗是茶马古道线路必经之地，原始森林茂密、草场很好，且两面环山，牛羊不容易翻过山走失。刘曼达十分喜

---

① 在传统的社会中彝族人的身份分为三类，即白彝、黑彝和奴隶。白彝最为高贵，属于彝族统治的上层，黑彝次之，属于中层和下层，奴隶身份最低，难以有人身自由。

本土知识促进减贫发展

图2 波多罗村的垭口
(2015年4月覃志敏摄于波多罗村)

欢波多罗这个地方。在征得当地纳西族人的同意后，刘曼达全家在波多罗定居下来。作为交换条件，刘曼达必须保障波多罗过往商队的安全，以及管护好森林。在波多罗定居下来后，刘曼达从养蜂开始，通过拿蜂蜜与当地人交换牛羊羔子，扩展到养殖牛羊。波多罗的树密草美，刘曼达的牛羊数量也逐渐增多。同时，刘曼达还用牛羊与过往的商队换银子。依托波多罗的丰富资源，刘曼达的牛羊和银子也逐渐增多。不仅走出初来乍到时家庭成员受冻挨饿的困境，生活状况也高出了当时社会一般生活水平标准一大截，成为少数的"富裕户"。黑彝的其他商队经过波多罗发现刘曼达的"富裕"，回到香格里拉后告诉当时在香格里拉势力强大的黑彝老大卢家。卢家商量后，决定派人去波多罗对刘曼达实施抢劫。因忌惮刘曼达的高超武艺，卢家派来的人在波多罗附近的岩洞里等待七天七夜，最后抓住刘曼达外出的机会，闯入其家中牵走了牛羊，并抓走了刘曼达的部分家人充当奴隶。尽管刘曼达通过努力最终救回了家人，但这次劫难令刘曼达损失惨重，再也没有达到之前的"富足"生活水平。之后，刘曼达的部分儿子长大后也逐渐离开了波多罗，去其他地方寻求生计。如今波多罗村民绝大部分都是刘曼达第二个儿子的五个男孩的后代，构成了波多罗社会结构的五大家族（见下图）。

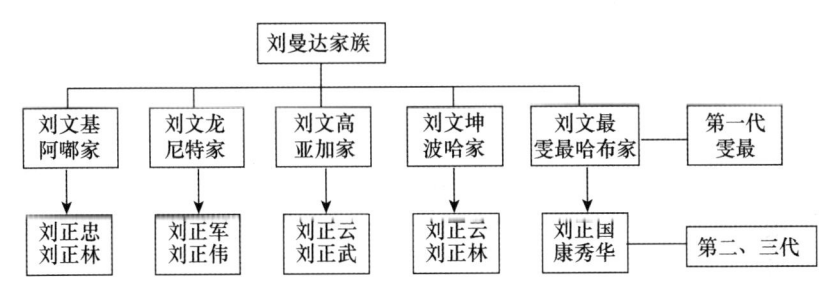

图3　波多罗家族结构

（三）波多罗的社区传统与社会习俗

波多罗早期的形成经历和民族特色，使这个小村社具有了自身的传统要素，这些要素也深深嵌入波多罗的文化习俗之中。

1. 波多罗社区的传统要素

刘曼达曲折的发展经历为波多罗积淀了以下方面的社区传统要素，构成了村庄发展和村民间相处的传统内核。一是波多罗村民对生态环境特别是森林资源具有独特的情怀和保护意识，形成了人与自然可持续发展的观念。村民对森林的独特情怀既来源于波多罗早期的形成经历，也来源于村民形成的与自然环境依赖度极高的生计方式，森林在村民的观念里被赋予了独特意义。刘曼达选择将波多罗作为定居地点，主要是波多罗的森林资源非常丰富和三面环山的养殖业的地理优势。刘曼达以波多罗森林资源为依托，通过勤劳与智慧，实现了家庭成员生活水平的显著改善和人与自然的和谐相处。在村民的认知里，波多罗的山林既寄托着对先人的思量（刘曼达选择了波多罗这片山林），也是生计的依托：山林可以防风固土，也是村民牦牛、羊等牲畜的食物来源和躲雨、御寒的重要保障。保护这片山林是每个波多罗村民义不容辞的责任和义务。

二是民族传统文化中的团结互助观念。波多罗属于彝族村落。社区村民之间的互相帮助、信任、矛盾的内部协调解决历来是彝族的重要传统。彝族注重族内的家庭谱系，"我们""他们"的观念区分界限分明。在波多罗访谈中一位村民提到，"如果你能比较好地记住家谱，你到了之前没有联系过的彝族家庭，只要你说出家谱来，他们就会把你当兄弟看待，并为你提供力所能及的帮助"。另外，在波多罗早期的发展中刘曼达遭遇的那次给家庭带来重大创伤的抢劫事件也给他的后代——如今的村民，留下了深刻的警醒：要团结友爱、相互帮助才能不被欺负，才会强大。因而，波多罗村民之间相互帮助已成为社区的基本共识。村庄里如果村民有困难，大家都应该尽力去帮助他/她。如果某一村民不施以力所能及的援手，那么不仅所有的村民都会看不起这个村民，而且当他/她遇到困难时，村里也不会有人来帮助他/她。团结互助的理念也使得彝族村民之间的矛盾基本是在社区内部协调解决，社区的稳定性和协调能力比较强。

我们的传统是有矛盾在内部协调解决。例如，彝族人跟彝族人打架，如出现伤残，是可以在彝族内部协调解决的。当然还需要看情况，如果是故意伤人那么就不能在内部协调要走法律程序，如果是非故意伤害的，那么彝族一般是内部私了，协商给予赔偿。并且当数额较大的时候赔偿人的亲戚、邻居、朋友，甚至是认识的人都会伸出援手帮助其共同支付赔偿款。

专栏1

波多罗村民相互帮助的案例

刘文高71岁，其妻子余氏，61岁，与刘文高育有一个孩子。刘文高是波多罗五大家族的加亚家族。孩子都在外面，两个老人留守在家，是波多罗社区中较为贫困的农户。两个老人主要依靠种植玛卡、政府低保维持生活，没有其他收入来源。2015年10

> 月的某天，余氏在骡马大剧院（波多罗的一片土地名称）种植玛卡。因地离家太远，出门时也将中饭带到地里。正在吃午饭的时候，余氏突然站立不稳，并且右半身失去知觉。距离不远的其他村民看到后，赶紧将他送到家里。刘正祖（村里有小车的农户之一）闻讯后，与余氏家人一道出车将余氏送到拉市乡的卫生院。经卫生院初步诊断为脑出血，建议送到丽江市医院进行紧急救治。刘正祖、余氏家人听从医生建议，将余氏送到丽江市医院治疗。老人在医院住院了半个多月，共花费近 2 万元。除去新型农村合作医疗报销的部分，刘文高和妻子还要付近 5000 元的医药费。这对于没有生活来源、子女常年不在身边的两个老人来说无疑是一个巨大的数目。然而，在这一事件中，波多罗每家每户都施以援手，共同帮助老人支付了绝大部分的医疗费，并且轮流到医院照顾。用刘正祖的话说，"我们彝族向来具有相互帮助的传统，亲戚、朋友、同属一个村的，只要有困难我们都会给予力所能及的帮助"。

三是注重平等、公平是波多罗社区社会传统的要素之一。波多罗的社会结构由同一祖先的五大家族构成。村庄各家族之间关系的维系依靠的是平等与公平。在村庄的利益分配中都是五大家族均分，每个家族内的农户也是均分公共利益。平等与公平理念已是村庄公共事务的基本原则，在公共事务中既强调利益的均等，也强调义务责任的公平分担。如在波多罗的护林员制度中，看守山林的护林员由农户轮流担任，没有担任护林员的农户中每户一年出 10 斤大米作为护林员报酬，护林员的工作也接受全体村民的监督。

2. 波多罗的主要传统习俗

（1）祭祀山神。波多罗村民对待山林态度集中体现在祭祀山神这一传统习俗中。波多罗的每户村民都会选择一棵高大挺拔的大树作为山神的象征。全体家庭成员在农历大年初一这天集体来到这棵大树下祭拜山神。具体过程大体如下：大年三十这天，每个家庭的户主便上山将自家象征山神的那棵树修整好，主要工作如除杂草、平整地面等。大年初一天刚亮，各家各户的男女老少一起出发，带上一只公鸡、上好的肉（牛肉、羊肉或猪肉）、荞面、两瓶白酒、红糖、少许的米、茶，以及香烟、盐巴、香火等来到自家的神树下。祭拜仪式由家里的成年男性主持。摆好各种祭品并点上香火后，家里最为重要的人（一般是男性户主）拿着公鸡围绕神树转圈，一边转一边还要口中念合家兴旺、幸福安康等吉祥话语。而其他家庭成员则跟在祭拜主持后面，跟着转圈，祈求山神保佑。最后，每个家庭成员站在神树前进行单独或者几个人一起的拜祭（见下图）。山神祭祀仪式结束后，家庭成员共同以带上山的荞面、肉、盐巴等为食材生火做饭，之后全家人围坐共同用餐（见下图）。另外，祭拜山神后的这天，每个人不能跟别人吵架，如果与别人吵架了，那么这个人一整年都会不吉利。

图4　村民上山祭奠山神并用餐

（2015年4月波多罗村民刘正伟提供）

(2) 婚俗。婚姻习俗是波多罗的重要传统习俗。青年男女结婚的日子要请毕摩根据男女双方生辰情况，通过看月亮和星星占卜定下来。定好结婚日子后，男方会派两个男性带上烟、两瓶酒、羊胆、新衣服等去接新娘。进门后，一瓶酒给女方父母，另一瓶酒给女方的姐妹。之后，女方家人会向接新娘的两名男子泼水，并"抢"他们包里的衣服、鞋子。在这一过程中，这两名男子不能生气，并且要保持微笑。如果他们生气了就很难接到新娘。接到新娘后，由女方请的两名男子（一般是新娘的表哥或表弟）背着新娘去男方家，并且女方的舅舅、叔叔、哥哥、弟弟都要一同前往。男方家人这一天要宰羊为迎接新娘做准备。新娘到来之前，男方要在家里放上四盆火，一盆放在大门前，另外三盆放在院子里。院子的三盆火也很有讲究。第一盆是新郎的舅舅生的火，第二盆是新郎的叔叔生的火，第三盆是新郎的哥哥或弟弟生的火。新娘和亲家人到来后，新郎的家人要在大门口迎接，并给每个到来的人发一支烟（不能有遗漏），敬一杯酒（敬酒必须喝，实在不能喝也要品尝一小口）。新娘进家门后，大家开始唱一些祝福的歌曲，歌词的内容主要是祝福新人事事顺利、白头偕老之类的吉祥句子。同时新郎的家人把宰好的、分成两半的羊拿到新娘头上转圈（一般是转7圈），之后大家开始抢转过新娘的羊肉。为了维持好秩序，男方家人一般是主动分好羊肉，其中最好的部分首先给舅舅，其次给叔叔，再就是给哥哥或弟弟。进门后的入座也很讲究。客人须坐在开门后首先看到的火堂那侧（村民家的火堂都是正对着房屋门），而主人家（包括进门后的新娘）则全部坐在客人的对面。在座次上依循年龄，年长者坐里边，年幼者坐外边。在婚宴酒席期间，不管是谁都不能在酒席上发生因喝醉打架、摔杯子等行为。如果发生这些行为，依据彝族传统说法，男方家以后会不顺利。酒席上也会有现场对歌助兴等活动。另外，参加婚宴的人都要打好红包，交到男方家手中。男方必须做好红包记录，下次别人家里办喜事，男方打的红包不能低于记录上的数额。

三 波多罗的贫困与森林保护抗争

（一）波多罗遭遇贫困

计划经济时期，新中国逐步建立了以人民公社制度为核心的农村经济制度。在人民公社体制下，波多罗纳入南尧村（行政村）之中，成为南尧村第五社。在人民公社体制下，波多罗的农业生产活动主要由南尧村干部进行计划和安排。在种植业上以苦荞、燕麦为主，养殖业以养殖牦牛和绵羊为主。由于农业技术水平比较低，农产品产量低，波多罗村民的粮食仍难以实现自给，依靠国家对少数民族地区的优惠政策获得一定的粮食救助，村民基本能维持生计。1970年代末期，党和国家将工作重心转移到经济建设上来，实行改革开放政策，中央政府率先在农村实施经济体制改革。确立家庭承包经营制度，放宽农产品价格、发展乡镇企业等多项改革举措，赋予广大农民发展的自主权和市场参与机会，农民生产和发展的积极性显著提高，农村经济获得快速发展，农民收入稳步提高。然而，这一波农村经济与社会的发展主要是在地理位置和资源条件较好的农村地区，地理位置偏远、交通条件差的连片特困中的农村贫困社区受到市场经济发展的辐射十分有限，贫困状况并没有得到有效缓解。波多罗正是属于这一类型的民族贫困社区。

20世纪90年代以来，丽江市以推动旅游发展为动力，市区及周边具有旅游开发潜质的农村地区获得了快速发展，农民依靠旅游业的蓬勃发展，收入获得较快增长，生活质量得到很大改善。波多罗尽管位于茶马古道上，但丽江市的经济增长是以市区向周边辐射，茶马古道尽管还在但已失去了以往的经济联系功能。波多罗被重重大山阻隔在经济快速发展之外，成了被遗忘的村庄。村庄里除了老村主任等少数几个人能识字、讲汉话之外，其他的村民都没有接受过教育，听不懂汉话，也不会用汉语交流。村庄没有通往丽江市区和玉龙县的水泥路，村民生产的农产品也只能依靠肩背马驮的方式走小道到距离村庄

13公里的乡政府驻地的集市用土豆交换大米。沿着崎岖的羊肠小道，村民到山下的集市要步行4个多小时，一个来回需要8小时。赶一趟集往往是天还没有亮就出门，天黑了才回到家。由于交通困难，村庄长期处于相对封闭之中，政府、社会等扶贫性力量给予村庄的帮扶非常有限，社区公共设施发展严重滞后。村民居住在茅草屋中，没有电，没有厕所。

（二）森林保护行动

相对于重重大山环绕、交通信息闭塞的波多罗，山下的纳西族等村寨环绕着拉市海，土地资源好，村民的发展具有资源优势、地理区位优势和交通便利优势。因而，在改革开放之后，山下村寨的村民不仅在20世纪80年代农村改革中实现了粮食产量和收入水平的较快提升，而且依托拉市海独特旅游资源在90年代丽江旅游业蓬勃发展浪潮中，非农经济收入也大幅增加，与波多罗村民的发展差距日益拉大。波多罗也逐渐成为拉市海乡最为贫困的村庄。拉市海乡甚至丽江整个区域的居民具有喜好用木材建房的传统。生活水平得到显著改善的山下村民，对木材的需求量日益增长。特别是当市场需求受到市场机制（丽江的木材价格上涨）助推时，到波多罗砍伐森林的村民规模日益扩大。有时到波多罗砍伐森林的达到三四百人，他们在山上搭帐篷，一百多匹骡子再驮木头下山。"几百年的大树几分钟就被砍倒了"，波多罗村民着急呀！尽管波多罗村民多次到山上阻止山下的人砍伐树木，但阻止了这拨人，另外一拨人又开始砍伐。村民发现上山阻止砍伐也很难获得成效，树木还是一天天在减少。后来，大家召开村庄集体会议，讨论出了一个保护森林的有效办法：由老村主任召集村民到山下砍伐波多罗森林的村社的草坪上搭帐篷住下，砍伐者不停止森林砍伐，驻扎的村民就不离开草坪，并且还要在上面开荒种地。山下的砍伐者最终妥协，停止了对波多罗山林的砍伐。为防止山下部分村民再次上山偷伐森林。波多罗村民也组织起来，建立了社区护林队，还制定了《波多罗关于保护生态环境的规定》和《波多罗关于护林员的规定》。全体村民每户每年出 10 斤大米作为护林员报酬,全村各家各户轮流担任护林员。

四 波多罗的内源发展

(一) 民族贫困社区的内源发展

内源性发展 (endogenous development) 也译为内生性发展。它强调发展的创造力和思考来自内部或从内部产生的;[1] 强调以人为中心,认为真正的发展是以民族文化为基础、以文明方案为目标和以人类本身为中心;[2] 强调本地村民参与,保障本地居民利益,形成体现当地人意志并有效干预地区发展决策制度的基层组织。[3] 内源发展并非与外部援助相割裂。注重发展的内在性和内生性,并不意味着就不需要任何外部的援助与支持,或者完全否定外部的作用。强调发展要以当地民众为中心,并不是说外部组织或力量就不能作为主体参与其中。不管是内源性发展还是外源式发展都需要社区内部和外部的发展合作。民族贫困社区内源发展至少包含了两个方面措施:一方面是通过能力建设促进贫困社区的内源形成。民族贫困社区主要集中在自然条件较差、生态脆弱、基础设施发展严重滞后的边陲地区。社区长期处于相对封闭状态,村民的发展意识和现代技术能力不足。通过社区能力建设促进社区与外部合作的参与意识和决策意识,避免扶贫对象形成等、靠、要的依赖思想;另一方面是实施社区基础设施建设。交通道路等基础设施条件差,是致使民族贫困社区村民对外经济联系困难、信息闭塞的重要因素。基础设施建设也是开发贫困社区资源的重要基础。因而,基础设施建设是贫困社区内源发展的重要内容。

---

[1] 联合国教科文组织编:《内源发展战略》,社会科学文献出版社 1988 年版,第 55 页。
[2] 同上书,第 19 页。
[3] 张环宇、黄超超、周永广:《内生式发展模式研究综述》,《浙江大学学报》(人文社会科学版) 2007 年第 2 期。

（二）波多罗内源发展过程

1. 波多罗贫困的外部发现

长期以来，因地理位置偏远、交通条件差、村庄人口少的因素，深藏于大山之中的波多罗并没有获得外部扶贫力量的重视，扶贫投入非常有限。20世纪末期，波多罗发展迎来了一次机遇。20世纪90年代，丽江以推动以古城景观为重点的旅游业开发获得了蓬勃发展，丽江上游的拉市海在为丽江古城提供水资源保证的同时，也面临拉市海农民耕地减少、生计发展艰难和贫困等问题。绿色流域机构的负责人、亚洲理工学院博士于晓刚来到了拉市海乡开展拉市海流域治理的项目研究工作。刚开始，该项目的活动并未包含作为拉市海流域上游的波多罗。随着项目开展的深入，于晓刚逐渐意识到，在拉市海流域治理中将上游（波多罗）的生态保护和群众生计发展纳入进来，才能更好地促进下游的经济开发和生态利益。于是于晓刚开始将流域治理的调查范围扩展至波多罗。在对波多罗的生态资源和贫困状况进行实地调研后，于晓刚也被波多罗的贫困和森林破坏程度所震惊。他开始奔走于不同类型的机构，游说基金会、政府，关注流域上游生态保护和当地人生计发展。于晓刚的呼吁也得到了多家非政府组织的支持。2000年开始，香港乐施会等社会组织与拉市海乡政府合作实施拉市海综合流域管理项目。波多罗的贫困与村民生计发展逐渐受到外部的扶贫力量的关注与支持。

2. 波多罗的内生能力培育和社区组织化

2000年以来，外部社会机构先后在波多罗实施了参与式农村需求评估、"希望工程"助学、举办妇女夜校、妇女小额信贷，参与式社区发展策略规划和生态旅游实施规划、社区小组成员文化生态参观学习（4次）、养殖技术培训（3次）等能力提升项目和行动。村民的发展意识、社区的组织化也逐步提高。

一是村民的发展观念发生了变化。在参与式需求评估及后续的能力建设项目中，村民形成了新的发展观念，对自身情况有了更为系统的认知。这可以从老村主任刘文坤的认知中得到充分体现。他认为，通过贫困需求评估，村民们逐渐明白了我们为什么穷，其原因主要有三个：（1）我们自身文化水平太低。大多数村民不识字，都是文盲，蛮干的多；（2）我们村庄没有公路，还通不了汽车。外面的商品运不进来，村里的农产品依靠人背马驮，效率太低，很难致富；（3）没有电。没有电不仅生活很不方便，而且农业生产的效率也低。没有电器，也很难实现机械化，很难跟上山外面的人同步发展。

  二是村民的文化素质和发展技能有效提升。由于被大山阻隔，波多罗村民特别是妇女与外面的交流非常有限。大多数村民从来没有走出过大山，不会用当地通用的普通话和纳西语交流。在相对封闭的环境中，村民也缺乏农业的现代生产技术。2000年，绿色流域等外部组织实施土豆品种改良项目。从20公里外的泰安乡马铃薯种植基地调来优质土豆种子给村民种植，并请来技术人员进行种植辅导。到了收成的季节村民的土豆亩产量翻倍增加，有效解决了吃饭问题。马铃薯品种改良项目的成功也使得村民对于有别于传统的技术有了亲身体会。语言和文字是交流的前提和基础。2004年香港乐施会、绿色流域等外部机构在波多罗实施了妇女夜校项目。援助方购买来了教材，聘请村里识字的村民给妇女开文化课，教妇女识字。经过文化素质培训后，大部分妇女能听懂普通话和能用普通话进行交流，并且会写自己的姓名和简单的文字。更为重要的，随着语言能力的提高，妇女们的信心逐渐增强，越来越多的妇女走出了大山，到丽江甚至外省去务工。政府机构、社会组织等外部组织通过组织实施系列的村民外出考察学习、技能培训等项目，村民对于现代农业技术有了更为深入的了解，在生产发展中也开始熟练运用各种现代种植技术。谈及外部贫困干预，波多罗村民刘正军认为，绿色流域等外部机构的帮助给村民带来了很大的变化，大家在集体参与项目中学会了如何与村庄外面的人交流，人也自信了，普通话也越来越流利了。

  三是在与外部组织的互动中，波多罗建立了各类社区性组织和相应的社会发展制度。在外部的支持下，村民围绕村庄生态环境形成了生态保护村规民约。在社区生态资源开发管理和社区治理方面，成立了五大家族都有代表的流域管理小组和生态旅游合作社，并制定了合作社章程和运作机制。另外，围绕社区防灾减灾，村庄成立社区灾害管理小组，制定了社区灾害管理规划。

3. 社区基础设施建设

自 2000 年以来，政府、社会组织等外部力量对波多罗的基础设施建设有以下内容。

(1) 交通道路设施建设。在玉龙县政府部门、绿色流域和乐施会的共同支持下，波多罗两次修建村庄通往外界的通车碎石路。第一次修路乡政府投入 8 万元，乐施会和绿色流域投入 5 万元，采取村民投工投劳的方式自修通村道路；第二次修路主要由乡政府出资近 30 万元，主要采取机械挖掘的方式拓宽和平整原有路面。通过通村道路建设村庄与外界的联系得到进一步加强。村民的玛卡、牦牛、绵羊等农产品得以较为便利地运送到外部市场。小孩到行政村上学也可以通过面包车接送。

图5　通村道路 　　　　图6　太阳能电站

(2015 年 4 月覃志敏摄于波多罗村)

(2) 生活设施建设。2004 年德国政府开始在中国选点建设光伏电站。考察者了解到波多罗的参与式发展不仅保护山林，也为整个流域提供了生态服务，对拉市海国际湿地有贡献，决定将云南两个援助项目点中的一个放在波多罗。太阳能光伏电站的建成，村民告别了没

有电的历史。波多罗海拔3000米，气候寒冷，村民平时生活、取暖、做饭都要消耗较多的木材，不利于森林资源保护。为减少对山林资源的破坏和考虑到村民的健康，绿色流域支持农户村民购买了藏式火炉。藏式火炉既能节省柴火，还可以减少烟尘对村民身体的危害。另外，在政府、乐施会、绿色流域等外部力量的支持下，波多罗村民还进行了太阳能浴室和卫生厕所、修建人畜饮水池、农房实瓦加固等生活设施建设。

图7　农户饮水和卫生设施　　图8　民族文化展示中心

(2015年4月覃志敏摄于波多罗村)

(3) 生产和文化设施建设。结合生态旅游和民族文化保护，乐施会、绿色流域等社会组织援助村民修建民族文化展示中心，陈列彝族生产生活的传统器具，以及波多罗生态旅游活动图片。波多罗属于高寒气候，为满足波多罗生态旅游和村民日常生活需要，绿色流域在得知村民想种植大棚蔬菜后，协调资金为用于修建种植大棚蔬菜的农户支持5000元。蔬菜大棚建起来后，村民既可在大棚内种植蔬菜满足日常生活和生态旅游接待需要，还可以用来培育玛卡种苗。在生态旅游方面，绿色流域等社会组织还援助了村民建成了"罗马牧场"上的旅游接待小木屋，支持村民组建马队、印制旅游路线图和宣传册等。在社区灾害管理方面，乐施会等外部组织援助购买高音喇叭等灾害预警设备，社区也实施了多次灾害应对演练。

4. 村民生计发展与减贫

生计是谋生的方式，并且是建立在能力、资产和活动基础上的一种行动方式。① 资本或者资产被认为是探讨贫困人口生计问题的核心内容。生计资本主要分为四类，即自然资本、经济资本、人力资本和社会资本。自然资本是农户生产生活过程中所依赖的土地、水、空气等各类自然资源，以及如水循环、环境净化等各类环境的服务；经济资本是服务于农户生计策略的不可或缺的资本类型，包括了现金、存款，以及生产设备、技术等其他与经济有关的资产；人力资本是农户所具有的知识、技能，以及劳动的能力、身体的健康状况等；社会资本产生于人与人的交往之中，它包括个人或家庭的社会网络、社会权利、个人参与的各种协会等。② 在后来的区分中，生计资本进一步细分为五类资本，即自然资本、物质资本、金融资本、人力资本和社会资本。物质资本指用于维系生计的基本生产性资料和基础设施，其意义在于提高或者说体现出贫困人口的生产力状况。③ 生计资源/资本与生计的结果是密切相关的。生计资本匮乏的情况下，生计结果会呈现出贫困特征，相反则呈现出丰裕特征。④

从生计资源的角度来看，自启动内源性扶贫以来，波多罗村民的生计资本获得了显著的提高和扩展。在社会组织、政府等外部贫困干预主体的项目过程中，妇女夜校、农业技能培训、灾害应对演练、外访参观学习、医疗保障等项目参与提升村民的文化素质和身体健康状况；道路、太阳能发电站、房屋加固等基础设施的建设完成，农户的物质资本大为改观；随之而来的对外交流增多，社区性组织的建立等

---

① Chambers, R., and Conway, G. R., *Sustainable Livelihood: Practical Concepts for the 21st Century*, IDS Discussion Paper 296, 1992, pp. 6.
② Ian Scoones, *Sustainable Rural Livelihoods: A Framework for Analysis*, Institute of Development Studies Working Paper 72, 1998.
③ 苏芳、徐中民、尚海洋：《可持续生计分析研究综述》，《地球科学进展》2009年第1期。
④ 向德平、陈艾：《联结生计方式与可行能力：连片特困地区减贫路径研究》，《江汉论坛》2013年第3期。

等，村民的社会网络也日益扩大。小额信贷、银行贷款的便利化（这种便利主要是因为村民更容易来到镇、县，甚至市所带来的）也使得村民得到的信贷金额大大提高。另外因收入增加带来的储蓄和现金拥有量的增加，也是村民金融资本的重要体现。

2000年以来，外部力量以参与式发展方式引导村民成立资源保护小组，并陆续开展了资源保护培训、引进优良洋芋品种、发动群众修建简易公路、实施小额信贷、开办妇女夜校、引进希望工程、建设太阳能发电站等社区发展项目，极大地增加了村民的生计资本。从波多罗生计资本扩展来看，物质资本增加是其他资本增加的基础，为社区其他资本的扩展提供了条件；人力资本和金融资本扩展是关键，文化知识、语言交流等内在能力提升使贫困村民能有效利用扩展后的物质资源；社会资本扩展是结果，村民具备相应的物质条件和发展能动性后，与外界的经济联系自然得到加强，并形成了社区流域管理小组、灾害管理小组等集体性社会资本。四类生计资本有机结合、相辅相成、相互作用，共同构筑村民生计系统。①

内源性扶贫之前，村民以单一的农业生计为主，农业生产水平低，劳动力未得到充分开发。村民发展能力提升和基础设施完善后，农户生计资本增加，村民生计活动包括了种土豆、油菜、花椒、中草药、养殖牲畜、生态旅游、外出务工（到旅游景区去牵马）多样化生计方式。农户生计结构逐步朝经济价值高的方向优化和调整。这主要表现在：一是以玛卡等中药材为主的种植业在农户劳动投入和收入结构中的比重日益提高。近年来玛卡、续断、黄芩等中药材市场价格上升，而波多罗村地理环境正好契合了这类中药材的生长要求 [如玛卡（又称为印第安人参）原产于海拔3500—4500米的南美安第斯山区，而波多罗的海拔和气候与玛卡原产地相近，十分适合种植]。村民逐渐将优质生计资源（土地、劳动力等）投入到中草药种植中，并获得

---

① 农户生计的三大系统包括生计支持系统、生计资产系统、生计发展系统。生计支持系统主要包括社区道路、电力通讯、农田水利、社区公共服务等；生计资产系统主要指人力资本和家庭资产；生计发展系统指农户的种植业与养殖业等。

了较高的经济回报；二是随着丽江旅游资源深度开发和游客日益增多，波多罗农民通过参与拉市海流域旅游（如为游客牵马）和波多罗生态旅游开发（波多罗生态旅游合作社），获得较高的经济收益。

图9　波多罗村民种植的玛卡　　图10　波多罗村民种植的秦艽

（2015年4月覃志敏摄于波多罗村）

5. 生态资源开发与文化传承

波多罗贫困社区具有较为完整的原始森林，生物多样性丰富，且是滇藏茶马古道线路之一，民族文化底蕴浓厚（火把节等）。依托独特生态资源，发展生态旅游是波多罗开发性保护生态环境的重要生计策略。2011年波多罗村民依托丽江蓬勃发展的旅游市场，开始探索发展生态资源与民族文化相结合的旅游项目，形成了包括彝族接待仪式、彝族歌舞表演、徒步观光游、彝族生产生活体验、登山、住宿、餐饮、骑马等内容的乡村生态旅游产业。波多罗生态旅游与文化资源开发过程体现在以下几个方面：请到了西南林学院相关专家对波多罗生态旅游开展调查，制定生态旅游实施规划；购买原材料资金，建立波多罗彝族文化展示中心；改善卫生设施，修建太阳能浴室；组建生态旅游马队，开展食品安全、烹饪技术培训；制作生态旅游宣传博客、生态旅游宣传手册，发放到丽江古城客栈；成立生态旅游专业合作社，坚持成员入社自愿，退社自由，地位平等，民主管理，自主经营，自负盈亏，利益共享、风险共担的合作原则。波多罗生态旅游产业实行全村参与和管理，收益共享，财务公开，机会均等。住宿是每家每户轮流接待，用餐统一安排在当时妇女夜校修建的房舍内，农户组成小组由各组轮流做饭。收入由合作社统一管理，除去成本和公共资金，剩余收入在全村分红。

目前全村生态旅游收益主要分为三个部分，第一个部分是骑马收益，主要由家里有马匹的农户参与，机会均等且收益由参与的农户收取；第二部分是游客用餐产生的营利，每户农户通过分组轮流参与，收益全村共享；第三部分是游客住宿产生的营利，每户农户通过轮流和公平机会参与，收益全村共享。

生态旅游也带动了社区彝族传统文化的恢复与发掘。村庄建立起彝族文化展示中心，村民积极收集彝族文化资料，挖掘波多罗故事，整理传统食谱（如彝家坨坨肉、苦荞粑粑、生态老腊肉等彝族特色食品），恢复了"火把节"期间的点火把、送火把等传统活动。

图11　波多罗生态旅游　　　　图12　村民参与合作社收益分配讨论

（2015年4月覃志敏摄于波多罗村）

五　波多罗内源发展中的社会传统功能

在促进社区内源发展和减贫上，波多罗的社会传统至少具有以下几个方面的积极功能。

（一）团结互助传统观念为社区组织化提供重要支持

波多罗在发展过程中形成了团结互助的传统观念，波多罗的家族式社区关系结构也强化了团结互助的传统观念。在波多罗村民的意识观念中，团结互助是做人的基本原则。社区中不管谁有困难，其他居民都自觉施以力所能及的援手。用村民的话说"如果某个家庭拒绝帮助有困难的人，那么这个家庭是被全村人都看不起的，他是抬不起头来的。并且，当他遇到困难的时候，村里的其他人也不会施以援手"。团结互助观念深入人心，是社区的基本共识。团结互助观念也强调，全体村民都应参与到公共事务之中，共同决策。正因为团结互助观念深入人心，波多罗在外部组织的引导下，很快形成了社区凝聚力，为社区组织化提供强大支持。

（二）公平与平等观念为社区内源发展提供了秩序保障

公平与平等是波多罗村民长期形成的传统观念之一。在波多罗公平与平等观念中，社区的资源属于全体村民，资源开发的获益由全体村民共同分享，村民在社区公共事务中的责任和义务也应该共同、平等地承担。回顾波多罗内源发展历程不难发现，公平与平等观念在社区内源发展进程中无处不在。在保护森林行动中，村庄制定《波多罗关于护林员的规定》，选出两位护林员，由全体村民每户一年出10斤大米作为护林员报酬，全村各家各户轮流担任护林员，接受全体村民的共同监督。社区的主要治理组织——"流域管理小组"的5名成员分别来自5大家族，代表各个家族行使公共事务中的决策权利。在波多罗成立生态旅游合作社运行上，每家每户轮流接待游客住宿，某次没有安排上的农户下次有游客来时要优先安排；游客统一在社区公共事务中心——原村小学用餐，由已分组好的农户小组轮流给游客做饭；合作社开支和收益定期在村小公示，并将利润在全村中平均分红。外部合作组织——绿色流域的工作人员也认为，波多罗村民公平、平等的强调和坚持给他们以非常深刻的印象，有时候绿色流域只好在项目中设立一定数额的话费补贴来补偿社区组织者在对外联络中的经济损失。

(三) 自然崇敬观念促进社区发展与环境相协调

波多罗早期跌宕的发展历程，使村民对社区资源和生态保有独特情感，对自然环境充满敬意。村民每年坚持上山祭神就是一个典型例证。在自然崇敬观念下，所有村民全力参与到保护森林行动中，并取得最终胜利。村民对自然的崇敬和共生意识与干预波多罗贫困的社会组织倡导人与自然协调发展理念相契合。当外部组织提出实施生态保护、生态旅游等发展思路时，即刻得到村民积极响应。当自身利益与自然生态保护相冲突时，波多罗村民也依然会选择后者。生态玛卡种植就是其中一个例子。玛卡是原产于南美洲安第斯山脉4000米以上的高原植物，素有"南美人参"之誉。波多罗海拔3200米，气候条件十分适合种植玛卡。玛卡种植引入中国后不久，波多罗村民开始试种植并获得成功。随着玛卡市场价格提高，种植玛卡的波多罗村民日益增多。玛卡也给村民带来了丰厚回报。2014年，波多罗村民的玛卡户均收入3万—4万元，个别村民的玛卡收入甚至接近15万元。随着玛卡市场价格持续上涨，一些地方农民开始使用化肥、农药、膨大剂等，以提升玛卡产量。但化肥、农药、膨大剂等不利于生态环境和保持玛卡功效。化肥和农药对波多罗自然生态也会造成较大的破坏。为避免出现村民使用化肥和农药来种植玛卡，波多罗流域小组讨论后决定建立保障村民种植生态玛卡的机制。即每户（自愿）交300元的押金，由流域小组对村民种植玛卡进行监督和后期监测，如发现玛卡种植中使用了化肥、农药、膨大剂等的，则扣留押金，而实施生态种植玛卡的则奉还押金。

六 结论与思考

(一) 简要结论

波多罗是处于大山深处的少数民族家族式村落。从村庄建立初期的一个家庭发展到如今的几十个家庭、一百多人，村庄经历故事曲折、内涵丰富的发展历程，形成了独特的社会传统。团结互助、公平与平等、崇敬自然等社区传统要素在村庄内源发展中发挥了重要的作用。在外部力量（社会组织、政府等）与社区内部的互动合作下，村民的发展意识和技能逐步提高，社区的基础设施和农业产业都获得了较快发展。外部资源的增多和社区发展水平的提升（通常会导致社区居民因利益分配问题而产生矛盾和分化），并没有对波多罗社区内部关系结果造成冲击，而是激发了社区内部的凝聚力和组织化。这主要得益于在社区公共事务中团结互助、追求公平等传统观念的彰显和深入人心。另外，崇敬自然、人与自然的共生意识等传统要素能较好地保障村庄人与自然环境和谐的可持续发展方向。总而言之，以上相关的社区社会传统因素是波多罗发展的重要内部推动力量，为贫困社区增添了发展韧性。

（二）思考与启示

贫困问题的"发现"和系统性干预始于人类步入近现代社会。从社会转型的视角来看，传统社会向现代社会的转型其本身是传统要素扬弃、现代性增加与现代互构过程。对社区层面贫困的现代治理方式是以市场经济为背景、以现代技术实施资源开发为手段，以社区居民的有效动员和组织化为基础，以期通过经济发展带动减贫。然而，过于强调市场经济建设、现代性技术植入和资源开发，往往容易将传统社会要素视为不符合现代贫困治理要求因素而将其排斥在贫困治理之外。贫困地区和民族地区的农村地理位置偏远，受现代经济影响有限，传统要素和地方特性比较强。而对这些地区贫困社区的减贫干预往往将传统要素视为落后的，经济发展和减贫就是要打破传统，让传统压制下的个人解放出来。这种减贫干预模式尽管能够使部分有能力的贫困人口脱贫致富，但往往会造成社区内部的分化和社区整合日益困难，形成扶贫项目农户参与的"表象化"。波多罗内源发展实践的启示在于民族贫困村庄中的社会传统要素（并非全部）能为社区组织化和社区秩序提供重要支持，是推动民族贫困社区发展的内生动力的重要组成部分，对于抑制社区分化和推动整体性减贫具有积极功能。在农村贫困社区治理中，干预者应充分尊重和积极发挥（而不是忽视甚至破坏）贫困社区中积极的社会传统要素，促进贫困社区实现内源性、可持续发展。

西部地区防灾扶贫能力提升与生态文明建设的在地化策略
——若尔盖高寒湿地草原沙害防控实践的考察

张 原[*]

引 言

在2015年的"减贫与发展高层论坛"上，习近平总书记明确提出了"精准扶贫"的理念，指出认识和掌握贫困化的发生机理、演化特征及分布规律当为制定"十三五"期间扶贫规划的重要依据。因此，要全面提升我国民族地区防灾扶贫工作的能力水平，应针对因灾致贫返贫的现实问题来创新性地形成一套精准有效的工作机制。

荒漠化（desertification）也称土地沙化，这一灾害的发生既有显见的自然环境诱因，更有深刻的社会文化肇因。其防治逆转不仅是一个整体性的生态环境治理工作，也是一个系统性的社会文化干预工程。近年来，我国土地荒漠化灾害越发严峻。值得注意的是，中国沙化土地面积的97%分布在中西部地区，也就是说，西部地区正是我国沙化灾害的重灾区。对于我国生态环境脆弱、经济基础薄弱、扶贫工作艰巨的西部地区而言，沙化灾害对当地的生态环境安全和社会经济发展造成了严重威胁，成为人们致贫返贫的主要因素。然而长期以

---

[*] 张原，博士，西南民族研究院研究员。主要研究领域为历史人类学、宗教人类学和灾难人类学，田野工作区域集中在中国西南的藏彝走廊和滇黔通道。

来，我国关于荒漠化的灾害感知和防控治理过于集中在中国北方干旱与半干旱地区的土地风蚀沙质化问题上，因此对于这一灾害的辨析监控与干预治理仍存在许多认识盲点和实践局限。并且随着中国西南湿润气候带喀斯特溶岩山区的石漠化问题与青藏高原东缘高寒湿地草原的沙化灾害日益加剧，西部地区的扶贫攻坚工作和生态文明建设正面临着新的挑战。

基于四川阿坝藏族羌族自治州若尔盖县辖曼乡、麦溪乡的田野考察研究，本文通过分析呈现当地沙化灾害的发展演变态势、感知认识变化与防治实践过程，将着重阐明当前防灾扶贫工作与生态文明建设需要坚持在地化策略，来建立完善相应的瞄准机制、内嵌机制和协力机制，从而将使得相关的工作实践更具精准性和实效性。

一 "湿地变沙地"的过程：若尔盖高寒湿地草原的沙化态势

今天，在若尔盖辖曼乡牧民日常所说的安多藏语中时常会夹杂许多外来词汇，如手机、电脑、NGO、定居点等。这些外来新词汇极为自然地融入当地语言中，恰是对这片草原在当代经历种种变迁的生动说明。在这其中，有两个汉语词汇在当地藏语中不仅清晰可辨，且出现频率极高，即"湿地"与"沙地"。

湿地与沙地在通常的地景感知认识中代表着两种相互矛盾的景致：前者为水丰草茂、生机勃勃的生态景观，后者系飞沙走石、萧条荒芜的灾害场景。然而在辖曼牧民的生活世界中，二者却纠缠在一起共同构成了人们必须面对的现实生活环境。一方面，位于若尔盖草原腹地的辖曼乡拥有世界上面积最大的高原泥炭沼泽，系青藏高原高寒湿地草原生态系统的典型代表，因而早在1992年当地就建立了"辖曼自然保护区"，并于1998年经晋升为"若尔盖湿地国家级自然保护区"，2008年进入《国际重要湿地名录》；另一方面，处于湿地保护区核心区域的辖曼乡也是一个沙化灾害较为严峻的地方。在20世纪

90年代初，该乡之前零星分布的沙地逐渐呈现连片蔓延之势，这对高寒湿地草原的生态环境系统造成极大威胁，所以在1993年国务院批准实施的《全国治沙工程规划》中，辖曼乡就被列为全国治沙工程试验示范基地。于是，随着国家级的湿地自然保护区和治沙示范基地的建立，湿地与沙地这两个汉语词汇也就进入到辖曼牧民的词汇系统中，并成为他们认知与理解自己生活环境变化的关键词。对于当地藏民而言，湿地一词呈现的是一种希望图景，若尔盖草原得天独厚的牧业生产条件与潜在的旅游开发资源均由该词得以确认；沙地一词则勾勒出一种灾难场景，让人们焦虑地意识到若尔盖草原的生态环境是极其脆弱的，当地因灾致贫返贫的风险极高。湿地与沙地所呈现的这种纠结表明，若尔盖草原的生态系统是在一个充满了矛盾和风险的环境体系中生成的，其既博厚坚韧孕育生机，也敏感脆弱、潜藏危机。

位于青藏高原东缘黄河上游大拐弯处的若尔盖草原，平均海拔3500米，属高原寒温带湿润季风气候。因该地气候寒冷湿润，地表处于过湿状态，从而生成了我国最大的高寒湿地草原。因泉眼湖泊星罗棋布、河流交错、沼泽连片，享"中国西部高原之肾"美誉的若尔盖草原在整个中国的生态环境体系中发挥着高原蓄水池的重要功能，也是黄河上游最重要的水源涵养地和生态功能区，号称"中华水塔"。此外，地势平阔、水草丰美的若尔盖草原也是四川省重要的草饲畜牧业基地，草场面积达1212万亩，有"川西北高原绿洲"之称。然而，这片草原也潜藏着巨大的沙化灾害风险。除了由于若尔盖本身生态环境脆弱、20世纪末全球温室效应的影响，加大了若尔盖湿地草原的生态环境脆弱性外，近几十年来，在人类活动的频繁干扰和严重破坏下，当地生态系统的循环平衡功能与协调修复机制正逐渐丧失瓦解，这进一步诱发了沙化灾害的生成条件。[①] 许多研究者也指出，越发严重的牲畜过载问题，以及一批"向沼泽要草地"的工程对生态环境系统的干扰破坏，更增加了环境脆弱性。在这一系列因素的影响下，至

---

① 徐飞飞、孙铁峰：《四川若尔盖草原沙化问题的研究》，《价值工程》2010年第6期。

1999年，若尔盖县沙地面积激增至25579公顷，而到2009年第四次沙漠化土地监测时，全县各类沙化土地总面积扩展为72397公顷，占全县辖区面积的6.8%。有专家指出，若继续照此沙化态势发展下去，10年之后这片高寒湿地草原恐将消失，而青藏高原东部或将成为中国第四大沙尘源。[1] 从土地沙化的扩张速度和蔓延范围来看，若尔盖县草原的沙化态势令人震惊。对比2004年与2009年的数据，该县各类沙地的年递增率分别为：流动沙地3.31%、半固定沙地17.49%、固定沙地14.77%、沙化耕地0.73%、露沙地1.5%。与草场沙化相伴的则是沼泽湿地与湖泊河流的萎缩干枯。以1975年为参照点，至2005年若尔盖县的沼泽湿地面积减少了20.20%，湖泊湿地萎缩了34.48%，另外县域境内65%的湖泊已严重萎缩或变成季节性湖泊，40.3%的河流萎缩干枯。而与若尔盖草原相邻的甘南草原也遭遇了相似的问题，从1994年到2004年的10年间甘南草原年平均沙化增长速度竟达到3.9%，特别是与若尔盖县相接，位于甘南草原核心的玛山湿地，其面积已山之前的99万亩锐减到不足30万亩。若按照此沙化态势发展下去，10年之后这两处相邻的高寒湿地草原恐将消失，而青藏高原东部或将成为中国第四大沙尘源。沙化灾害所引发的湿地萎缩、草场退化、雪线上升、泉眼消失、河流干涸等一系列生态危机和环境问题，不仅对当地畜牧业发展和牧民生活改善产生严重的灾难性影响，成为当地居民致贫返贫的首要因素，更对黄河流域水源涵养系统的维持造成深刻的危机，并使得黄河中游地区和四川盆地逐渐失去一道重要的生态保护屏障，这最终将会威胁到整个中国的生态环境安全。

湿地变沙地，大草原变沙尘源。这一切都在警示我们，气候湿润、水源充足的高寒湿地草原也可能在环境条件与生态系统的细微变化下，衍生出湿地萎缩、草场退化、河流干涸等一系列生态环境灾

---

[1] 李敏蕊、张岩等：《川西北若尔盖县土地沙化动态变化》，《四川农业大学学报》2010年第6期。

难。这不仅对当地畜牧业发展和牧民生活改善产生严重影响，带来致贫返贫的巨大风险；更对黄河流域水源涵养系统的维持造成深刻的危机，从而使得黄河中游地区和四川盆地逐渐失去一道重要的生态保护屏障。

图1 若尔盖县2010年沙化草原分布

（若尔盖县畜牧局）

尽管不在干旱气候带上，但若尔盖草原却潜藏着巨大的沙化灾害风险。而当地生态环境的敏感脆弱性与区域气候波动的极端异常性，正是这片高寒湿地草原沙化灾害生成的主要自然肇因。从地质构造来看，作为新生代以来稳定抬升的区域不同，若尔盖草原的土壤层与大型河流冲击堆积而成的草原台地相比而言较薄，其草皮下面的地块主要由页岩、砂板岩和第四纪松散堆积沉积物组成。其中第四纪松散堆积沉积物主要为粉沙沉积和沼泽沉积，而页岩和砂板岩在遭遇风化后含沙量也极高，所以一旦经受剧烈雨水冲击，土壤中细小的颗粒就随河水流动堆积，并在枯水期构成大量的沙源。因而只要河流改道或湖泊干涸，其河床湖底中沉积的泥土往往就会形成裸露于地表的黑土滩，并在阳光和风力的侵蚀风干过程中生成移动的沙源。从气候波动而言，历史上青藏高原东麓的降水主要受西南季风的影响，然而伴随着青藏高原的整体降起和抬升，西南季风受到限制和削弱，这导致降水量极不稳定。而近半个世纪以来全球温室效应的增强所导致的气候变暖变干趋势，也在若尔盖草原上体现得异常明显。对比 1960—1980 年与 1989—2005 年这两个时间段的降水数据，可看到随着气候的异常波动，若尔盖县的年总降水量呈下降趋势，并呈现出春、夏、秋三季降水减少，而冬季降水增加的异常现象。

表1　　　　　　　　若尔盖县四季与年均降水量比较表

年份跨度	12—2月 A	12—2月 B	3—5月 A	3—5月 B	6—8月 A	6—8月 B	9—11月 A	9—11月 B	全年总计 A	全年总计 B
降水量（毫米）	12.8	37.0	135.2	105.4	326.5	290.8	182.2	134.0	656.7	567.2
百分率（%）	1.9	6.5	20.6	18.6	49.7	51.3	27.7	23.6		

注：A 代表 1960—1980 年；B 代表 1989—2005 年。

这一降水态势加剧了若尔盖县春秋两季的干旱程度，并在一定程度上提前了牧草的枯黄期，同时冬季降水量的增加也就意味着雪灾的增加，从而不仅加剧当地草场的沙化风险，也对牧民的生产生活造成了一定的困扰。1961—1979 年，若尔盖县年平均气温仅为 0.7℃，最小年平均气温 0.1℃（1977 年），最大年平均气温 1.4℃（1964 年）。多年月平均最高气温为 9.2℃，多年月平均最低气温为 -5.8℃，极端最高气温为 24.4℃，极端最低气温为 -33℃，多年平均正积温 1338.4℃，气温年较差 21.4℃，年平均气温日较差 14.9℃。到

1989—2005年，该县年平均气温则为1.1℃，最小年平均气温0.6℃（1992年），最大年平均气温2.4℃（1998年）。多年月平均最高气温为10.8℃，多年月平均最低气温为-10.2℃，极端最高气温为25.4℃，极端最低气温为-33.7℃，多年平均正积温1489.5℃，气温年较差21.0℃，年平均气温日较差14.0℃。对比这两个时间段的气温数据可见，若尔盖县年平均温度呈大幅上升趋势，且明显高于全球气温增幅的0.03—0.06℃/10a数值。并且，随着岩性地质的脆弱环境和变暖趋式的波动气候之脆弱性的叠加，若尔盖草原沙化灾害的蔓延获得了一定的发展条件。首先降水的减少、气温的升高和多风的气候使得土壤冻结层变薄和地表蒸发量增强；水分的散失又加剧了土壤的物理性干旱程度，并进一步导致牧草返青期的推迟和枯黄期提前。特别是夏秋季时降水量的减少，缩短了植物的生长期，生物总量由此下降，且为适应高温趋旱的环境，植物在生长中只能以降低其植株高度、减少叶片的宽度与厚度的变化来减少大气蒸腾。最终区域内植被盖度的降低又反过来增加了土地裸露沙化的概率。到了冬春季时，因地表植被覆盖率的减少所造成的土地表层疏松，又在风力的强烈侵蚀下加快了草原沙化的速度。经历了这样一种环境脆弱性循环叠加的过程后，自然生态环境极为敏感脆弱的若尔盖草原成了孕育沙化灾害的绝大温床，大片湿地退化为沙地。而失去大片草场的当地牧民，则由此承担着极大的因灾致贫返贫风险。

有效防治沙害的前提是对这一灾害的成因与影响有正确全面的理解认识，然而在通常的灾害感知和定义中，沙害作为荒漠化的一种典型似乎总与干旱地区相联系。如《联合国防治荒漠化公约》就将荒漠化定义为："包括气候变异和人类活动在内的种种因素造成的干旱、半干旱地区的土地退化。"[1] 中国当前对荒漠化的认识也倾向于将干旱与风蚀作为土地沙化的主要诱因，并将北方地区日益频繁的沙尘暴作

---

[1] 张煜星等：《〈联合国防治荒漠化公约〉的荒漠化土地范畴》，《中国沙漠》1998年第2期。

为感知沙害的一个重要指标。然而这种认识感知有其局限性，实际上气候湿润地区同样也有荒漠化灾害，其衍生的也非仅是沙尘问题。若尔盖草原的沙化是一个非干旱地区荒漠化的典型实例，其沙化的恶化是土地生物生产力的退化过程，乃是由自然和人为因素诱发的生态环境脆弱性所导致的。防沙治沙，需要建立一套符合地方实际的工作瞄准机制，以更为精准化的防灾思路和扶贫措施在生态环境多样与社会文化多元的西部地区实施。这其中，在地化的灾害风险辨析是防灾扶贫工作实现瞄准机制精准化的必要前提。

二 "金山变沙山"的教训：地方沙害感知中的灾变肇因反思

经黄河九曲第一湾进入辖曼乡政府所在地，外人的目光常会被路边突兀耸立的巨大沙丘所吸引。这座沙丘曾被视为福佑部落的一座"金山"，如今则被看作危害草场的一个"沙山"。从"金山"到"沙山"，这也是当地牧民对若尔盖草原生态环境日益恶化的现实过程的客观感知。

作为若尔盖县最大的纯牧业乡之一，辖曼乡的面积为827平方公里，下辖塔哇、嘎穷等6个行政村，居民现有6203人。位于黄河边上的辖曼乡虽处于若尔盖湿地的核心区，但因地质构造原因其历史上就一直零星分布着一些沙地和沙丘。不过，在20世纪70年代之前，当地的这些沙丘因分布散、面积小，并没有给牧民们的生产生活造成多大的困扰。而且，在当地牧民看来，在湿地草原上自然生成的这些干燥的小块沙地和孤立沙丘，也是一种稀罕的"天赐之物"。特别是乡镇边上的这座大沙丘，被牧民们称作"金山"，而在藏传佛教里，围绕着世界中央须弥山的正是七重金山，是能庇佑苍生、造福部落的神圣之地。金山不仅具有特别的宗教象征意义，还带给人们不少欢乐。文戈村一位60多岁的牧民回忆，这座沙丘以前就像一个天然公园，20世纪60年代当地小学过"六一儿童节"时，还在沙丘上组织赛跑等文体活动。当地这种"金山圣迹"的集体记忆表明，沙地与沙丘最初在牧民们的生活感知中只是一种独特的地理景观，其在宗教象征和世俗娱乐方面还呈现出一些积极的价值。然而，进入20世纪90年代后，随着草原生态环境与游牧生活机制受到多重自然人文变迁因素的影响干扰，草原上出现了一系列的环境恶化问题和社会发展困境，这座沙丘在人们心目中开始从"金山"沦为"沙山"，其所征兆的也从福泽变为灾难。

关于当地沙化灾害的生成肇因，辖曼牧民也依照藏族民间信仰的逻辑对之进行了分析与阐释。在他们的分析中，20世纪70年代的"沼泽改造运动"常常被看作沙害的缘起诱因，而从生态学、地理学等角度来看，这场运动也实实在在地对当地造成了消极影响。一位老牧民回忆道：

> 从前牧场上到处都是水草坝子，牧民认为这里住有鲁神，不能轻易打扰。后来县上来的干部说这些水草坝子是影响牧业生产的烂泥洼洼，提出了"向沼泽要草地"的口号，并弄了好些东方红拖拉机来牧场上抽水挖沟，开渠排水，要把沼泽改造为草场。这样牧场的水就少了，草也撒（差），虫也多，牛羊常生病，沙山每年都在长大，天气也变差了，寺庙的活佛说这是挖沼泽排水的时候惊动了水里的鲁神，所以遭报应了。

尽管当地牧民对沙害肇因的解释依据的是民间信仰的逻辑，但对照国家相关数据的统计，也会发现这种解释，确有其科学依据。在若尔盖县大规模开展"开沟排水，疏干沼泽"工程期间，当地有120万亩的沼泽湿地被改造。据统计该县1977年时尚有11.8万公顷的沼泽地，到2005年时只剩下1.4万公顷，减幅达88.2%。[①] 而沼泽湿地本是维护草原生态多样性和环境系统平衡的重要屏障，但由于其在极短

---

① 若尔盖县畜牧局：《2005年草原监理站年度工作报告》，内部资料。

的时间内被抽干积水大量消失，这便引发了整个草原生态环境系统的急剧恶化。至20世纪90年代初，若尔盖县的沼泽改造工程最终停止。

如同"金山变沙山"一样，随着草原上的湿地被大量破坏，草原生态系统中一些基本构成要素也开始转变为加剧灾害的可直观感受到的诱因，如牛羊、地鼠、牧民甚至被认为是破坏草原的所谓"三大害"。一些学者指出，在气候波动异常的条件下，集体化畜牧业的解体所带来的严重牲畜超载问题加剧了草场退化趋势，成倍增长的牛羊成为一种巨大的生态压力；在草畜结构失衡的情况下，生物链断裂所导致的生态系统失衡问题更加快了草地沙化的进程，特别是失去天敌的高原鼢鼠和鼠兔密集地打洞造丘为冬春风季草原的沙化创造了条件；而在生态环境敏感脆弱的草原上，牧民的游牧活动不仅生产效率低，更激化了天然草场的土地退化。[1] 由此，畜业转型、毒饵灭鼠、牧民定居成为政府部门沙害防治的工作重点。然而，辖曼牧民在深度地参与到时代变迁之时，也对当地沙害的生成机理和灾变过程形成了其独到见解。今天，当地牧民用下面三句谣谚生动表明，在牛羊、地鼠、牧民成为激化当地沙害的直接诱因的背后，还有值得关注的更深层的缘起因由。[2]

谣谚一："养的牛羊像挡风雨的羊毛毡能捂活草场，卖的牛羊如浸了水的生皮绳捆死了草地"。

这句谣谚是要告诉世人，牲畜本是与草原相伴共生并支撑起游牧生活的灵性生命，其之所以"由宝变害"则是因为畜牧业的市场化进程改变了牲畜和草场的性质与关系，这是诱发草场沙化灾害的一个因素。在草原生态系统中，牲畜的啃食、践踏、排泄等活动原本是有利草场植被生长更新的，且牲畜的价值也不局限于肉质产品，其奶制品是当地食物的主要来源，皮毛则是制作帐篷和衣物的关键材料，其粪

---

[1] 李斌、董锁成等：《若尔盖湿地草原沙化驱动因素分析》，《水土保持研究》1998年第2期。

[2] 特此感谢索克藏寺华丹师傅对这三组藏语谣谚的精彩翻译与解释。

便也是不可或缺的燃料和肥料。因此，传统的"惜杀惜售"畜牧生产观念与实践将一定牲畜存栏量的保持视为维系生活世界可持续性的关键。

如今牲畜变成了"速生快销"的商品，对经济效益的追求使得成品出栏率成为当前组织畜牧生产的重要指标，这破坏了传统游牧生活所精心构筑维系的草畜结构平衡。实际上，随着当地畜牧业市场化进程加快，牲畜逐渐作为一种商品被规模化地生产，这让当地畜牧业飞速发展的同时却引发了难以逆转的草场退化问题。由于人、畜、草、地之间整体联动的系统关系被遮蔽，人们试图以单一的高产畜草品种来取代当地多元的植被草种，这衍生出的土壤肥力递减效应却加速了地表板结，而超载过牧的草原在牲畜的啃食践踏下，植被更替加速且日益退化，土壤肥力也随之递减并迅速板结，最终出现难以逆转的沙化灾害。因此，畜业转型不仅要控制牲畜存栏量，也应放缓成品出栏率，这样才有可能缓解草畜结构失衡的问题。

当市场化的畜牧业改变了牲畜和草场的性质之后，草原才会失去原有的生机。因此正如辖曼牧民所强调的："牛羊并不是草原的敌人！"在他们的灾害感知中，牲畜的商品化与畜牧业的市场化才是激化当地生态与社会脆弱性的一个重要因素，系诱发草原沙化灾害的一个主要肇因。

谣谚二："杀一生害三命，佛怨猎鼠打鸟，父母受过；掘一宝毁三地，神怒挖矿采金，子孙遭罪。"

这句谣谚表明，当地牧民生活中不少禁忌习俗虽充满宗教神秘色彩，但其独特的因果关联逻辑却能引导人们精心呵护和谨慎利用这片土地，小到采花打鸟的罪过报应，大到净水护土的善行福佑，其在将草原万物神圣化的同时也确立一种生存智慧和生活道德。

牧民们认为，若不是政府从 20 世纪 70 年代末开始用毒药灭鼠，地鼠不会像今天这样泛滥成灾、猖獗为害。当地牧民总在强调：

"地宫子（高原鼢鼠）啊这些个鼠类在草原上一直就有嘛，

> 它们吃的东西牲畜又不吃，所以和牲畜之间没有冲突矛盾，牧民不用管它们，自有狼、狐狸、鹰和水里的鸟来吃它。但是当时政府派人在草场上撒的灭鼠药不仅毒死了这些地鼠，还有狐狸、野狼，甚至羊羔，真是杀一生害三命呀。每次撒完药，草原上这些动物密密麻麻的死了一片，造孽哦！"

实际上，藏民不杀生且反感下毒灭鼠不仅有信仰原因，也有一定科学依据。处于食物链底端的地鼠是草原十余种动物的食物来源，并有松动板结土壤的功能。课题组成员在长时间观测鼠兔的活动时就发现，鼠兔与云雀、雪雀等鸟类关系密切，作为青藏高原的关键物种，鼢鼠和鼠兔对维系草原生态群落的结构具有无可替代的作用，在整个生态系统中，它们不仅是其他物种存在的基础，并决定着植物类型和数量。且国外最新的草原生态学研究通过对鼢鼠和鼠兔的胃容物解剖显示，地鼠主要以高寒草甸植物群落中的伴生杂草和有毒草为食，因此合理密度的鼢鼠和鼠兔能抑制有害有毒杂草的生长，促进优质牧草的再生。而且地鼠的活动能促进土壤营养物质的循环，减缓水土流失的程度。此外，地鼠几乎为草原上所有食肉动物和猛禽提供食物来源，鼠兔没有冬眠，是冬天大型食肉性动物的重要食物补充。同时，历史上由于高原鼠类一直保持在自然整体的生态平衡之中，且主要活动在非放牧的"荒野"空间里，因而牲畜与鼠类之间保持着共栖共生的友好关系。

随着草场退化，高原鼠类开始蔓延泛滥，其与草原上其他动物之间的协同进化关系被打破。特别当草原上有害有毒的草类不能满足其食物获取需求时，鼢鼠便会攫取牲畜食用的牧草根茎作为食品物补充，而被鼢鼠啃食根茎后的牧草迅速退化，并造成区域土壤沙质化、砾石含量增加、板结化严重等问题。这样一来，鼠类与草原的关系开始呈现为一组矛盾。但是以和牛羊争草为缘由来用毒饵灭杀地鼠，其实适得其反。因地鼠的抗药性和繁殖力比狐狸、野狼和鹰隼等动物强得多，这样真正被毒饵大量灭杀的其实是地鼠的自然天敌。而草原生物链一旦被鼠药破坏后，失去天敌的地鼠开始繁衍失控成为最终草原的一大害。所谓"投毒放箭命及无辜，佛怨神怒人自遭罪"，在当地牧民的环境感知中，草原整个生态系统的破坏才是灾难的根源，而高原鼠类其实是一个无辜的"替罪羊"，对其毒杀不仅犯了禁忌，也带来了现实的报应。

今天有不少牧民认为，草原生态环境的恶化是因为道德人心出问题了，沙害就是一种报应惩罚。实际上，生态环境敏感脆弱的若尔盖草原一直被当地藏民视为承载万物、养育苍生的母亲，牧民们也一直秉持敬爱草原苍生、少向自然索取的传统道德观念。我们发现，与草原大自然和谐相处的这种道德观念确实深入于牧民们日常生活的言行之中，特别在其口头传承中俯拾皆是这样的警句智言，如老人们常常教育小孩子："水是供给佛的，不要在水里撒尿，否则身上会痒""不要随便采花啊，采了花人长不高""小鸟也有妈妈，如果你要打小鸟的话，就想想你的妈妈"等。还有一次田野入户访谈调查中，有一位牧民老奶奶给我们倒奶茶，因为手脚不灵活，她将少量的奶茶洒到了地上，这时老奶奶十分愧疚地自责道："牛奶本来是给小牛吃的，我们为了活命吃了小牛的奶，应该格外珍惜才对。"

在日益浓厚的商品经济意识和越发强烈的致富渴望之驱使下，草原上蕴涵丰富的金属矿产与药用植物成了经济开发资源和财富索取对象。特别从20世纪90年代开始，在对若尔盖草原丰富的金属矿产进行开采挖掘的过程中，由于技术设备落后、管理极不规范，生产过程中随意丢弃矿渣，矿山采挖完后也没任何恢复措施，这种野蛮的开掘既造成了矿产资源的浪费，更带来严重的环境污染问题，从而加剧了湿地草原的沙害问题。阿西牧场的一位中年女牧民回忆道：

> 1993年，我们牧场上发现了金矿，施工队为了开矿就把我们的草山围起来，把草山挖得光秃秃的。金矿附近的草山慢慢地就越来越撇了，沙子也多，风大的时候沙子飞得到处都是，金矿旁

边的河水也是黄黄的，牛羊喝了就要病倒。活佛说那里的山被开膛破肚了，再不能放牛了，现在牧民也都已经不去那里放牛。

麦溪乡的牧民还谈到与麦溪乡一河之隔的甘肃玛曲县金矿当时为了采金放炮赶雨的"恶行"，他们谈道：

> 十几年前，甘肃那边开始挖矿，怕下雨引起塌方，便放炮把云打散，不让下雨。牧民不知道怎么回事，还请喇嘛来念经，都不管用。一直不下雨，没有水，牛羊就晚上自己舔自己，晚上有一点水分嘛，草也长不出来，草场的地都裂开了。

近年来，针对这种鲁莽粗暴的开发行为加剧当地环境恶化的问题，地方政府虽有大力整治，但未能终结草原上猖獗的私掘乱挖矿山现象。另外在经济利益的驱使诱惑下，当地也有不少人为挖采药材而滥挖草场植被，这也加快扩大了沙化进程和沙害范围。由此在当地，道德信仰的瓦解缺失、自然资源的粗暴开发、草原沙害的蔓延加剧被关联起来，成为生态与社会之脆弱性叠加的诱因，并被当地牧民所关注到。恰如当地游牧部落民所言："经济有了，生活能过好，人心不好了，草原就不能过，报应一来，沙就凶了。"牧民们对当前草原自然资源开发情况的感叹，清晰呈现了在当地的灾害感知中存在一种值得关注的经济资源开发与生态环境恶化的因果关联，并表露出强烈的道德价值判断和生活反思意识。

谣谚三："人随牛羊走，牛羊随草走，草随热风走，都不走沙走。"

这句谣谚总结了草原上游牧的合理性与定居的风险性。长期以来，游牧被视作"落后"的一种表现，由于缺乏对游牧生活机制合理性的认识，对其进行的社会改造反而诱发了草原的环境脆弱性。从前若尔盖草原上每个部落都有自己的疆域领地，草场作为部落共同的财产被分为面积较大的夏牧场和环境较好的冬牧场，人们以部落为单位开展集体的游牧活动。① 如辖曼部落在夏季于黄河边上搭着帐篷随牛羊迁徙，逐水草而居，冬季则回到哲蚌寺附近的冬房，在较为固定的冬牧场上短暂居住。这种"夏游冬驻"的时空交错节奏与草地生态恢复和牲畜生长繁育的自然循环周期保持着和谐同步，是维系草原游牧生活可持续的关键。世纪之交，当地先后实施的草场承包到户制度与牧民定居工程虽意图去改善牧民的生产生活状况，却最终破坏了游牧生活的时空组织机制。草场承包到户制度在将草场产权责任清晰化之同时，也从生态、生产、生活等方面将整体性的草原牧场和集体性的部落组织切割为碎片。草场按牧草质量被划分为四级，以一定的搭配比例结合家庭的人口数量分包到户，使得各家户分到的草场不能连片，用铁丝网围栏起来的草场极为零碎，有的仅 50 米宽 3000 米长。草场破碎化的承包分产与围栏分隔将原本属于整个部落的草场分割为家户的草场，集体游牧则被家户栏养所取代，这不仅阻断瓦解了传统的游牧转移通道和社会关系基础，更使得畜牧生产的时空组织机制难与自然生态周期相契合，从而诱发加剧草地沙化的灾害风险。

针对所谓"草原三害"，若尔盖牧民的这三句谣谚在阐释沙害复杂的自然人文肇因之时，也深刻还原了当地沙化的灾变过程，并展现了一套沙害防控的地方习俗之文化逻辑。由此可知，若尔盖草原的生态环境极其敏感脆弱，其土地沙化的灾变诱因和发展过程也极其复杂，如不尊重当地特殊的文化生态，那么相关的防灾扶贫工作将极易引发严重的二次灾难，而有效的防灾行动则往往是内嵌于当地社会的生活习俗和文化观念中的。所以在对灾害的辨析防控过程中，应通过在地化策略引入地方传统的环境经验和生态智慧对现代科学知识加以修正补充，并使相关工作的实践和理念能嵌合于当地居民的生活领域之中。如此才能依据不同地区的特殊生态环境、文化观念、社会结构、历史过程来全面具体地把握灾难的自然人文

---

① 四川省编辑组：《四川省阿坝州藏族社会历史调查》，民族出版社 2009 年版，第 71—73 页。

肇因、演变生成机理、社会影响后果，及其防治逆转的生态基础与社会条件，从而使得相关的防灾扶贫工作实践更有针对性和实效性。

三 "治沙变化沙"的启示：治沙实践的地方历程与机制创新

今天，治沙工作已嵌合进辖曼与麦溪牧民的生活世界中，深刻影响着人们生活方式的形塑。从单纯靠政府开展的工程项目治理沙害，延展到在牧民日常的生活实践中化解沙害，这些治沙实践在取得一定成绩的同时，也在实践机制创新方面形成了一些具有示范性意义的工作经验。在辖曼乡，1974年，当地政府动员群众从黄河边移栽柳树来治理乡镇边上的沙山，此时辖曼的牧民才第一次接触到治沙工作。1994年，"国家沙地治理试验示范基地"在辖曼乡与麦溪两乡建成，若尔盖县的沙化治理工作大规模展开，进入了项目工程化治理的阶段。今天，治沙工作已嵌合进若尔盖牧民的生活世界中，深刻影响着人们生活方式的形塑。辖曼乡与麦溪乡这40余年的治沙实践变化可总结为，从以前的单纯靠政府开展的工程项目治理沙害，延展到今日的于牧民日常的生活实践中化解沙害。而随着沙害防控治理的专项工作逐渐转变为一种沙化干预逆转的生活行动，当地的治沙实践在取得一定成绩的同时，也形成了一些值得总结的示范性经验。

（一）"项目管理"与"工程运作"的治理

随着20世纪90年代中国政府对土地荒漠化问题和湿地生态功能的重视，若尔盖县的治沙工作进入到一个大投入、项目化的阶段。自1994年"国家治沙工程辖曼乡沙地综合治理试验示范基地"建立后，各级政府部门多方筹集资金在当地开展了沙障营建、飞播种草、灭鼠治虫等一系列沙害防控工程项目，并借助国家"天保工程"建设和"退牧还草"政策，以及湿地保护区的生态修复等项目来推进工作。

1995年辖曼乡完成沙地综合治理试验示范基地作业设计后，接着就启动了辖曼乡沙地综合治理试验示范基地建设工作，开始对2333.3公顷的沙地进行治理。而从1995年开始，对若尔盖县的沙化监测工作也开始启动，1995年、1999年、2004年、2009年分别进行了沙化监测、数据统计，每五年进行一次，2014年8月，若尔盖林业局启动第五次沙化监测，至截稿相关数据仍在审核而未公开发布。1999至2005年，若尔盖的林业、农牧等部门先后筹措资金41万元，治理了100余公顷各类沙化地，并通过安装鹰架、招鹰灭鼠等措施防治土地沙化，同时若尔盖湿地保护区还投资456.7万元治理沙漠化土地2400公顷。特别是2007年辖曼乡及相邻的麦溪乡被定为"省级防沙治沙工程示范点"以来，省上每年固定投入500万元在当地探索沙化治理的示范样板与相应标准。2013年又启动"若尔盖县省级防沙治沙试点示范成果巩固工程"投入900万元对辖曼乡1068.3公顷沙地治理成果进行成效巩固。与此同时，国家启动的"川西藏区生态保护与建设工程（2013—2020年）"中审批通过用于辖曼、麦溪两乡2760公顷沙地治理资金也达2000万元。据不完全统计，至2014年各级政府部门累计投入若尔盖县的治沙资金约1.3亿元，其中近半投在辖曼、麦溪两乡。

这些治沙项目的工作主要为：（1）沙化土地的治理防控：通过种草植树、引水施肥等手段来恢复沙地植被和固定流动沙丘；（2）退化草场的干预逆转：通过补草添肥、封育限牧等措施来管护林草生长并防止草场退化；（3）湿地环境的生态维护：通过填沟堵渠、招鹰灭鼠等方法来修复湿地环境和恢复生态系统；（4）生产生活的适应改造：基于牧草基地和越冬暖棚的建设来引导畜牧生产转型，从而缓解人类活动对草场生态的破坏。在上述工作支撑下，辖曼、麦溪两乡的治沙实践逐渐打开局面，经验从空白缺乏到大量积累、资金从断续不足到固定充足、策略从消极防控到积极逆转、手段从单一的地表植被修复到系统的生态环境恢复、对象从自然生态环境到社会生活领域。

虽获得巨大的投入与支持，也取得一定的成绩，但这些治沙工作却未能逆转若尔盖草场日益严峻的沙化态势。据2014年仍在进行的若尔盖县第五次沙化监测的未完成统计，该县近五年来预估新增的各类沙化土地已超600公顷，可见当地的治沙工作陷入了"大投入、弱成效、高反复、低逆转"的困境中。总体而言，政府主导的治沙工作所陷入的这一困境多是从工作实践的"项目工程化"而衍生出来的问题，并集中体现于实践主体和实践机制两个层次上。

首先在实践主体方面，项目工程化的治沙工作使得政府部门和公司企业成了行动主体，治沙实践也就异化为一种行政化的项目管理和市场化的工程运作。如此一来，实践的目的动机与行动的成效结果出现了偏离，并造成地方民众实践主体性的悬置，从而导致更广泛的社会力量难以被动员整合到治沙实践之中。2013年之前，当地的治沙工作主要是作为地方林业部门承接主管的行政任务来开展的项目，林业局的干部职工由此成为治沙主力，地方群众则很少参与进来。当地牧民在很长一段时间内视治沙为政府部门的事，认为相关工作的开展只是为了交差而已，也因为对项目不了解，怀疑项目资金被某些官员侵吞，并滋生出冷漠观望的态度和反感抵触的情绪。特别在封育草场、围栏限牧方面，牧民们不仅不积极配合，甚至还出现了盗毁围栏放任牲畜进入封育试验地的现象。自2013年起，当地的治沙工作则主要为市场上有施工资质的公司按照招投标流程来承接的工程，来自成都、西安的一些具备独立企业法人资格并获得城市园林绿化一级资质的公司由此成为当地治沙工作的主角，而在当地积累了一定治沙工作经验的林业局等部门及当地牧民则往往因没有所谓的法人资格和施工资质，被市场化的招投标规则排除在外，难以成为治沙实践的担当主体。然而那些有资格和资质参与投标承接工程的公司不仅对高寒湿地草原的生态环境和施工条件不熟悉，也缺乏治沙的责任义务感，其大多只是单纯考量政府部门的招标要求和实施工程的投入成本来盘算可预期获得的利润以决定是否投标。很多公司中标后的第一件事就是卖标，工程的层层转包使得实际到位的项目资金大打折扣，工程实际单位造价的减少不仅影响到工程质量和治沙成效，还产生了一些烂尾工程。治沙工作的工程化导致了治沙过程的外包化，在当地不少牧民看来，治沙已成为外地公司的一笔生意，相关工作的实施只是为了挣钱而已，对此非常愤慨。特别是由于承接工程的公司为控制成本多建有自己的草种采购渠道，基本不在当地采购育苗，且为方便管理也多从外地农区招募工人，较少聘请当地的牧民种草植树，这就更激起了当地居民对治沙工程的不满情绪，当项目涉及需要征用某些牧民的草场时，多有矛盾发生，而使项目进展拖延。

目前来看，由政府部门主管执行的治沙项目常被当作一种行政命令和政治任务来执行，这使得不少工作是围绕着应付上级检查和实现任务指标来推进的，由公司企业投标承接的治沙工程则容易沦为了一种市场牟利工具。而地方民众的能动主体性之所以在此被悬置遮蔽，问题在于一种制度性的门槛设置导致了一堵难以突破的壁垒横亘在地方民众与治沙工作之间。这一问题集中体现在政府主导的沙化治理项目的招标过程中。按照国家工程管理的相关规定，沙化治理项目必须经过严格的招投标流程，并要求具有投标资格的投标人必须具备独立企业法人资格和城市园林绿化一级资质。如在2013年启动的"川西藏区生态保护与建设工程"的施工、监理招标公告中，对投标人资格有如下明确规定：

投标人资格要求：
（1）本次施工招标要求投标人须具备独立企业法人资格，具备城市园林绿化一级资质，近三年完成两个施工的类似项目业绩，并在人员、设备、资金等方面具有相应的施工能力。（2）本次监理招标要求投标人须具备独立企业法人资格，建设行政主管部门颁发的农林工程监理甲级及以上资质，近三年完成两个监理的类似项目业绩，并在人员、设备、资金等方面具有相应的监理能力。

在我们的调查中发现，不少中标的公司作为当地治沙项目工程的

本土知识促进减贫发展

承接单位虽具备独立企业法人资格并获得城市园林绿化一级资质，但并不熟悉高寒湿地草原的生态环境特征和施工条件经验，却为控制成本、方便管理基本不在当地购种育苗和招募工人，这严重侵害剥夺了地方社会参与治沙的机会渠道。若尔盖林业局的一位干部向我们反映道：

> 2013年的招标4月初招标结束，4月底中标公司才来（施工），又熬半个月过去，他们只在内地做过，不知道高原的气候，在高原施工期很短，他们5月20号左右才建起项目部，一沟通才知道，苗子还没准备，一直拖到6月初，苗子才买齐，但买来的苗子已经发出去很长了，肯定不行，他们不相信。针叶树种和阔叶树种不一样，针叶是先红后黄再掉（叶），最快半个月或者2个月才反映出来，苗子栽下去20多天，枯黄一片，栽下的苗子都死了。

可见，治沙工作的行政项目化和市场工程化导致的是形式化的行动成效与工具化的利益盘算。因此当地有不少牧民认为，治沙只是政府部门的事，开展项目不过为了交差而已，公司来承接后就成了一种生意，对此极为反感抵触。

其次在实践机制方面，项目工程化的治沙工作是以行政管理和市场运作的方式来开展工作、调配资源，这使得行政绩效和经济盈利成了行动目标。由此治沙实践也就异化为一种监理脱节的项目和利益套现的工程，并且由于缺乏一个嵌入地方且长期有效的社会机制作支撑，其工作成效也是难以巩固延续的。当前大多数治沙项目工程主要靠种草植树来实现，在没有绝对无霜期的若尔盖草原，理想状态下新种植的草树至少要通过5年以上时间的精心管护才可能显现其治沙效果。而由政府部门主管的治沙项目常被当作一种行政命令和政治任务来执行，这使得不少工作是围绕着应付上级检查和实现任务指标来推进的，往往是前期建设一旦验收合格，治沙工作就算完成。并且项目的外包，剥夺了当地牧民参与治沙工作的主体性，虽然治理的是自己牧场上的沙地，但他们无法参与决定治理哪一块沙地、如何治理、如何管护，也根本不知道治沙的投入、规划和进度，从而当地牧民认为这些项目是国家的项目，与自己并无多大关系，对于治沙的效果如何、后期如何管护缺乏了解也没有热情。因此，项目工程化的治沙工作看似规范，其实在工作的嵌合机制与协力机制方面问题颇多。

从机制上来看，导致当前治沙工程项目的执行与"三分治与种、七分管与养"的治沙道理相悖，从而使得治沙工作效果不佳的原因主要有三点：一是现有的行政绩效评估机制难以对周期长、投入大的沙地恢复过程进行全面的检验评估，当工作考评周期取代了生态恢复周期，政府部门开展的治沙项目就会出现监理脱节的问题，并最终呈现出短期速成化的趋势；二是惯行的资金执行结算方式无法有效地支撑建立起后续长期的管护机制，由于资金预算中的80%在工程建设完成后就被支付，这种资金支付的分配比率影响了工作投入的分摊权重，从而使得公司企业承接的治沙工程呈现出"重建设、轻养护"的问题；三是未能在地方上建立起一个长期有效的管护机制，一旦短短3年的验收期一过，随着挣了绩的政府部门和赚了钱的公司企业结束工作离开当地，那些刚被治理仍十分脆弱的沙化草地就失去了有效的后续管护，沙化问题马上反复，然后新的一轮项目工程又重新上马。所以项目工程化的治沙工作所获得的行政绩效和经济盈利是形式化的，常与实际的治沙效果相脱节，这最终导致沙害治理实践陷入一种低效反复的恶性循环之中。

在环境条件恶劣、生态敏感脆弱的若尔盖高寒湿地草原开展治沙工作，不仅需要基于当地自然生态环境的缓慢恢复过程来展开前期建设，也需要一个嵌入地方的社会协力机制实现后续管护。然而由国家主导的治沙工作，作为一种"工程项目化"治沙实践其在地方社会的嵌合与实践主体的协力方面有着天然的机制缺陷，因而需要从其他方面对此加以补充，才可能取得真正的治沙实际效果。

(二)"嵌合机制"的理念创新与沙害防控

实践行动的脱域（Disembeding）是现代性的一个后果。若尔盖县治沙实践的项目工程化作为脱域机制的一种具体表现，其优势在于拓展了防治沙害的社会时空关系，能将更多的行政力量与市场资源引入到地方实践中，其弊端则是遮蔽了应对沙害的地方具体情景，导致重要的当地力量与本土经验被抽离于工作实践中。因此如何使治沙实践在地化，让脱离于地方生活的项目工程嵌合进当地的生活世界中，是一个需迫切解决的问题。社会公益组织"绿色骆驼"在这方面的实践探索值得关注，这个被当地人亲切称为"骆驼队"的志愿者团体从2002年起在辖曼乡文戈村开展的一系列工作，让当地民众对治沙实践有了全新的认识体会。

2002年3月受到媒体关于若尔盖沙化灾害报道以及内蒙古的治沙实践的感召，"绿色骆驼"的志愿者来到了辖曼乡。第一次来到这个藏族纯牧业乡开展治沙实践时，这群外来的志愿者们虽然带着一腔环境保护的热情和环保团体的环境保护知识，却时常觉得无用武之地。不会藏语，与当地人的日常沟通都有困难。此外当地的生活条件也让他们感到不时的不适，没有电、没有自来水、没有厕所，饮食则以糌粑、牛肉为主，几乎没有蔬菜，乡上连个饭店都没有。而当地藏族牧民也搞不清楚这些外面来的人到这里要干什么，就像一位志愿者所言："刚来的时候，当地人看我们就像在看动物。"尽管如此，"绿色骆驼"的志愿者们还是坚持下来，针对环境恶化的问题在当地开启了一系列环境保护教育的工作。2003年，"绿色骆驼"发动成都一些高校的大学生一起来到辖曼乡，参与环境保护行动，进行环境保护的知识宣传，并启动了垃圾分类清理和填埋、回收废旧电池、建公共厕所等项目，建成辖曼乡第一个公共厕所。2004年，"绿色骆驼"从社会上募集到10万元的项目资金，投入当地环境保护的工作之中。

在启动治沙工作时，"绿色骆驼"的工作进展并不顺利，当地牧民对"绿色骆驼"的行动充满疑惑。一位志愿者回忆道，有一次发动辖曼当地牧民和志愿者们一起治沙时，当地的牧民、老人、小孩、喇嘛等200多人参与了植树治沙活动。活动结束后，绿色骆驼给每个参与的人发了印有"保护家园、爱护环境"的毛巾作宣传纪念，然而后来他们却惊讶的认识到，当地不足30%的入学率使得大多数得到毛巾的人根本不懂得毛巾上印的"保护家园、爱护环境"是什么意思。这里可以看到，最初绿色骆驼的治沙工作并没有基于当地特殊的社会实践条件和文化观念逻辑而展开，所以无论是在理念上还是行动方面也都无法很好地嵌合进当地牧民的生活世界之中，因此工作的开展可谓是困难重重。实际上，当时在当地大多数的牧民看来，沙地的存在并不是一个特别严重的灾害，甚至不是一件特别值得关注的事情。有牧民这样说："牲畜要在沙地里挠痒痒，今天这么大，明天那么大，也是很正常呀。"并且当地的牧民也没有所谓"垃圾"的概念，此外在外来人觉得是生活必需的厕所，在当地牧民看来也都是不需要的。在这样的知识体系和文化观念之巨大差异中，绿色骆驼在当地所推行的垃圾分类、修建厕所、治理沙地等环保行动成了这些外来志愿者的一厢情愿。所以"绿色骆驼"刚到辖曼乡开展治沙时，不少牧民对他们的到来和行动持一种观望态度，甚至有不少牧民怀疑这些外来者来到当地的动机。但随着接触的增多，牧民开始慢慢接纳了"绿色骆驼"。一位牧民回忆道：

> 骆驼队刚来时，我们肯定是怀疑他们的。你看嘛，他们的人太少了，就那么几个小伙子。你看一下那些县上来（治沙）的，那个人是多得多哦。但那么多的人都没有把这个（沙化治理）搞巴适，你说咋个相信他们几爷子就可以把这个沙子治到？你再看那些搞项目、搞工程的都有钱，我们也就理所应当的认为骆驼队的人肯定也是有钱的。起初认为他们到我们这里来，要么是来赚钱的，要么就是想争表现，再或者就是想打我们草场的主意，当然也有可能是为了一些其他我们不知道的目的，不过总的来说，肯定不是他们说的保护环境那么简单。而且过了一段时间下来

后,也没有发现他们在治沙方面做了多少事,就是宣传一下,修个厕所、捡捡垃圾这些。不过后来听说他们因为没有饭吃还吃了死狗肉,就觉得他们实在是太可怜了,我们村上有的老百姓还给了他们一些食物。后来,我们也慢慢地愿意跟他们沟通,他们也有教我们一些跟这个沙化有关的东西(知识),以及一些和生活有关的东西。随着大家的相处,我们对他们有了新的认识,开始接纳他们。现在想想,虽然他们治沙的确是没有什么实际成绩的,但是人还是好人,而且让我们有了(环保)意识。

经过长期的沟通相处,"绿色骆驼"的志愿者与当地牧民开始相互理解,当地这一项由社会公益组织来发起的治沙实践开始有了起色。在"绿色骆驼"的组织安排下,随着外地的大学生志愿者以及媒体热心人士一拨拨地进入辖曼进行环保的宣传和行动实践,当地牧民培育出了一定的环境意识也开始关注沙害问题。而辖曼乡政府、文戈村委会以及当地的学校也给了"绿色骆驼"很大的支持,并一起在学校开展了一系列针对学生的环境教育活动、还建立了苗圃。渐渐地开始有当地牧民主动找到"绿色骆驼"的志愿者来寻求帮助去治理他们自家草场上的沙化地。

在探寻治沙防控实践的嵌合机制与协力机制方面,社会公益组织"绿色骆驼"的治沙工作取得的成绩可以归纳如下:首先在态度上确立了治沙工作是全社会都有责任义务参与的行动,并非政府的一项任务。"绿色骆驼"主要通过网络媒体宣传等方式来募集资金和招募志愿者,随着一批来自北京、上海、成都等地的社会公益捐款和大学生志愿者的加入,牧民们意识到他们作为这片土地上的主人更应积极参与到沙害治理的工作中,并发挥更大的作用。其次在行动方式上示范了治沙工作应内化为一种地方日常的生产生活实践,而非仅为一种专业规程化的项目工程。"绿色骆驼"通过建生态厕所、焚烧清理垃圾、回收废旧电池等基于生活行为方式的引导行动,向当地牧民宣传演示了生态环境的保护恢复其实是在日常生活中实现的。

实际上作为一个社会公益的民间环保组织，"绿色骆驼"受制于经费短缺与身份限制等因素是无法成为治沙工作的行动主体的，他们所能承担和开展的只是一种关于沙害防控的理念创新工作。在实际的治沙方面，"绿色骆驼"在 2002 年共治理沙化土地约 400 亩；2003 年初步建设了一个小型苗圃，发起植树 20000 余株，种草 40 余亩，就没有太大的治沙动作，而把精力放在了理念宣传方面。也由于没有足够的资金来购买治沙所需的草籽，他们只好多次从黄河边采集柳树苗，在沙地种植和扦插，而这并不能真正解决问题。一位志愿者回忆道，当时有牧民来找我们志愿者说，"我家草场有沙子了，草不够，有人帮我一把就好了"。可我们没钱买草籽，具体也做不了什么，只是宣传一些理念，帮助提供一些建议而已。就像曾参与过"绿色骆驼"治沙行动的一位辖曼牧民所评论的：

> 除了种了一些树，他们（绿色骆驼）治沙不得行，但是他们宣传很好，使村民（环境保护）意识提升了。我们现在仍记得当时他们的宣传内容说：我们草原如果不治沙，再过二十年，就会把成都淹没了！

受困于资金不足等诸多限制，"绿色骆驼"在 2006 年停止了在辖曼乡的工作，但他们的行动探索犹如一颗种子，嵌入在草原上不断生根发芽，深刻影响了牧民应对沙害的态度、方式和理念，也开启了当地治沙实践在地化的进程。

（三）"协力机制"的能动主体与沙害化解

面对若尔盖高寒湿地越发严峻的草场退化与土地沙化之灾害问题，今天若尔盖县的藏族牧民开始越发积极地寻找各种渠道来更深入地参与当地的治沙工作，而政府开展的一些治沙项目工程在设计之初和执行之时也开始更加重视有效地吸纳地方民众的参与。如 2007 年在辖曼乡所启动的"省级防沙治沙试点示范工程"中，相关部门就专门设计了聘请当地牧民专人管护治沙地的项目环节，划拨了专项的看管费聘请当地牧民来看护管理新治理的草场沙地，还专门配备了看护草场牧民所需的帐篷，并在每年10月份由县林业局对看护工作进行验收。而当地村民则将这份本由专人承担的工作当成全村积极参与的事业，在项目结束后，文戈村甚至还自己出资购买了2顶帐篷，以使新治理的草场能得到持续的看护。

如今，地方治沙工作离不开政府开展的项目工程，特别在资金投入和技术引进方面政府部门为治沙工作提供的资源平台是当地藏族牧民和社会公益组织无法企及的，但是大投入的治沙项目工程要真正取得成效也依靠于地方社会的积极参与。牧民的优势是有丰富的地方生态知识和作业经验，以及灵活实际的工作方式与长期持续的作业条件，所以一旦机制允许条件成熟，他们完全可以将治沙项目工程"化整为零"，使其嵌入在地方生活的日常实践之中更为有效持续地防治逆转沙害。随着相关实践的展开，我们看到在若尔盖县的防灾扶贫工作中，一种内嵌性的协力机制开始形成，从而有效地调动了沙害防治参与主体的能动性，并取得了较有成效的化解沙害的实践经验。在若尔盖县麦溪乡的沙害治理实践中，这种内嵌性的协力机制之形成主要体现在合作组织的建设和知识理念的互惠两方面。

2010年，一个由四川省草科院、若尔盖县林业局、温洛克国际农业发展中心共同合作的沙化治理项目在麦溪乡开展起来。组成这个项目的单位机构和参与主体的分别是专业研究机构、政府职能部门、社会公益组织，以及地方藏族居民。在这样一个由多重实践主体所参与的治沙项目中，协力机制的形成和地方社会主体能动性的激发也是工作探索的一个主要部分。项目由温洛克国际农业发展中心的工作人员扎琼巴让作为地方负责人和组织者，而扎琼巴让本身就是在麦溪乡出生成长的一位藏族青年，他受过现代教育，并在成都等地的大城市工作过，出于对家乡的热爱，他回到麦溪乡来负责组织执行这个治沙项目，可以说在扎琼巴让多重的身份和丰富的经历上，就可以看到所谓内嵌性协力机制的一种可能。回到家乡的扎琼巴让选择在麦溪乡的查科村、泽修村和嘎沙村三个村开展沙化治理工作。为了发动麦溪牧民参与到治沙工作中来，从项目前期的选择治理沙地的决策规划到后期的沙地恢复管理的管护工作的整个治沙的过程中，都设计了专门的环节让牧民有条件自己选择决策和自己行动担当。有了一定的决策选择权，以及对参与工作的各项保障之后，牧民们对于这个项目有了极大的拥有感和认同感，很多牧民都谈道："这是我们自己的项目，我很愿意做些事情，多想办法解决问题。"而牧民参与的热情也让参与项目的工作人员都倍受鼓舞，一位项目工作人员回忆道：

> 我们的项目只是提供了围栏和草种，其他全是他们（当地牧民）自己投工投劳。开始说每家来一个人，但让我们很感动的是，村里很多牧民都来参与，老太婆小朋友也都来了。小孩负责拖苗子，老人栽树，平时治沙（请工人）都是一天给一两百的工资，而我们只是中午给（参与者）提供了一顿方便面。

麦溪乡的治沙实践几乎可以说是全民动员，甚至连寺院的僧人也参与其中。查科村、泽修村和嘎沙村原本都属于格尔登部落，每年部落的牧民都会请格尔底寺的僧人来念经说法，而格尔底寺的僧人有感于牧民对自己家园的保护也参与到治沙工作之中，很多僧人们到村子中做法会时，也常常会从佛法的角度来谈治理沙害与保护环境的重要性。项目开启后，麦溪乡已有500多居民群众自发参与到了治沙实践之中。在这样广泛的参与中，我们能看到一旦地方社会的主体能动性被激发，就能显现出巨大的能量。而当地这种无论僧人俗众、男女老少、大人小孩均共同参与的地方嵌入性协力工作模式，也使得"治理沙害、保护草原"的理念和行动在牧民中间广泛传播开来，并开始扎根于青少年一代的心中。扎琼巴让曾为我们讲了这样一个故事：

> 有一个70岁的老阿妈来参加治沙种树，她到处在找树苗，想找一个比较好的柳树。我一开始以为她想偷偷把好的树苗带回

家，就一直观察她。没想到，她找到一个根非常好的树苗，然后喊了一个小孩过来，说我们是牧民，我们为了生存杀了很多很多牛羊，你要代替它们种下这棵树。

由此可见，当地牧民在自主积极地参与治沙项目时，已经将治沙实践嵌入其道德宗教的文化价值体系中，成了一件为了草原苍生和牧民自己积累功德的充满价值的事情。而一旦治沙实践渗透嵌合在当地牧民的生活世界中，这一工作就能调动整合当地社会各种各样的社会关系。如查科村、泽修村和嘎沙村这3个行政村每村都有自己的3个长老，他们在当地有极高的威望，备受牧民的推崇，牧民间如发生了草场冲突或家庭纠纷，常常会找这些长老来调解矛盾、解决问题。而在这个治沙项目开始之时，这些长老们就参与到动员牧民治沙的工作中。为了贯彻沙化治理"三分治与种、七分管与养"的工作原则，项目方与各村长老合作共同组织牧民成立了"管理小组"，一起商量制定管理办法和落实措施。而项目结束后，当地牧民并没有停止治沙实践，最初参与治沙管理的一些长老，以及在治沙过程中发挥重要作用的几个牧民，共8个人，每人捐款1万元，在2012年成立了"草原生态种植农民专业合作社"。2013年，在四川省草科院、若尔盖县林业局、温洛克国际农业发展中心等机构的支持下，麦溪乡的"草原生态种植农民专业合作社"注册成功，由此，当地的治沙扶贫事业有了一个地方自我生发的组织，从而让地方民众的治沙实践获得更好的工作组织平台和坚实的社会机制保障。

随着当地群众参与治沙实践的主体能动性得到了激发，本土知识经验也有了进一步发挥作用的空间平台和社会条件，而这对于地方沙害的治理极为关键。据四川省草科院的一位专家回忆，在合作治沙项目开启之初，工作人员就与当地牧民共同画出了麦溪乡的沙地分布图。当时麦溪乡有36万亩草场，其中10万亩受到沙化灾害的侵袭，有些分布在远牧点的大块沙丘寸草不生，而有些沙丘并没有连片属于正在退化的沙地主要分布在村子四周，这位专家谈道：

当时（项目承诺）治1000亩地，让牧民自己选要治理哪块沙地。如果是政府治，肯定治最严重的，但牧民们选择治村子里面的，虽然那块他们选择要治理的草地沙化灾害不是很严重，但是牧民们觉得那块沙地对他们生产生活的影响是最严重的，而那些我们认为严重的沙地因为在山上嘛，对当地牧民的生产生活的影响其实不严重。这就是地方的一种智慧啊，让我们这些专家很感慨。

值得注意的是，在协力机制中，地方本土的智慧经验和现代科学的知识技术构成的也是一种互惠关系，两者在相互学习借鉴中，形成了一套更为完备有效的地方实践经验，这为有效地治理沙害提供了关键的智识保障。我们在调查发现中，当地牧民对于当地气候条件与动植物知识的熟稔确实是外来专家系统无法比及的。草原上一些有经验的牧民往往是看一看天上的云彩，就知道要刮多大的风，下多大的雨，未来几天的气候如何。当地的牧民常常会嘲笑外面来的施工单位常在不合适的时间施工，往往是才开工，就下起瓢泼大雨，一天的工便也只好作罢。实际上，在治沙的过程中，该用什么样的草种、什么样的树苗，牧民的知识经验远比外来的工作人员更可靠。从人类学的角度来看，对于具体的地方而言，知识图景之生成依托于特定的社会文化情景，因而知识是具体性和地方性的。这里所谓知识的具体性突显了知识的运用具有情境性的依托，从而能够与生活相互混融。牧民的知识并不来自于试验室中的专门研究和科学理论的抽象总结，而是来自于日积月累的生活观察和生产实践，是一种产生于游牧生活中，被牧民们代代相传的具体经验。虽然沙害治理对于当地牧民来说也是一个新的问题，但牧民们对草原自然生态环境的熟知，以及不断探索积累的经验，使得他们的知识经验对于沙地治理问题也表现出动态的创新性。而草原不是一成不变的，每一天都在发生微妙的变化，地方实践知识的力量正来自于对环境非常细致和敏锐的观察之中，而外来的科学技术往往是宽泛的、固定化的。因此，两者的结合将是沙化治理事半功倍的关键所在。

在麦溪村的治沙实践中，我们可以看到牧民们如何在借鉴学习了现代科学的治沙技术之后，通过利用自身积累的草原知识，以极小的投入，取得治沙极大的成果。2010年合作项目启动时，项目组在提供了围网和草种后，就请省草科院和县林业局的治沙专家对牧民进行了治沙种草知识技术的相关培训，并在现场进行了操作指导，将科学的治沙技术原理教给了牧民。而当地牧民则投工投劳开展治沙工作，但在具体实践中牧民则依据自己地方传统的知识经验对专家教授的技术活学活用，甚而是补充修正。如专家所教授的种草技术有两种：一个是洒播、一个是条播。洒播相对比较省力，但是种草的三四月份，草原上风很大，风一吹，洒到土地上的种子全部堆在一块，高原的阳光炽烈，太阳一晒，沙地温度提高，草种几乎全部死掉，仅有10%左右的成活率。条播需要挖沟掩埋，所需的劳动力极大。后来牧民自己总结经验，想出了自己的办法，创造性地发明了一种新的种植技术。不同于北方的沙地，由于若尔盖湿地草原的年降水量较大，且土壤含水量高，因此只要往沙化地表下挖30厘米左右，便能露出含水层，所以牧民们根据这一地质条件创新性地发明了新洒播技术。牧民们通过观察天边的云彩，判断当晚或者第二天将有降雨后，便男女老少全部出动洒播草种，并将牛羊赶进洒过草种的沙地中过夜。牛羊的踩踏和排泄使得草种埋入沙中并获得了充足肥料。晚上或者第二天只要雨水一浇，草种便获得了良好的生长条件，成活率大大提高。在田野访问中，牧民们谈起这个他们自己总结摸索的地方知识诀窍时，骄傲之情溢于言表。他们强调："这个诀窍连专家们也不知道，但是我们知道，现在是专家们反过来学我们的经验。"

实际上，在治理沙害方面草原上的牧民有自己的理论原则。不同于现代专家知识系统中强调"隔绝式治理"和"专项性工作"的原则，牧民们更倾向基于游牧生活机制中的草、畜、人、地互生关系，来形成一种化解沙害的生产生活方式。由此被治理的沙地不再是一片

西部地区防灾扶贫能力提升与生态文明建设的在地化策略

被隔绝于生活之外的"飞地",而是嵌入在生活中的土地。这一地方治沙实践的知识理论在获得地方社会组织机制的保障后,特别是当地牧民有了一种参与工作的能动主体性后,便得到了非常好的发挥。如在麦溪村的"草原生态种植农民专业合作社"所治理的沙地中,因为管理养护到位,一般经过两年的涵养,牧草就逐渐长高繁盛起来。不同于专家所要求的"治沙禁牧"原则,合作社会在此时开始有计划地采割这片草场的牧草来补充牛饲。因为在牧民们的知识经验中认为:牧草在刚长出时,吸收阳光的能力很强,但逐渐长高后吸收阳光的能力则会逐渐变弱,而长高的牧草还会遮挡阳光,草根则会退化,适当的采割不但不会使草地退化,反而能促进牧草的生长。因此数年的禁牧,其实对于沙化草地的恢复并不有利。合作社遵循这样的地方知识经验和草、畜、人、地互生关系的道理,在早期治理的沙地逐渐恢复起来后,便于夏季将其承包给牧民放牧,但要求只放牛不放羊,且放进来的牛应该是老牛。因为他们经验是,羊的牙齿很厉害,连草根都要吃掉,而牛的嘴巴上面没牙齿,只有下面的牙齿,不会将草吃得很干净,尤其是那些老一点的牛,它们的啃噬不但不会破坏草地,反而会提供促进草地恢复的牛粪肥料。于是这些恢复后的草场被当地牧民戏称其是"牛的养老院",合作社在夏季将其承包出去作为草场,所得的经费则用来购买种子和网围栏,然后再投入新的沙地的治理中。由此,当地治沙扶贫工作进入了一种良性循环,具有了可持续性。

由此可见,地方本土知识体系在面对外来知识体系冲击时,其自身所固有的知识经验和理论逻辑仍然会发生作用,且本土知识还会在吸纳外来知识的过程中完成自我更新和再生产。而一旦现代科学的知识技术能和地方传统的经验智慧相互补充协作,许多灾害就能在地方的生产生活实践中被顺利化解。

今天,在若尔盖草原上已经形成这样一种共识:地方要治沙脱贫离不开政府的项目工程,项目工程要有成效则离不开地方民众的配合参与。实际上,无论是政府部门在资金技术投入、资源平台建设和统筹综合治理方面的能力优势,还是当地牧民丰富的地方生态知识和作业经验，以及灵活实际的工作方式与长期持续的作业条件，对于沙害治理和扶贫工作而言都是极为重要的社会行动资源。而作为一个社会动员和资源调配过程，治沙扶贫实践不仅被国家政策、市场环境、舆论导向等脱域性机制所塑造，也是在具体的地方社会情景中所展开的。因此如何在地方上创建一个更加包容开放和充满弹性的实践行动领域，将项目工程的治沙工作"化整为零"与地方民众的生活实践有机地契合在一起，恰是当前建设沙害防治社会应对机制的关键。

在这方面，辖曼乡和麦溪乡的地方实践探索是有示范性的。在组织方式上，当地的治沙扶贫实践正逐渐形成一个政府主导、市场参与、社会协助、地方自主的多重实践主体联动机制。通过配合政府的治沙项目、参与公司的治沙工程，以及有效地吸纳社会资源，我们可以看到，脱域社会化的前期建设和在地本土化的后期管护得以有机地整合在一起，由此人们应对灾害和贫困威胁时就不仅能在一个更大的社会体系中获得更多的外部资源，也能在具体的地方情景中有效激发本土力量；在手段形式上，当地牧民们基于游牧生活机制中的草、畜、人、地互生关系逐步确立了一种化解沙害的经验智慧和生活方式，由此治沙扶贫在当地不再是一项专门规程化的工作，而是嵌入在生活世界中的一种实践内容。通过重建社会时空组织机制与自然生态循环周期的契合关系，沙地在治理时不再如"飞地"一般被隔绝在生活之外，而牛羊的践踏、排泄、啃食在前期播种和后期育草时所发挥的生态功能环节也再次彰显。以这样的形式将沙地重新嵌入于自然生态系统和社会生产体系中，其对环境和社会的危害被有效地削弱化解；在经验技术上，辖曼乡地方治沙实践经验的积累形成不是一个知识技术单向转递的过程，牧民们在接受专家的技术培训和政府的科普宣传同时，也将他们熟稔于心的地方环境知识和驾轻就熟的本土经验技术有意无意地运用到具体实际的治沙实践中。最后，本土经验智慧与现代科学技术在牧民与专家携手进行的治沙探索中相互吸纳借鉴，渐而有机地衔接融合成一种地方实践知识，从而为当地的治沙扶贫实践提供了有效的经验技术支撑。

从以工程项目防治沙害到在生活实践中化解沙害，辖曼乡作为一个治沙示范点的典范性表现于：当地在一个极其开放的脱域化社会关系情景中，通过治沙实践确立了地方的主体能动性，使其能够营造一个化解沙害的社会应对机制和生活实践领域，从而将各种行为主体、实践要素和知识经验纳入其中，由此获得了调适各种社会关系和知识体系的一种弹韧性。这种社会弹韧性的获得与提升，不仅有助于当地牧民克服其在时代变迁中所面临的种种现实困境，也是其生活世界可持续性的现实保障。

四 结语

灾害频发对于经济基础薄弱的地区，给人民生命财产带来极大损失，是影响当地生计发展的关键因素之一，扶贫工作的提升，应该将本土应对灾害的实践经验纳入视野之中。而我国地域广大，生态多样，文化多元，在不同地区开展扶贫工作，更应该坚持在地化的思路和策略，以实事求是的态度在尊重我国生态文化之地方性的差异基础上，系统地挖掘梳理本土知识，调动激发基层地方社会的参与能动性和实践主体性，使本地传统的经验智慧与现代科学的技术手段能有效地衔接互动，从而建立起一套具有文化包容性与社会发展可持续性的生态文明观和科学长效的扶贫机制。

本文所展示的若尔盖高寒湿地草原的沙化灾害的治理，是本土知识应对环境变迁给生计带来影响的一个典型案例。从辖曼、麦溪两乡的国家级治沙工程试验示范点的案例中，可对防灾扶贫工作归纳出如下经验：

（一）在地化的灾害风险辨析是防灾扶贫工作的瞄准机制实现精准化的基础前提

在特定的生活价值观念、生计传统类型和社会组织形态的影响下，特定的族群对于特定环境因素的利弊权衡和灾害风险的感知反应是独特的。这也就使得我们必须尊重各民族、地方特有的生态文化，不能以"一刀切"的方式评估灾害风险和制定扶贫策略，否则将会引发极为严重的二次人为灾难。因此，在地化的灾害风险辨析是防灾脱贫实践精准化的前提。

（二）在地化的灾害防控应对是防灾扶贫工作的内嵌机制获得切入口的关键路径

就整个灾害应对与扶贫发展的社会弹韧性机制的建设而言，防灾扶贫的工作实践必须内化嵌入于地方基层社区的日常生活之中，并实现本土知识与现代技术手段的有效嵌合衔接，才能使得整个社会的防灾脱贫能力的提升得到有效落实，而有效的防灾扶贫行动往往也是全面内嵌在当地社会的生活习俗和文化观念中的。所以，灾害防控应对实践的在地内嵌化是建立一种长期常态化的防灾扶贫工作机制的关键路径。

（三）在地化的灾害治理实践则是防灾扶贫工作的协力机制具备可行性之保障

防灾扶贫实践的本土化强调的是在一个极其开放的脱域化社会关系情景中，通过重建地方的能动主体性使其在面对灾害风险时，能够依托特定的协力机制将各种实践行为主体和社会资源要素纳入地方性的关系场景中，以恢复营造一个能克服化解灾难危机实现生计可持续发展的生活实践领域。因而应将激发地方基层社会的主体能动性视为防灾扶贫工作的关键要务，切不能设置种种观念、政策、管理、资金、资质的壁垒，让当地群众不能真正地参与到自己家园建设过程中。

总结而言，在地化策略就是以实事求是的态度在尊重我国生态文化之区域性与民族性的差异基础上，系统地挖掘梳理本土生态知识与环境适应经验，充分地调动激发基层地方社会的参与能动性和实践主体性，从而使得各民族、地区传统的经验智慧与现代科学的技术手段能有效地衔接互动，最终建立起一套具有文化生态包容性与社会发展可持续性的生态文明观和防灾扶贫机制。

西南民族地区古村镇的本土知识与减灾脱贫
——以黔东南侗族地区的火灾应对与消防建设为例

汤 芸[*]

中国西南民族地区的古村镇不仅是一种活态的文化空间，承载着独特的地方生活经验与丰富的社会历史记忆，也是一种重要的文化遗产，凝聚着高超的工艺技术智慧和灿烂的文化艺术成就。然而近年来，频发的火灾却在吞噬着这一重要社会财富与珍贵文化资源，不仅对这些古村镇的聚落格局与建筑景观造成了难以弥补的破坏，更是加剧了这些古村镇的贫困程度，甚至极大降低了其社会文化的恢复力。如2014年刚开年便接连发生了三起令人捶胸顿足的重大火灾：1月9日四川省甘孜州色达县五明佛学院僧舍起火损毁僧房150余间，1月11日云南省香格里拉县独克宗古城大半烧毁，1月25日贵州省黔东南州镇远县报京侗寨几乎在火灾中毁于一旦；至年中，贵州省黔东南州黎平县永从乡高贡村于7月发生火灾，烧毁房屋28栋，受灾157人。这样的重大火灾所带来的巨大损失，不仅呈现了这一地区紧迫的消防形势，更对本土知识的结构体系提出了挑战，而应对之的方式，则需要基于对西南古村镇的火灾肇因与消防实践的细致深入考察，从本土知识的结构性优化角度，才能找出行之有效的解决之道。

---

[*] 汤芸，博士，西南民族研究院研究员。主要研究领域为灾难感知、山川地景、仪式象征、法律实践、文化遗产等。

作为一种灾难，火灾不仅有其自然生态诱因，更有着其发生的社会机理，也与本土知识之间有着长久的互动。人类学新近的灾难研究中，同样强调一种面向生活世界的整体关怀，并试图基于灾难感知、灾害场景与灾变过程的考察辨析，来深入理解和把握生活世界在可持续性方面所面临的种种困境、挑战和机遇。[①] 火灾的风险失控与危机生成既与自然生态系统中的环境风险脆弱性突变相关，也揭示了人类社会一种具有历史纬度的深层脆弱性（Vulnerability），且对其有效的风险防范与危机应对则显现了生活世界得以持续的社会弹韧性（Resilience）。不同于"自然灾异型"灾难，火灾对于大多数社会而言，并非一种偶发性风险灾难，而是长久以来的常态化环境风险要素，对这一灾害的防控应对也早已内化于人们日常的生活经验之中，而且通常来说，其灾难发生往往造成的只是社会"局部功能损坏"之影响。然而，在今天我国西南民族地区的古村镇所频发的重大火灾，却已是一种"社会灾变型"灾难，其诱发肇因主要是时代转型变迁中的人类脆弱易损性激变，并由此所进一步造成的整个社会的失能、失衡、失序等一系列的灾难性后果，因而具有一种"整体结构破坏"的效力。基于贵州侗族村镇的实例分析，本文试图对西南古村镇灾变生成过程

图1、图2　在2014年初毁于火灾的贵州省镇远县报京侗寨失火前后对比
（图片来自当地村委会）

[①] 张原、汤芸：《面向生活世界的灾难研究：人类学的灾难研究及其学术定位》，《西南民族大学学报》2011年第7期。

的社会文化机理进行深入的辨析，并就相关的消防实践经验进行一定的总结，从而为当前少数民族地区的灾难应对实践构建一种新的知识经验图景，进而对西南民族地区古村镇消防体系的建设提出具体的政策建议。

图3、图4　2014年7月黎平县永从乡高贡村火灾发生之时及灾后情境

(图片来自当地村委会)

一　防火悖论：当代贵州侗族村镇的消防态势

"喊消防、抓消防，火未消，人白忙；人越防，火越狂！"这一流行于当前贵州黔东南侗族地区的民谣，作为一种值得关注的地方性的灾难感知，其从某种角度反映了今天中国西南民族地区古村镇日益突显的一个防火消防悖论：一方面，从政府到社区在这十年中对基层村镇的消防事业有空前的大力投入；另一方面，毁村烧寨的重大火灾在近十年间以惊人的频率爆发。也就是说，民族地区的古村镇在面对火灾风险时所暴露的脆弱性，在这近十年间被突显和加剧了，而当前火灾对古村镇的荼毒，已成为当地政府和居民新染的一大心患。

中国西南许多历史悠久的民族古村镇在其营造时，多因地形所制和环境所限，形成了建筑群关联、格局紧凑和建筑物木构元素丰富的特征。古村镇别具匠心的营造格局与丰富多样的建筑形态，正是人们在漫长的历史过程中适应当地山水环境与运用地方生境资源的经验智慧之体现。

木质连片的建筑方式也使得其火患风险与脆弱性是突出的。如贵州黔东南的侗族村镇，多沿溪谷布局、干栏式楼房顺山势而建，形成了格局自由紧凑，构架高低错落，建筑鳞次栉比的村落景观。这样的聚落建筑形态一旦失火，极难控制，常造成"火烧连营"的灾难。特别是其木构楼房，构材历经多年后，含水量极低，易燃性高，加之民宅内部的用火空间常与居住空间混同，火灾隐患突出。每年秋冬两季则是火灾的高发季节，这两季气候干燥，人们的取暖需求也高，火患多。此时也正是秋收结束粮食入仓、农闲开始、节庆密集之际，因而火灾造成的损失极大。

在与火灾风险共处的长期历史中，从本土知识的层面来看，火的特性、防火机制、救火策略等已然成为侗族生活世界与知识体系中的一部分，不论是在地方史志的相关记载还是村民的记忆之中，较大火灾的发生频率是极低的。然而近年来，随着消防建设与消防改造的进程加快，火灾的发生频率却有增无减，而且大型火灾的比例也有所增加，同时人们的灾难感知也从之前的"火患多，火灾少"，到现在的"太火了"，表明火灾风险的控管也成为日益严峻的任务。这样的防火悖论有何特点，其发生所处的本土知识有何特点，又为何在现代消防建设之补充下，在火灾应对上出现了极大的不足？

（一）"人越防，火越狂"的防火悖论

从调研中获得的数据来看，黔东南州2000至2011年，共发生火灾近700起，且仅2011年就发生了95起之多。而我们2012至2014年在侗族地区进行调研之时，所统计的数据表明该州近两年来火灾事故每年已超百起。特别是2014年1月25日镇远县报京侗寨的严重火

灾，其所造成的290余户房屋烧毁的惨状，最为典型地表现了当前侗族古村镇严峻的防火消防态势。人们对当代侗族村镇火灾频发的灾难感知，恰如当地老人们无奈地自嘲：侗族村寨这几年真是"太火了"。在这样的"火未消，人白忙；人越防，火越狂"的怪圈中，当地消防态势的变迁总体呈现出三大特点：

1. 火灾发生频率高，破坏性大，甚至在同一村寨或片区反复发生。

据笔者的不完全统计，2006至2012年，仅在侗族九洞地区的两个乡（高增、往洞）中，就有11个村寨发生火灾，其中高增村上寨与高传村两寨的火灾损毁了大半个村寨。火灾不仅烧毁大量民房，还

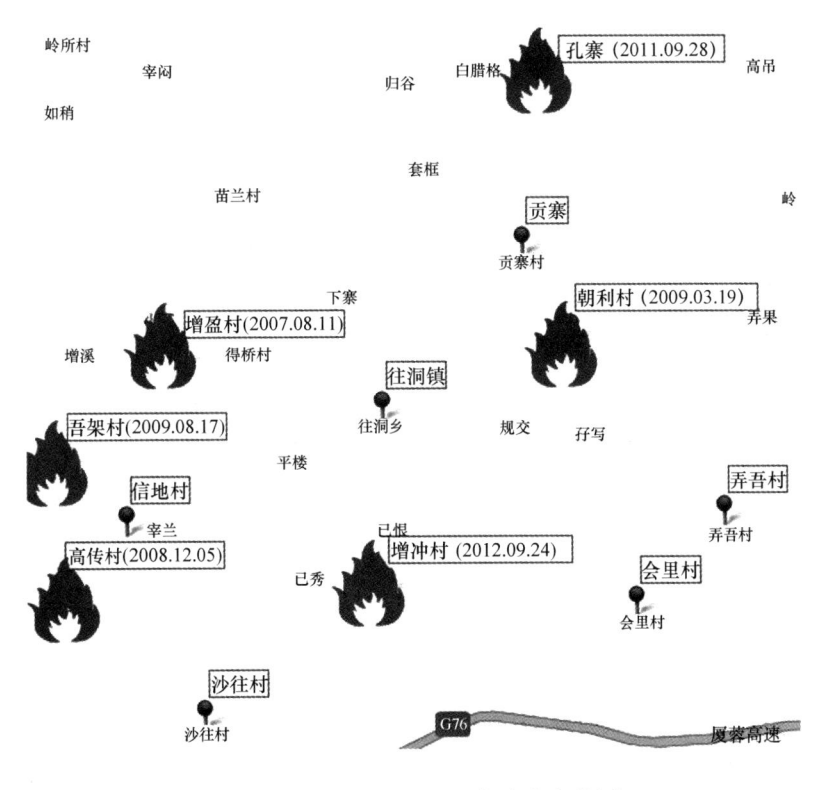

图5 往洞乡2007—2012年火灾态势图

（图片制作：兰婕）

焚伤损毁鼓楼4座，并造成2人死亡，财产损失重大。又如黎平县的地扪村，2006年4月14日凌晨发生的火灾，烧毁房屋39栋，为救火还拆除房屋29栋，村中的鼓楼也在此次火灾中损毁。此后村中对消防设施进行了整改，然而2010年10月20日凌晨又发生了火灾，大火迅速烧毁了相邻近的9户住宅。在近年失火的村寨中，堂安、地扪、增冲三寨过去都是古建保护较好的村寨，系全国著名的民族文化生态博物村或重点文物保护单位，火灾对其民族文化资源的破坏是极大的。

2. 消防设施建设与村落改造项目未能阻止火灾的发生。

如地扪村两起接连的火灾都是在消防设施整改之后发生的，2005年该村作为生态博物馆完成了消防设施的建设，2006年春就发生一起重大火灾，村中鼓楼被烧毁；之后该村于2009年完成了消防设施的升级改造，而2010年秋又发生一起火灾，并有1人死亡。又如增冲寨，因该村完整保存一座近300年的鼓楼，是重点文物保护单位，近年来更获得"中国历史文化名村""中国景观村落"的称号。村中水系完备，鼓楼前还建有一防火池塘，百年来村中虽不时有小的火患，但从未发生火灾，被认为是"侗乡防火典范"。2009年起，增冲进行了"五改"建设，作了村寨防火规划，并新增安设了消防设施。然而，2012年9月24日凌晨，该村却发生重大火灾，造成13栋房屋被毁，并差点殃及有着悠久历史的鼓楼。上述村寨失火时，村中新建的消防设施均未能有效发挥作用，阻止火灾蔓延，因而造成的损失极大。

3. 在新址规划新建的新村，消防态势未得改善。

如洞乡孔寨，于2005年因水库移民搬迁至新村，新村的规划调整了以往侗寨自由紧凑的布局，以一线排开的格局建寨，并设置了5米宽的防火线（主干道），配备了齐全的消防设施。然而，2011年9月28日凌晨的大火，却瓦解了新村消防规划所呈现的愿景，防火线不仅未发挥阻止火势的作用，且村落一线排开的布局更造成了一个火势蔓延的风口。此外新村整体搬迁落成后，由于地势过高，因而没有条件建立其传统侗寨的村内水系网络和池塘散点布局，这使得全寨过于依赖现代消防设施，但规划建成的新村寨仅在主干道的中部及尾部建了两个消防池且蓄水不充分，从而更使得大火难以控制。此次火灾最终造成了40余栋新建不到5年的房屋损毁，以及村中鼓楼受损的严重后果。

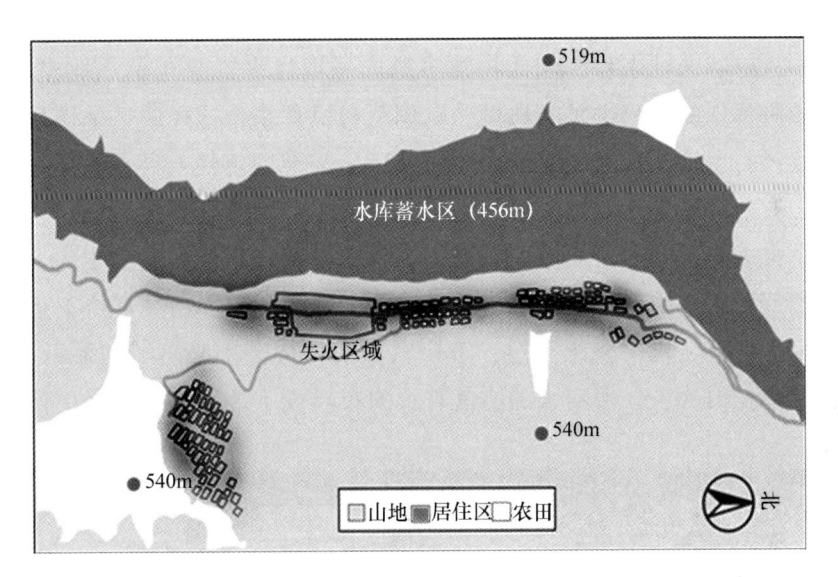

图6 从江县往洞乡孔寨新村的规划及2011年失火区域示意图

(图片制作：兰婕)

(二)"火患多，火灾少"的地方智慧

如前所述，在与火灾风险共处的长期历史中，火的特性、防火机制、救火策略等早已成为侗族生活世界与知识体系中的一部分，从而使得在历史上，侗族村寨的火灾发生概率及破坏力度都是较低的，呈现出"火患多，火灾少"的状况。在这里，发挥着作用的本土地方体系并非独立抽象的知识体系，而是嵌入在其环境感知、建筑形态、民居空间分割与使用、生产生活方式、村落布局乃至宇宙观之中的，并不可抽离其社会文化语境来看。从具体层面来看，侗族村寨对火灾风险的认知与控制集中表现在以下几个方面：

1. 基于风水观念的村落布局对火灾风险的降低

侗族村落布局有着特定的"风水"观，其中也嵌入了有关火灾及其防治经验的历史累积，十分注重在村寨中精心建构水系网络，并在房前屋后设置具有日常养鱼兼消防蓄水功能的水塘。而且在各侗族村寨中，每户人家中也总会设立一口被称为"太平缸"的防火水缸以便于取用，及时扑灭一些小火灾。

从村落选址来看，侗族村寨多选取平坝且水资源充足之地建寨，以山脚河岸的村落选址为典型。在侗族村民看来，这样的选址不仅利于生产与生活，而且因其配合着周遭环境与地理条件，具有极佳的风水，村寨的平安兴旺便来源于这样的好风水。如黎平县的地扪村，由五个自然寨（母寨、寅寨、芒寨、模寨、围寨）组成，坐落于一个狭长的低山谷地中，背山面水，平均海拔 800 米；四周山林环绕，地扪河呈之字形从村中蜿蜒而过，五个自然寨依势分别坐落于河流两岸。如此依托山势，伴着河水的错落有致的布局成了地扪村民心目中认定

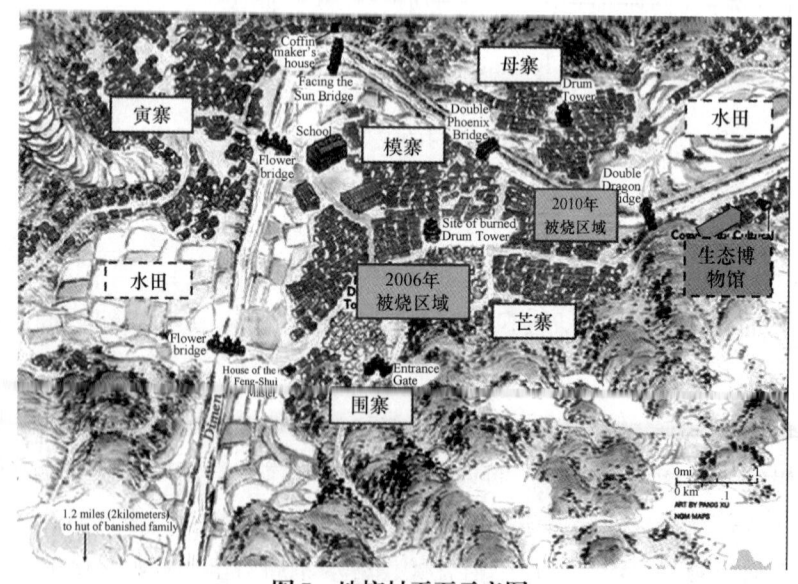

图7 地扪村平面示意图

（图表制作：兰婕）

的最佳风水格局，也被这一区域的人认为是"千三总根"所在之地。当地人认为地扪河北岸母寨与寅寨所靠的连绵山丘是一条与河流趋势相配合的"龙"，称其为"后山"或"后龙山"，其龙头在母寨一端，龙尾在寅寨之后，而地扪寨的萨坛建在靠近龙头所在的母寨。

当地人对自己村寨的风水称赞有加：

> 我们从小就听风水先生还有老人家都要讲，地扪后山上有三条龙脉：南方、西方和北方。南方的那条龙脉保护的是围寨、芒寨和模寨；西方的龙脉保护的是寅寨；北方的龙脉就主要保护母寨。这个龙脉特别灵，保护我们寨子，要是在龙脉上有不干净的东西，村子真的是会遭殃哦。

这样的风水观以一种道德观念作为支撑，看似抽象无用且并无"科学"依据，但其实一方面，对环境之保护、人与环境的和谐共生、生态保持等起到实际的推动作用；另一方面，也成为村寨社会文化网络维系及意义呈现的重要依托。

村寨还充分利用充足的河流资源，借用重力，地势较高的芒寨从西边的河流上游将河水引入各村寨。河水经过贯穿围寨、芒寨、模寨的水渠，流经村中大小不一的水塘，最后又排到东边的河流下游之中。水塘中的水是活水，村民们在其中养有鲤鱼，保证了水的清洁。流动的水系，不仅为村民生活带来了方便，更是成为火灾发生时易于取用的消防用水。此外，与许多侗族村寨一样，地扪的粮仓修建也有着独特的防火考虑。粮仓为木质吊脚楼结构，底部木柱立于地面的水塘中，也可移动木梯出入粮仓，木梯不用时便收纳起来，借水而实现防鼠、防火功能。而且村中粮仓是集中修建，在民居建筑聚集区之间，还常修建一个晒粮食的坝子作为防火线，以降低民居火灾对粮食的威胁。

类似的，还有从江县的增冲村，也依托着环抱村寨的增冲河建立起强大的水系网络，房前屋后都有水渠经过，村落中水塘罗布，大水水塘约有20余个，皆是引活水入塘，再由暗道排除流向河中。为保护村中最为重要的鼓楼，紧靠着鼓楼修建有村中最大的水塘。在这个防火池的保护下，鼓楼历经三百余年保留至今。

在历史上，侗族在与周围生态环境的共生之中，充分利用当地得天独厚的资源，一方面，借用丰富的木材资源作为主要建材，依循地势水流建立紧凑的村落格局；另一方面，也认识到这样的建筑形态与村落格局有着较高火灾风险，充分调动水对火灾的防控能力，将防火用水同生产与生活用水融于一体，并以风水观作为其支撑。由此，逐渐形成一套具有道德意味的村落选址、布局以及水系网络架构，降低火灾风险的同时，提高火灾救治效率。

2. 借助习俗、禁忌与仪式而实现的整体性火灾防治

任何一种灾难，不论是天灾或是人祸，所展现的风险场景实为特定社会文化系统的一个结构性特征和重要组成部分，并且灾难是历史地与结构地深植于地方的生活世界之中的。因此，火灾的发生，所引发的不仅仅是一套关于火灾发生的因果关系的解读，更是当地人关于道德体系、社会秩序、文化意义等的一套对意义的逻辑关系的理解的呈现。这样一套抽象的意义的逻辑关系的理解方式，具体地表现在一些与火相关的习俗与禁忌之中，也包含在一套直接针对化解火灾影响与间接促进火灾防范的相关仪式之中。

表1　　　　　　　　侗族火灾禳解仪式一览表

仪式	退火秧/推火殃	过阴	退煞	扫寨
时间	火灾后三天内	择吉日而定	择吉日而定	每年年末/年初
地点	房屋内部，巡游全村，至村外	村寨边缘（山坡）	具体家户中	村寨内部
参与人	村寨成员	村中男性成员	家庭成员	村寨成员
方式	切断火源、念经、打卦、集体飨食	由鬼师引导"阴马"过阴，找出灾难根源	鬼师过阴	鬼师引导巡寨人过阴、集体飨食

续表

仪式	退火秧/推火殃	过阴	退煞	扫寨
原因	火殃引起火灾	如乱葬破坏风水导致不洁	强化祛除灾难因素	清除不洁净因素
作用	惩罚火秧头，恢复社区的洁净	利用超自然力量找寻灾难发生的原因以消除灾难	洁净与驱除	提前预防火患

一旦有火灾发生，退火秧仪式是必须及时举行的消解与驱除火灾这一灾难的仪式。当地人也知道火灾的发生，多是因为引发火灾的人用火不慎，而火灾对村寨的破坏程度则与村寨密度、季节风向、扑救效率等多方面因素有关。与此同时，当地人并不以扑灭明火或重建房屋视作灾难结束的标志，而认为只有举行了退火秧这一禳解仪式之后才能真正将灾难祛除，社会生活才能进入恢复与更新阶段。这一仪式常常在火灾后的三天之内举行。仪式举行当日，全村家中禁火一日，全村人从火殃头（即引发火灾的人）引发火灾处开始，巡游村中各户，然后至村外，送走火殃，最后村民在村外共食火秧头家所提供的食物，完成对不洁的清除，实现社会秩序的恢复更新。当地人认为，若没有及时举行退火秧仪式则意味着灾难并未解除，火灾将会在火秧头家及邻里间重新发生，并且村寨将遭受更大的灾难。如2012年1月15日，黎平县尚重村发生火灾，共烧毁17栋房屋，破拆了19栋房屋。村中很快为这次火灾举行了退火秧仪式，也依村规罚龙姓火秧头3000元用以添置消防设备及举行仪式。但村民们却坚定地认为真正招致这次火灾的另有其人。村民们说，村中近年发生的6起火灾，有3起是在一位杨姓小学老师家发生的。这位小学老师不信迷信，每次失火后都不做退火秧仪式，甚至打破不可在失火原址重建房屋的禁忌，准备在原地基重建房屋。这次火灾后，村民对杨姓老师的抱怨也被放大，引发了与之的一些纠纷，甚至使得黎平县长前来调解纠纷。县长的调解吸收了当地习俗，并用行政权力来执行决定：杨老师另择新地基重建新房，原地基用于公共设施建设。由此，村民方觉得社会

获得洁净与有序，纠纷由此平息。2014年的田野考察中，村民们在讲述了这个事件之后，也纷纷说，"真的，我们村后来就再没发生火灾了，所以说该办的事没办不得行，要招灾害人"。

若举行了退火殃仪式，村中仍反复失火，又找不出如同尚重村那样明显的缘由，村民们便会举行"过阴"仪式，以找寻导致灾难反复的根本原因。过阴仪式并非是仅针对火灾的仪式，其本质是一种神判，即借助超自然力量以辨析异常事件或灾难背后的根本原因。如前述黎平县地扪村，因有着良好的水系网络与消防意识，火灾发生率极低，而2006年4月的一起火灾导致42户233人受灾，村民们将这场灾难与村中近年来许多灾异现象关联在一起，如生态博物馆带来的一些不和谐，旅游开发中的困境等。村民们猜测灾难的根源在于龙脉受到影响，一时间村中谣言四起，纠纷增加。于是在2007年2月，村中举行了过阴仪式。仪式先是辨明灾难根源在于村中有人将过世之人的骨灰葬在了龙脉之上，破坏了地扪的风水与龙脉，然后继续查明肇事之人是寅寨的一户人（也在此次火灾中受灾），他在几年前将家中去世老人的骨灰悄悄地葬在了后龙山上，以求家庭兴旺。寨老对他进行了惩罚，要求他重新埋葬老人的骨灰并请全村人吃饭，同时至少三年内不得留在村中居住。当我们2014年至地扪进行田野调研时，村民们仍在谈论这场近二十多年来唯一的一次大规模的过阴仪式，并且均认为仪式灵验有效，称"那次过阴以后，村子头都觉得清爽多了"。

在特定的仪式之外，年度仪式中的"扫寨"仪式，不仅在实用功能上具有清洁村寨、加强防火意识等功效，更能更新整个村寨，为之重新注入灵力。如从江县小黄村的扫寨仪式在每年农历二月初十举行，村中的三个自然寨都要参加。2012年的田野考察中，小黄村支书给我们简述了扫寨仪式的流程：

> 村里每年二月初七寨子都要做扫寨仪式，每家每户出一点钱，也用不了多少钱。当天外人不能出寨进寨，要等到第二天仪式完全结束才可以进出。初七当天早上定个吉时，全寨灭火，在

寨子空地点个火，扫寨结束后，再在那里引火进各家各户。

各家都要参加，至少要有一个人参加。到时间，大家就在圣母坛（萨坛）集合，杀猪一头，鬼师以黑衣蒙脸，不可以看路。他点把香来薰四周四角，开始念咒后，然后他跳起来就开始走，他是光着脚走，我们在后头跟着走。我们跟着鬼师，要走完整个村哦。鬼师一边走一边念，觉得哪里"不干净"，就画个圈。他画了圈的地方，不管有什么，都要马上改造。是田地就挖整，是房子就要拆了改水池，是厨房就要彻底打扫，是堆的杂物就要清理干净。

（扫寨仪式）有时大有时小，反正是三个寨子一起做。鬼师呢，看情况，有时候请外地的，也有本地的，要看哪个本事大。

关键是如果哪年不举行扫寨仪式，这一年，这个寨子就会容易遭各种灾，容易失火，容易吵架，收成也不会好，反正就是不太平。扫了寨，村子就干净了，大家也觉得清爽了，心里也是稳起了，这一年过得都有底气。所以说来，扫寨这个仪式也是有这个意思在里头。

可见，扫寨仪式在功能上能督促村寨居民消除火灾隐患、加强防火意识以及整洁村寨，同时也是通过熄灭生活用火与重新点燃每户灶火之行为，以及各种村落改造，以实现村寨的自我更新与恢复活力。

诸如这样的习俗、禁忌与仪式，是有关村寨的道德体系、社会秩序、洁净与污染观念等整体性的实践，却实在且有效地提升了关于火灾的认识、火灾防范的措施等实际知识与能力，同时也是为社会组织的行动效率与社会动员提供了有效的演练。

3. 通过村规民约中的防火条款实现行为规训

在历史上，火灾风险的防控及惩戒也一直是侗族习惯法与村规民约的重要内容。在侗族的《约法款》、碑刻、林契中都有关于防火的规定。例如，现保存在贵州省从江县的高增款碑中便明文规定："议或失火烧屋，烧自己之物，惟推火神与洗汗（即洗寨——驱邪气出寨），须用猪二个，若临寨四五家、拾余家，猪二个外，又罚铜钱三百三十文；失火烧坟墓者亦同罚处。"平楼议款条约碑上也记有："由大意而引发的山火寨火损失在2000元以下的，对当事人罚款5000元，迷信用火加倍（包括鬼师），小孩失火由父母负责，损失在2000元以上的（含2000元），以5000元为起点，由款内决定罚款数额，上不封顶，情节严重的，追究法律责仟。"

在很多侗寨，其寨款村规都定有与防火消防相关的条例，这不仅体现了侗族习惯法之中积极的火灾防范作用，更折射出火灾这一灾难在当地社会文化体系中的位置与意义。如从江县增冲村的鼓楼中立于康熙十一年（1672）的"万古传名碑"，是当前侗族地区现存最早的村规款碑之一，上刻当时寨老商议的寨款村规十二条，其最后一条内容为："议失火烧房，烧自身之房，惟推火神与洗寨，需用猪二个；若临寨四五家，拾余家，猪二个外，又罚铜钱三百三十六。失火烧坟墓者亦同处罚。"可见在当地传统的习惯法中对于火灾防控的重视程度。又如，从江县的高增侗寨古规也称："防火防盗，人人做到。谁人失火，罚他出资扫寨打平伙。烧毁全寨，驱逐寨外。"其中"出资扫寨打平伙"，就是被罚者出酒、肉和米供全寨人吃一餐。而"驱逐寨外"，则意味着开除寨籍，令其到距离寨子三里之外去住。这"出资"和"驱逐"显然都是重罚。在黎平县德化乡高洋村保留有一部清末侗族款规，共有17条，其中前3条都是关于防火的规定，可见防火的重要性：

第一条倘有不法之徒，意图扰乱社会治安，放火烧寨，以便趁火打劫财物者，缉拿送官惩治。

第二条窃人遭之祸无常，天降之火灾有数，唯恐居民不慎，一旦失火烧寨，内当火殃头者，规约处罚大洋二十四元，作谢龙推火之公用。

第三条失火烧山妨碍森林，最大规定处罚大洋六元六角，奖赏报口三元，点苋赔偿在外。

另外，许多村寨为适应新的时代特点，修改了寨款村约的相关条款表述，以及失火者的惩戒方式。有的村寨甚至制订了专门的"防火公约"，如黎平县的地扪寨，便制订《村民防火公约》，不仅明确列出防火要点，也规定了灭火与防火的组织机制，其内容如下：

> 为了维护村寨消防安全管理，预防火灾，减少火灾危害，保护村民生命财产安全，保障村寨经济发展，特制定本防火公约：
>
> 1. 每个村民都要自觉遵守消防法律法规和县消防管理制度及村规民约防火公约，都要维护村寨消防安全，保护消防设施，预防火灾，报告火警的义务，任何成年公民都有参加灭火的义务。
>
> 2. 每个村民都要注意安全用火用电用气，自觉清理门前屋后的环境卫生，不准乱倒垃圾，不准侵占防火线、防火塘，不准将柴草等易燃物搬进家、进寨存放，要严格执行防火安全十不准制度。
>
> 3. 村民要加强自己防火安全教育，对自家的小孩、老人、病人、精神病患者、醉酒人员进行安全监管，他们用火必须有人守护，严防他们乱用火玩火引发火灾。
>
> 4. 户主要做好自家防火安全检查，积极动员家人参加全寨的消防基础设施建设和灭火预案演练，参加邻户连防轮流巡查检查。
>
> 5. 每个村民都要自觉爱护和维护村寨消防泵、消防栓、防火池（塘）、防火线、高位水池、供水管网等消防设施，寨内的消防池（塘）无论是谁家都要管好，保证时刻蓄满水，谁损坏消防设施谁赔偿，并按村规民约从严处理。
>
> 6. 凡年内发生寨火火警的，每次罚款500元—1000元。发生山火火警的，每次罚款300元—500元，造成重大损失的移交司法机关追究其法律责任。

7. 凡年内评得先进个人的，村委会将予以表扬和奖励。

总之，在侗族地区的许多建寨历史超过 300 年的古村镇中，保存有大批古建民居，其中不少古村落，如从江增冲村、黎平堂安村，更是被整体地作为文化保护单位或生态博物馆，存世的鼓楼、风雨桥和民居建筑群其历史往往超过百年。这些历史悠久、数量众多的侗族古村镇表明了当地居民具有较强的消防意识与丰富的防范经验，也证明其历史上对于火灾的发生率及其破坏性的防控是有效的。可以说，侗族古村镇对于火灾的风险评估与应对实践的经验摸索，业已成为其实现社会持续与环境适应的一种能力。在历史过程中，火灾基本上已成为侗族村镇中一种可克服的风险，而非不可控的灾难。这样的灾难感知，被当地居民生动总结为"火患多，火灾少"。

（三）"喊消防、抓消防"的消防建设

消防隐患的增长，其实从 20 世纪 80 年代后便开始了，正是面对日益严峻的消防态势，从 2000 年以来，贵州省黔东南州便开始加大力度，从消防建设、火灾预防与火灾救治三方面对各村镇进行了全面的整改与建设。现代消防体系的建立与基础设施的整改，以及相关法律法规的制订与颁布，也多方位地为当代侗族基层村镇的消防实践提供了新的技术装备与社会组织的支持。

在法律法规方面，2002 年贵州省颁布了《黔东南苗族侗族自治州农村消防条例》，这是我国第一部农村消防专项法规，其中对消防责任、村寨消防建设、消防宣传与教育、相关处罚措施等进行了明确规定。之后还相继发行了《黔东南农村防火检查手册》（2005）作为村寨防火自查与检查的依据；2006 年，为强化消防管理，又颁布施行《贵州省农村消防管理规定》，对农村消防组织、农村消防安全管理、消防基础设施建设、训练学习和灭火救援以及法律责任等方面进行了详细规定；2007 年颁布《黔东南州农村消防建设试点方案》拟从是年起，在 5 年间投入 6000 万元专项资金用于农村消防建设试点工作，

并由全州各县市拨专项经费,优先解决民族文化旅游村寨和100户以上村寨的消防基础设施欠账问题。针对在黔东南火灾的起火诱因上,因电而发生的火灾占了80%以上(包括电路老化、用电不慎、对电火扑灭方式不当等问题),《黔东南州农村50户以上连片村寨木质结构房屋电改实施方案》(2013)拟用三年时间对50户以上村寨共计295529户实施电改;至2014年4月黔东南州委州政府又联合出台《黔东南州农村消防安全三年行动计划(2014—2016年)》从消防规划、设施建设、队伍建设、宣传教育、制度建设、资源整合和考核问效等方面制订了三年间的消防建设目标。这些法规、方案与计划,正是从科学的消防体系建设角度,为黔东南州的消防提供了法律保障、技术规范、行动方案以及实施细则。

在消防建设方面,从2001年开始先后推广实施了农村"五改"和"六改"工程①,展开了村寨防火线开辟、消防水利工程等建设改造项目。2008—2014年间,黔东南州依照相关法规与方案,共投入经费1.601亿元,完成"试点"村寨建设157个,编制村寨消防规划820个,实施寨改658个,房改66685栋,厨改32370户,修建进村道路115.8公里,开辟防火线2137条,修建高位消防水池599个,普通消防水池3568个,铺设消防管网28.7万米,安装消火栓3258个,配置消防机动泵1477台,水枪3343支,水带13.2万米,农村消防设施得到全面加强。同时,全州共投入1.188亿元完成163005栋房屋"电改",对消防安全影响最大的农村电气线路隐患得到有效整治。直至2012年,黔东南州基本完成对157个试点村寨的建设,100户以上村寨,80%配备了消防机动泵,90%建有消防水池。②

---

① "五改"即:寨改、房改、水改、电改、灶改。"六改"是在"五改"之上加上"路改",旨在对50个木质连片结构非民族文化旅游大村寨开展消防试点建设。见《贵州省将实施"六改工程"改善少数民族村寨消防安全环境》(http://www.gzxz.gov.cn/Item/36754.aspx)。

② 张正特:《黔东南推进试点村寨建设火灾逐年下降》(http://www.cpd.com.cn/epaper/xfzk/2012-12-12/02b-14.html)。

205

本土知识促进减贫发展

在人员组织配备方面，黔东南州也提出因地制宜探索"三大法宝"，即在农村50户以上村寨建立志愿消防队、修建消防水池，以及配置手抬机动泵，为农村火灾扑救提供队伍和设施保障，提高火灾救治效力。实践证明，"三大法宝"的推行和普及，对扑救初期火灾，控制火势蔓延、维护农村消防安全发挥着重要作用。[1] 关于防火三宝之人员组织配备方面，黔东南州不仅聘请相关消防、规划、电力等专业技术人员提供技术指导与技术人员培训外，更是注重多种形态的地方动员与社会组织方式，如建立志愿消防队、村民联防队伍、守寨护寨队伍、"电管小组""消防设施管理小组"、消防监督检查队伍等。并且还为村寨明确了专门的"鸣锣喊寨员"，每日开展防火宣传，至2014年，大约整个黔东南州设立了3954名"鸣锣喊寨员"，以轮流值日方式在村中工作，他们为防火宣传、及时发现与控制火情、调动消防资源以防火灭火等方面起到关键作用。

与此同时，黔东南州建构了一个具有当地特色的消防宣传体系，正如俗语所说"防为上，救次之，诫为下"，加强对火灾的防范，从防火宣传、消防知识普及以及地方消防力量培养，是降低火灾风险最核心与最关键的环节。黔东南州结合自身民族地区的多元文化特点，搭建起新闻媒体、文化下乡、学校、户外宣传、农村远程教育系统、消防志愿者服务队宣传"六大平台"，以促进消防宣传。将消防安全知识纳入妇联、扶贫、司法、劳动人事等组织机构培训内容，对农村妇女、外出务工人员多层次、多渠道开展消防安全知识培训。也注意建构具有当地特色的消防宣传体系，如"双语"宣传、民歌宣传、免费发放宣传防火知识的围裙、建立鸣锣喊寨队伍等。[2] 如从江县各村寨中基本都能看到的"一分钟防火法"与"防火歌"告示牌。其中"一分钟防火法"强调的是断绝火灾隐患与加强火灾防范，"防火歌"

---

[1] 潘承济：《贵州黔东南州探索农村消防工作特色之路》，中国消防在线（http：//119.china.com.cn/zbjs/txt/2014 - 12/25/content_ 7468931.htm）。

[2] 张正特：《贵州黔东南消防构筑少数民族农村消防宣传体系》（http：//119.china.com.cn/xfxc/txt/2013 - 09/29/content_ 6344267.htm）。

则以顺口的七言排句将日常生活中常见的火灾隐患及其避免方式呈现出来。

应该说，经过多年建设，黔东南州已经拥有较为全面而立体的火灾防范救治体系，配合着地方本土实践关于火灾防治的智慧，火灾风险应已降至最低。然而，事实却与之相背，当地近年来不仅火灾风险越来越高，火灾所暴露的社会脆弱性也越来越明显。这样一种防火悖论，突显的也是整个西南地区古村镇所面临的一种急迫的消防态势，而这是一个灾害隐患被不断积累诱发为灾难结果的灾变过程。近年来侗族村镇在火灾应对中的失败，表明了人们并未对当地社会在现代化变迁中脆弱性不断增加的风险场景有一个全面的认识，因而也未找到将火灾重新转变为可控制风险的关键路径。所以，对当前侗族村镇火灾发生的社会文化机理考察尤为重要。

二 风险场景：灾变生成过程的社会文化机理

火灾的发生，所带来的一方面是有形的物质与财产方面的损失，这直接地加剧了当地的贫困程度，限制了其经济发展；另一方面更是在知识结构上对本土知识带来了冲击，展现出本土知识在地方恢复与可持续性发展中所面临的挑战及存在的不足。灾难并非一种独立突发的事件，而是嵌入在生活世界整体中的一个结构性和过程性的因素，灾难的发生虽然是突然与意外的，但其实却是生成诱发灾难的时空框架超越了应灾经验所依托的时空框架的结果。在这一过程，不仅灾害风险增加，社会脆弱性加剧，而且社会的恢复力也因之下降，如此一个灾害向灾难转化的灾变过程也随之生成，并且可能带来整体结构性的损坏。[1] 所以，对侗族村镇火灾肇因的考察，应采取一种整体性的视角，对这一灾变过程进行解析，分析当代侗族地区人们的生活世界

---

[1] 张原、汤芸：《藏彝走廊的自然灾害与灾难应对本土实践的人类学考察》，《中国农业大学学报》2011年第9期。

到底发生了何种变化，使得今天当地生成诱发火灾的时空框架跃出了社会既有的知识经验图景，从而在一种社会文化变迁中呈现出独特的灾难场景。总体而言，当下侗族村镇中生成诱发火灾的灾变过程和灾难场景，所暴露的正是现代性社会转型与本土知识调适之间的割裂，这不仅导致了火灾的风险增加，更是制约着地方的脱贫与发展。正是由于这两种生活经验在地方交汇时，无法统一为一套有效应对生活世界变迁的知识经验图景，才导致了社会脆弱性的增加。所以对诱发这一灾变过程的社会文化机理的考察，可从当地生活世界中的空间格局、时间节奏与知识架构的变化来具体展开，以进一步探讨侗族本土知识在当代所面临的困境及可能的解决之道。

（一）空间格局的变化导致受灾频率与程度增加

经济活动从"生计取向"（subsistence-oriented）转为"市场取向"（market-oriented）是社会现代性转型的一个重要特征，而生计方式的变化往往导致空间格局的重组。在历史上，侗族村落注重保持其自然环境之多样性与完整性，因而村落之间多借以山脊为界，伴水而居，每个村落基本上都拥有山地到平坝的立体的生态环境资源。在历史过程中，侗族村寨依赖的生态环境有三：山林、稻田、鱼塘，形成多层次的复合型生计结构，以配合、利用、改善不同类型的地理环境与生态结构，这正是一种充分利用但不滥用自然资源从而实现可持续发展的地方智慧。

当旅游开发和经济作物生产成为当前古村镇最为主要的经济活动时，传统的稻作农耕生计方式失去其原有的核心地位，为旅游开发和经济作物生产而兴建的如游客中心、公厕、停车场、公路、初级加工作坊等各种基础设施，对耕地山林、池塘水系与村寨建筑的挤占和改造，使得村镇原有的空间格局被打乱。这些新建设施的零乱紧密不仅增加了消防难度，也导致村镇中原有水系的萎缩和消防体系的破坏降低了消防效率。此外，为在有限的空间中最大限度地获得旅游接待的经济效益，原有的用火、生活、生产与储存的空间分割传统与禁忌被打破，使得现代民居的空间功能分区存在许多隐患，火灾的风险与脆弱性被放大。如从江县的增冲村，村边新建的高速公路破坏了村寨的水源地，加之村中新建房屋和停车场等建筑设施对池塘的大量侵占，使得其2012年发生的火灾因消防用水不足而成为灾难。在增冲村寨全景的今昔对比照片中，虽看不到高速公路所破坏的水源，但已经能看到村寨的扩张以及水流量明显减少。因而，在2012年火灾中，增冲消防用水不足使其迅速演变成大灾难，几乎殃及村中三百多年历史的鼓楼。而这场火灾之所以蔓延迅速，破坏力大，也是由于许多村民不因循传统的空间分类禁忌，在家中私存大量燃油所致。

（二）时间节奏的变化对村寨应变能力的削弱

大批村民外出务工，导致传统农耕"春播秋收"的生产生活节奏难以维系，而新兴的"冬聚春散"的人口流动趋势则使得留守于社区中的人口结构与劳力拥有状况也随之改变。对于留守的人员来说，一方面，他们所需完成的生产生活任务较传统更繁重，即便是农闲时节也匆忙，到了农忙时节就更是疲惫不堪，使得火灾隐患增加；另一方面，留守人员多是老人、妇女与孩子，这类居民防火意识不足，应变与自救能力差，不能及时排除火患，而火灾一旦发生，也不易及时控制，极易引发火烧连营的灾难。对于外出务工的青壮年劳动力而言，他们因长时间在外地，对村寨与区域的相关活动参与度较低，相互之间的配合实践较少，防火救火的经验不充足，一旦发生灾难，即便他们都在村中，救治的效力也并不高。

这种时间节奏和人口结构的变化，到了秋收农忙时期便极大地突显了其社会脆弱性。正如当地民谚所言"火不烧空仓"，秋收时节正是火灾高发期，此时留守村中为数不多的劳动力都极为疲惫劳累，人们对火灾的警觉意识与防范能力降低，常出现未及时熄灭明火和关闭高功率电器等状况。如2010年10月20日地扪村发生的火灾，就因为村寨秋收人力不足，在大量使用电机时导致全村电网短路停电，而一户留守村中独自承担秋收工作的妇女因过于劳累，休息前忘记灭掉照明用的火烛导致家中半夜失火,最终造成了房烧粮毁人亡的悲剧。

(三) 消防实践的困境中所折射的知识经验的断裂

现代技术体系在其运作过程中,需要相应的物质、技术、制度条件作支撑,特别需要依托于一套专家系统(Expert System)在抽象化的社会情境中发挥其功用。[①] 侗族古村镇现代消防体系建设的不完善,在某种程度上与专家系统抽象的知识和技术无法有效嵌入在具体的乡村生活情景中相关。特别是现代消防体系的工程实施,在其设计规划、技术支持与设施配备等方面,体现了现代工程中遮蔽地方实际需要和本土实践经验的"外部视角"对地方干预带来的一种灾难性后果。[②] 而将运作于都市社区消防情景中的规划与技术简单地运用于乡村之中,这造成了乡村消防实践的许多现实困境。比如对村寨的消防规划中,虽注重防火隔离带、消防设施配备、消除火灾隐患等技术层面的改造与建设,但其工程化的实施方式,也使得其规划中常常忽略地方的地形与生态条件,反倒造成了技术灾难;比如前面所提及的孔寨新村,防火线的开设未考虑当地风向,反而使得火灾发生之时,本应阻止火势蔓延的防火线反倒成了大火借以加剧的通道。在消防设施配备上,不切合地方实际与乡村生活情景的问题更加突出。如抽水给水设备过于依赖电力和燃油动力,而这两类动力在乡村之中并不充足或获取不便;常不依据山区的地形条件来设置消防蓄水池的压力,导致灭火时水压不足,效力不高等。在这些技术性的问题中,消防水管与消防栓的口径不匹配也是最不应发生但却仍常见的错误,如黎平县地扪村在2008年间更新了村中的消防设施,安装消防栓,配备消防水管,然而消防栓与水管的口径却不一致,这直接延误了村民在2010年火灾中的自救,造成巨大损失。

[①] [英]吉登斯:《现代性的后果》,田禾译,译林出版社2007年版,第19—26页。
[②] [美]斯科特:《国家的视角:那些试图改善人类状况的项目是如何失败的》,王晓毅译,社科文献出版社2004年版。

当现代的消防体系未能接上地气，其经验知识仍在游离于地方之上时，本土经验在新的灾变过程中也暴露出其明显的局限性，特别是其对进入当地的各种新兴事物的特性认识不充分，是诱发灾害风险的主要因素。比如电力引入后，随意架线与用电不慎就成为火灾的一个最主要诱因；又如村民们在屋内大量运用不易撕破的塑胶墙纸与海报油布作为墙面装饰，却未意识到其燃点低、燃烧快的特性；再有近年来，在缺乏安全存储汽柴油的经验知识之背景下，村中摩托、农机与汽车数量的急剧增加也使得火灾风险被放大，获取汽油与柴油的不易使村民们常常在家中储备一定量的燃油，尤其在农忙季节，燃油的储备量更大，带来极大火灾隐患。而存放于民宅中的燃油，有时甚至放在厨房附近，不仅极易引发火灾，甚至造成火灾中的燃爆事件，使得火势失控。在木构建筑内部，当电线短路跳火、墙面装饰油布与存储不当的燃油叠加在一起时，这种新生成的风险场景表明了西南地区古村镇所普遍面临的一种消防困境，即现代知识体系与本土实践经验未能契合在一起，使得地方无法建立起一套行之有效的应灾经验。

当下侗族村镇中日益突显的火灾风险场景，也系近年来西南地区古村镇中火灾频繁的社会文化机理的一种呈现：一方面是剧烈的社会文化变迁所导致的时空框架转型与知识经验断裂，诱发了一个社会脆弱性不断叠加的灾变过程；另一方面是新的灾害风险在结构性地嵌入生活世界的过程中，未能产生一个可依托的时空框架来生成有效的应灾经验，由此一种不可控的灾害场景区域性地蔓延开来。

三 消防三角：灾难应对实践与本土知识激发

对灾难的感知与应对，正折射了人类的道德体系、情感动机，以及对过去、现在和未来的认知。[1] 今天人类学的灾难研究越来越重视

---

[1] [美]安东尼·奥利弗—史密斯、苏珊娜·M.霍夫曼：《人类学者为何要研究灾难》，彭文斌译，《民族学刊》2011年第4期。

对灾难感知与应对实践的知识经验图景之考察。作为两种拥有不同时空架构与逻辑情景的知识体系，现代消防技术与本土防火经验在地方的相互遭遇有多种形式，也产生不同的结果。二者或冲突，或互补，或相互转译，但最终都将共同形塑一个整体性的知识经验图景。因此，回到生活世界之中，考察本土知识经验图景如何吸纳与转译现代消防知识，使之嵌入地方的消防实践之中，进而形成一个新的知识经验图景，这才是在西南古村镇建立起科学有效的消防体系之根本。对侗族村镇中本土经验智慧与现代技术手段之间关系的讨论研究，已成为学界当前关注的一个热点问题，如从生态人类学角度对侗族村寨现代消防体系的建构进行评估①；或从制度层面来分析所谓"正式的"现代消防制度的效用低下，以及"非正式"的传统防火知识的重要性；②还有从传统文化角度出发，在肯定传统文化中防火知识的价值同时，强调其现代转型的必要性。③但这些研究倾向于以一种二元对立的方式，来处理现代消防技术与本土防火经验之间的关系，从而撕裂了知识经验图景原本的整体形貌，其所看到的只是两种知识体系的交汇而非融合。

实际上，灾难作为一种独特的社会场景，其所激发的不仅是抽象的整体性的知识经验图景，还有具体的社会动员组织机制。而地方社会在处理风险危机时，所依赖和运用的知识经验与社会资源也是多元混融的。④所以，应该对现代消防技术与本土防火经验在具体地方的遭遇、商榷对话和嵌入融合之展开过程与关联机制进行重点考察，从而在具体的实践场景中总结消防体系构建的原则。恰如帕金（David

---

① 廖君湘：《侗族村寨火灾及防火保护的生态人类学思考》，《吉首大学学报》2012年第6期。
② 吴大华、郭婧：《火灾下正式制度的"失败"——以贵州黔东南地区民族村寨为例》，《西北民族大学学报》2013年第3期。
③ 傅安辉：《黔东南侗族地区火患与防火传统研究》，《原生态民族文化学刊》2011年第2期。
④ 张原、马浪：《知识图景中的灾难考察——人类学灾难研究的关键路径》，《西南民族大学学报》2013年第8期。

Parkin）所指出，在出现风险危机时，社区本土、区域传统与现代专家系统三者的有机关联，为地方的知识经验图景之形塑与社会文化资源的动员构建了一个基本的时空框架。① 具体而言，在灾难所呈现的社会场景中，社区本土作为一种熟悉而亲密的生活空间，植根其上的知识经验与社会关系是维系地方生活世界最为具体而直接的社会文化资源，在这里社区居民所共享的归宿感与承担的责任感，可使其在日常生活与危机风险中建立一套亲密的信任依赖关系。体现于区域传统中的情感与权威则赋予了维系生活世界的价值体系与社会情景以一种历史感和正当性，在这里地方精英和仪式专家可依赖其声望和经验，来规范和指导人们的应灾实践。而现代专家系统一旦能有效地嵌入地方性的具体实践场景之中，则不仅能拓展地方应对灾难的时空框架，也能丰富地方对灾难的感知与防控的知识经验，这是提升地方灾害应对能力的重要社会文化资源。

侗族村镇在应对火灾风险时，社区本土、区域传统与现代专家系统也是相互叠加的，是一个不可分割的整体。这里以从江县增冲村2012年的一场火灾为例，来分析地方在应对灾难的过程中所展开的知识经验图景与动用的社会文化资源。

（一）火灾救治：地方知识与本土资源的激发

增冲（侗语 Zenl Tongp）位于黔东南州从江县的西部偏北，与往洞镇下辖的信地、高传、朝利、贡寨、孔寨等地同属于"九洞"款区。这些村寨分布于九洞的山间小坝子，具有侗族典型的村落选址特征——"九山半水半分田"，且因这一区域耕地较多，土壤肥沃，九洞一度成为从江历史上的"粮仓"。

群山环抱的增冲村，三面环水，被誉为建在"鹅巢"的村寨，拥有极佳的村落选址与理想的村寨布局，风水极佳。发达的水系网络是

---

① ［英］帕金：《医疗人类学与信任研究》，汤芸译，《西南民族大学学报》2017年第4期。

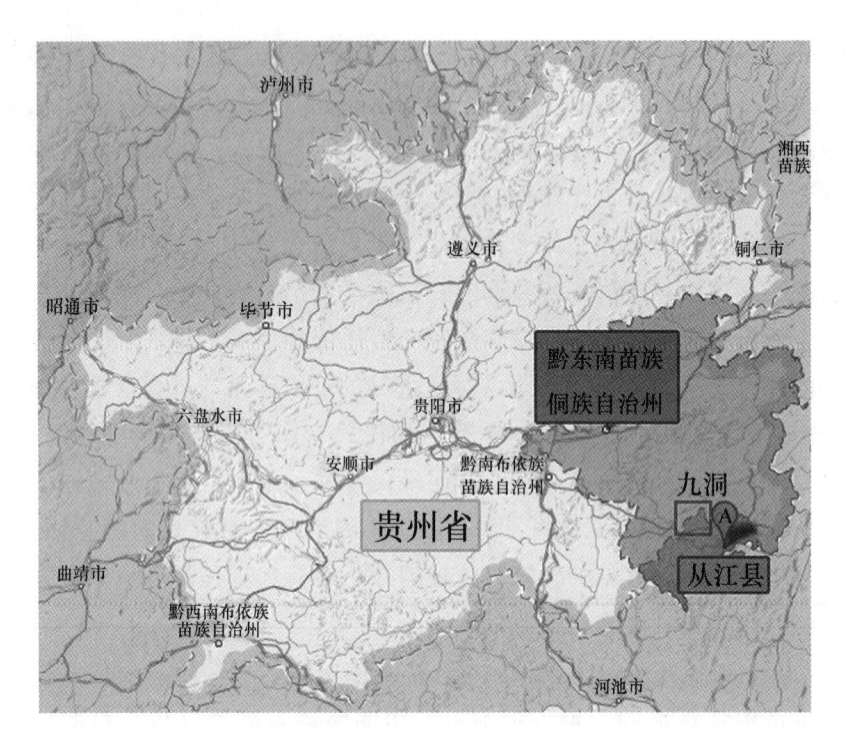

图 8　从江县九洞地区区位图

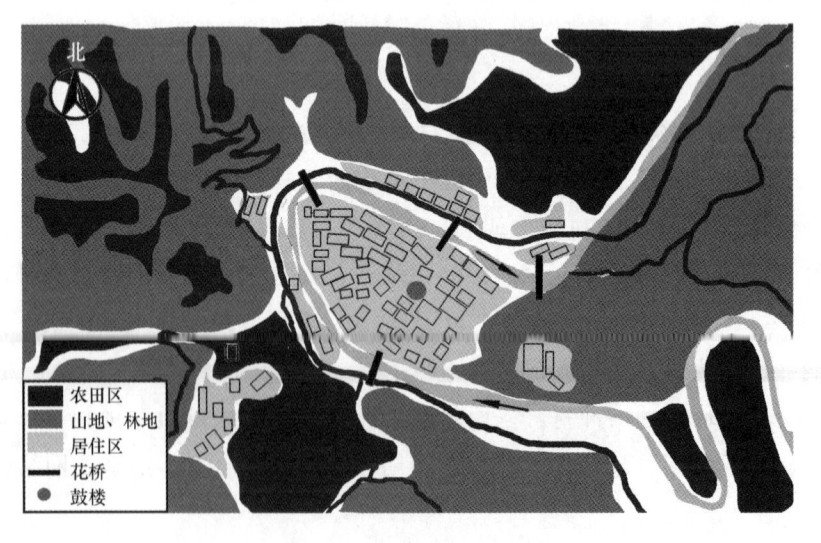

图 9　增冲村平面示意图

（地图绘制：兰婕）

增冲远近闻名的另一个重要特点。村中大小水渠若干,房前屋后不远处便有水渠,生活用水很方便,甚至有的水渠直接从厨房下流过。村中还在各处建有大小鱼塘,将上游的水引入村中,以暗道穿行于各个鱼塘,再由暗道排入下游。水渠与鱼塘,不仅解决了生活生产用水,也是重要的消防用水之储备,因而在增冲人的记忆中,建寨以来基本未发生真正的火灾。在如此良好的消防传统下,始建于康熙十一年(1672)的增冲鼓楼,保存完好,成为远近闻名的建筑,为增冲赢得"中国景观村落"称号。

与其他许多侗族村寨一样,增冲的生计结构也逐渐转变成以市场为导向的结构,时空框架发生着巨大的转型。近年来为吸引旅游,占用鱼塘修建起停车场、公厕或扩建房屋,而增冲河的水量也因2010年厦蓉高速的修建破坏了其水源而减少。同时,村中1200多人口中,留守在村中的青壮年仅有100余人,劳动力十分紧缺。自2005年以来,面对拥有良好消防传统的增冲的消防隐患,地方政府也加紧了"五改"等消防改造与消防建设,配备消防泵等消防器材,修建消防池7个。然而,2012年9月24日凌晨,村中却爆发了一场火灾,27户人、13栋房屋受灾,甚至几乎殃及鼓楼。根据当地村民报道,我们将火灾的过程整理如下:

> 火灾发生在凌晨。一村民酒后卧床吸烟,睡着后,烟头引燃了家中的塑胶墙纸。该村民发现起火时,低估了火情,未及时通知其他村民,只是与家人到附近水池取水灭火,而这个水池却因高速公路的修建破坏了水源,蓄水不足,这导致了火灾发生之初补救不力。屋内装饰墙壁的塑料油布又使得火势迅速变大。该村民慌张了,跑到其他人家去求助。村民们制止了他乱跑,因为他是"火殃头",他跑到哪,火就会烧到哪。村民认为火殃头不能到处跑的原因是,"火殃头"是知道火灾起因及家中格局的人,应留在家中自救同时协助前来救援的人开展扑火。其后,邻居们赶紧通过鸣锣喊寨和广播鸣号的方式,通知整个村子发生火

本土知识促进减贫发展

灾了。

最先赶来的村民全是青壮年，他们先是迅速来到村中鼓楼处判断火情，重点观察发生在鼓楼20余米开外的大火是否会危及鼓楼，在留下一定人手保护鼓楼后，其他人才被安排到起火点投入救火。但此时火势的蔓延，使得人们无法靠近离起火地点最近的池塘。要从离起火点较远的池塘取水灭火，需要消防泵才有效率，增冲之前配备有用于保护鼓楼的多台消防泵，但大家拿出来才发现，大多数都没维护好，用不起了，有的里面居然都有老鼠安起了窝。10台消防泵只有一台能正常工作。大家决定把这台消防泵用于保护珍贵的鼓楼，然后派两人专门负责想法子修其他的消防泵。

人们只能以人力传接递水的方式灭火。虽然通过鸣锣喊寨和广播鸣号的方式，村中能动员起来的男性村民被迅速地组织起来参与到传递水桶的救火工作中，但灭火效率不高。此时临近秋收季节，村中很多人家的一楼存放着大量打谷机使用的汽油。当火势迅速发展扩散到邻居家时，引发了一系列汽油燃爆。救火的村民随即转变策略，将原本用于保护鼓楼的消防泵先投入灭火，同时开始拆除相邻的房屋，清理各家的汽油，以阻止火势蔓延。不久，接到火警求助的邻近村寨的村民陆续带着消防泵到来，加强了消防力量，火势逐渐被控制。至天亮时分，此次火灾终于被灭，虽有13栋民房被毁，但村中300年的鼓楼虽紧邻火点，但安然无恙。

火灭了，事没完。当天村子设宴款待前来救火的邻村村民，感谢其协助。火灾发生当天半夜12点，村里便举行了"推火秧"仪式，并按村规与习俗惩罚了"火殃头"。事后村民还因消防泵大量不能使用，而责难村主任令其辞职。在灾后重建中，因为不可在火灾原址重建房屋，村民又向乡、县政府求助，获得了在新村区域重建民房的许可，并从政府得到一定救灾资金援助。

从火灾发生的整个过程中可以看到几个关键事件节点或者说"关键情节"(Key Scenarios)①：火灾发生之初的家户自救、火势蔓延后的村落内自救、火势失控中的村落间互助、明火熄灭后的村落宴请、以推火殃（甚至是过阴或祛煞）终结灾难、灾后恢复重建中的多重知识与主体的交汇。这样的情节是为标准的社会互动的形成与运作所设定的象征程序（Symbolic Programs），也是为实施文化上的典型的关系与情境而组织的图式。在这其中既能看到地方应灾对策的开放性，也能看到在地知识与专家知识间的交汇，以及所调动的社会资源的动态性与复合性。

需要强调的是，从关键情节中可以看出，火灾的发生总是在具体的地方，尽管专家知识有着关于燃点、易燃性、灭火方式等的一套抽象的普遍性总结提炼，然而，本土知识以及社区本土资源却是整个火灾救治过程中的核心要素。这一点也正逐渐被地方政府所认识与实践，如火灾发生后，为总结此次火灾抢险的经验与教训，增冲村所属的往洞镇于当年下半年实行了"火灾责任倒查与包干"制度。据该镇副镇长报道：

> 火灾发生后我们实行"领导包片、干部包点、村里包户、户包人"这样的联动机制。谁包的户、人，谁就必须在第一时间赶到那个地方。我们还成立了应急预案小组，出现了火灾第一责任人必须到位，镇长、书记、包片人、驻村干部、村干部、在家的义务消防员都必须到。其他的还有医疗小组，我们（往洞镇）条件有限，就是镇里的卫生院。还有安监站，司机、民政办都有分片……我们这里没有消防队，消防队就是我们镇里的干部了，因

---

① "关键情节"是指，在特定文化中被预先组织起来的行为的图式（schemes of action），它是为标准的社会互动的形成与运作所设定的象征程序（Symbolic Programs），也是为实施文化上的典型的关系与情境而组织的图式。见Sherry B. Ortner, "Patterns of History: Cultural Schemas in the Foundings of Sherpa Religious Institutions", in Emiko Ohunki-Tierney ed., *Culture through Time*, Stanford: Stanford University Press, 1990, pp. 57–93.

为条件不允许我们养一支消防队嘛。而且县里面的消防队太远了，时间肯定来不及。现在又实行责任倒查机制，责任大，我们也得重视。

（二）消灾解难：禳解仪式与多重知识结构整合

增冲的火灾关键情节并非增冲的特例，而是侗族村寨在火灾应对的实践中所展开的行动图式，在这其中，十分关键的一点是，灾难结束与社区恢复的标志并非明火熄灭，也并非房屋重建，而是禳解仪式的举行。我们的田野考察走访了多个侗族村寨，每个村寨的人们在讲述村中曾经发生的火灾或在向我们解释火灾影响时，都会强调只有举行了"推火殃"仪式，火灾这一灾难才算是真正消除。因为对地方社区而言，火灾的发生，并非仅仅是引发火灾之人的责任，更是对村寨之社会文化、道德体系乃宇宙秩序的折射，或者按老人的话来说"是因为村里有些不干净，才会有灾"。一位年长的村民给我们回忆了增冲火灾过程之后，补充道：

> 有些事情说起来要被批评是迷信，但是呢，我觉得还是有些道理，好多事情也不见得专家就说得清楚。你看增冲这几年，是有些不舒服。高速路修起了是方便，但是我们这个风水也受了影响，起码水是少多了嘛。然后呢，原来的鱼塘也少了，大家都想盖房子，是的，盖个新房是舒服，但是一把火烧起来，等于白盖，还要害到其他人家。这次这个火就是水不得够嘛，才烧得那么大。还有啊，现在的人心也不一样了，说起来也是有些自私了，只顾自家。
>
> 所以说，有的时候，我们老人家坐到一起也要想这些事，总是要担心村子要出事，你看果然是出事了。其实呢，我们以前啊家里用火用电更乱，现在整顿过了反而失了大火，你说是不是有其他原因嘛，那肯定不是省里的那些专家解决得到的哦，要我们的专家才得行。

推火殃仪式作为一种禳解仪式，不仅仅是对火殃头的公开惩罚与整个社区的教育仪式，更是村寨的清洁与更新仪式。只有仪式完结之后，社区才能恢复其洁净与秩序，否则便仍处于不安与危险之中。如前述尚重村认为火灾的频繁发生是因为杨姓老师这位火殃头未遵照传统举行推火殃仪式，使得村子不断失火。如果推火殃仪式举行后，仍觉得还有灾异，便要举行"过阴"和"去煞"仪式找出灾异原因，消灾解难。因此，对火灾的解释、应对与阐释之知识图景，对于侗族而言，其实既是对事物的评判与操控，更是其对世界的通达与理解之方式与结果。

在侗族的生活世界中，举行仪式消除不洁，也是为展开灾难之后的各种重建与恢复打下基础。在增冲的关键情节中，火灾结束后，举行仪式之外，人们同样积极地展开灾后社区恢复与重建，并且在这一过程中，地方习俗禁忌与政策法规、科学知识相互交织在一起，呈现出一个复合的知识架构。首先，侗族传统中认为不可在发生火灾的宅基地上重建房屋，而要获得新的宅基地则需要政府的批文。于是，增冲的村民们也向政府求助，申请新的宅基地。地方政府考虑到这一习俗，很快将新村宅基地批给了受灾村民，同时，村委与乡政府还为灾民们争取到生态移民的补偿款用于新居修建。其次，加强消防建设，包括通过在村规民约补充新的条款，提升消防意识加强防火知识普及，以及加强消防设施的建设、配备与使用培训，定期举行消防演练等。比如增冲村在2012年前后新订的《增冲村规民约》，应对着新时代的变化有着新的规定与表述，并且在火灾发生之后又被重新修订，共十一条，其中"防火、山林及治安管理"放在了第三条，称"防火是全村工作中头等大事"，可见其对防火的重视程度，其下共有12条规定：

防火是全村工作中头等大事，人人必须高度重视，在防火安全过程中，如有违反下列行为的论情节严重给予惩罚。

1. 明确的巡逻喊寨人员，必须每天喊寨，如有未按规定的罚款5元一次。

2. 严禁在村边堆放柴草，不准在楼下放干柴，杂草等易燃之物，经检查发现一次罚款20—50元。

3. 严禁在室内烘衣服和食物，经检查发现类似情况一次罚款20—50元。

4. 严禁大人、儿童乱用易燃物品，凡发现乱点火把，乱玩火的一次罚款20元。

5. 不小心导致寨火，火警者，每人每次退火秧（肉120斤、酒50斤、米50斤），全包干。

6. 严禁在林区内烧炭、烧田榜、积肥，如有发生山火当事人应当请扑火人员就餐，并罚款300元。

7. 乱砍乱烧他人集体山、自留地、经济林，除赔偿损失外并罚款100—200元。

8. 责任田榜界限为：上17米、下5米，如有超界限砍伐者除赔偿外并罚款50元。

9. 对防火工作中突出贡献的给予表扬或物资奖励。

10. 未经他人允许擅自在集体山、自留地、责任山、乱放松油按每颗补偿20—50元，另罚款200—500元。

11. 义务消防队每半个月进行一次演练，在家未参加的队员，每次罚款10元。

12. 在森林防火禁火期，野外用火和生产性用火必须报经村委会批准后，事先开好防火隔离带，准备扑火工具，有组织在三级风以下的天气用火，严禁失火，违者罚款50—500元。

可见条规中，最为核心的是明确一些常见的有消防隐患的习惯、行为的惩罚方式；其次是对火灾监管与防范演习的规定；第三便是结合当地习俗与当代生活水平，给出明确的引发火灾责任人的相应惩罚内容。另外，在条规的最后，还有一条补充条款："从2011年起，禁止填水池做宅基地，凡是填水池（鱼池）的，除还原外并报乡人民政府处理。"可见当地人已经意识到水池的减少所增加的火灾隐患，并从 2011 年起就开始禁止占用水池的行为，而在 2012 年 9 月的火灾突显了水池减少所带来的火灾隐患及对救火工作的不利影响后，更是将之强调出来。

类似地，地扪村在多次火灾之后，在举行相应仪式的同时，也在不断总结经验与教训，完善消防工作，并制订详细的《地扪村消防管理工作职责及各项制度》，共有 26 条，其中，第八条"防火安全'十不准'制度"列出了当地常见的引发火灾的一些行为以示警诫。在这一条规中，值得注意的是其第十八条中所列出的农村防火"三大法宝"：修建防火塘（池）、购置消防机泵、建立义务消防队，且强调要"把三者有机结合起来（缺一不可），开展经常性的防火演练。"这一条规更强调鱼池作为防火塘的重要性，以及村民作为消防员的有效性，这正体现了灾难发生及其应对的在地性特征，也展现出村民努力在传统知识与现代知识之间达成契合的新努力。

（三）知识图景：消防三角联动结构之整体实践

回到生活世界的整体之中，来考察当代西南地区古村镇中的灾难感知、灾害场景与灾变过程，同时借助于灾难应对中的关键情节之梳理，也让我们认识到，火灾悖论这一灾变过程的发生，正暴露了现代性社会转型与传统生活维系之间存在着那种深刻的矛盾，及其带来的在地知识与专家知识之间的裂缝。这使得地方社区在火灾面前的脆弱性激增，同时也进一步妨碍着地方社会面对激变时的弹韧性机制的有效性与延续性。而从增冲村的这一案例可以看到，当代侗族村寨应对火灾时，所依托的知识经验图景是多元复合的，和动用的社会文化资源是多样混融的。

首先，在应灾实践中被激发的知识经验是互补关联的，这里既有社区本土的，也有区域传统的，更有现代专家系统的，三者的整体运用是火灾最终得以扑灭和损失得到一定控制的关键。特别是现代的消防水泵与传统的蓄水池塘的配合，更显现了在一定的区域范围内，现代消防技术融入地方本土实践之可能。

其次，在灾害救援时被动员起来的社会力量则是整体关联的，这里运用的社会文化资源有一个从家庭自救到邻里救助、从村寨自救到区域救援，从社区自我恢复到各级政府援助的逐级展开过程。而当地区域传统中，村寨间守望相助的社会风气和相关的民间规约，对于消防实践而言是一个重要的社会文化资源。

最后，在灾变诱发的过程中所暴露的知识危机与实践困境则表明，由社区本土、区域传统和现代专家系统所构成的这一整体性时空框架一旦出现裂痕，灾害风险与社会脆弱性就会被激发。在这一灾害场景中，被用于装饰木墙的塑胶墙纸、存放于木楼中的汽油、因公路修建而被破坏的蓄水池的水源，这些风险的生成与本土经验中对一些现代易燃物的认识不足，以及现代规划中对区域传统的一些本土经验的忽视遮蔽，有着极强的关联性。

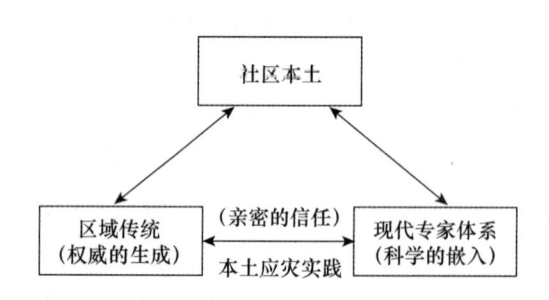

图10　消防实践中的三角联动结构图

由此可见，地方应对灾难与各种事件时，所依托的知识经验图景与社会文化资源是在一个整体性时空框架中生成的。在这一多元混融的时空框架中，将社区本土、区域传统与现代专家系统三者构建为一个稳定的三角关系，则能避免本土经验智慧与现代知识技术的二元对立，这也是当代西南古村寨构建科学有效的消防体系的一个原则。这里之所以强调这是一个三角结构，而非三层结构，是因为尽管这三种社会文化资源在时间、空间与知识经验上存在着特定的远近与等级关系，但三者并非独立运行发挥作用，也不可相互取代。且只有在三者的交错运作基础上，火灾的风险才是可控制的。消防三角的稳定关系是建立在三种资源的整体混融之上的，且任何一角的效用缺失，都会导致风险上升脆弱性增加，甚而导致灾变生成。

四 防灾路径：消防实践与减灾脱贫的思考与对策

灾难生成于社会、技术与环境的脆弱性交汇和叠加，是这些风险因素相互作用的结果。因而灾难提供了一个最具有戏剧性和展示性的情景，能以非常直观的形式显示出某一社会难以成功和可持续地适应其生存环境的某些要素。[1] 在这一动态地将潜在灾害风险转化为显见灾难场景的灾变过程中，深植于一个群体日常生活状态背后的生存环境特征与社会文化结构中的脆弱性，被不断地叠加激发。因此，将生境条件、社会结构、文化观念、历史过程这四个纬度并置混融在一起，形成一种整体性的研究视野，来对具体灾难的社会文化肇因和应对实践经验进行分析，能让我们更深刻的理解当前人类社会在可持续性方面所面临的种种困境、挑战和机遇。回到生活世界的整体之中，来考察当代西南地区古村镇中的灾难感知、灾害场景与灾变过程，能让我们认识到，对火灾的防范应对并不只是一个单纯的消防问题，更是对地方社会在剧烈的文化变迁和社会转型过程中所突显的种种危机风险的克服和消解。而地方在应对灾难时，其所依托的知识经验图景与社会文化资源则是在一个整体性时空框架中生成的。因此要实现本土经验智慧与现代技术手段的有效衔接，构建和维系社区本土、区域传统与现代专家系统之间的三角关系是一个极为重要的实践路径。

当前侗族地区所面临的严峻消防态势，可以说是西南民族地区古村镇应对火灾风险危机的一个现状缩影。根据对侗族村寨的火灾肇因与消防实践的情况考察，可对当地防火工作及减少因灾致贫因素给出

---

[1] [美] 安东尼·奥利弗—史密斯：《人类学对危险与灾难的研究》，彭文斌译，《西南民族大学学报》2014年第1期。

如下经验借鉴：

（一）加强灾害肇因的辨析研究，建立一种整体性的消防观念和应灾实践机制

以侗族村寨为典型来进行火灾肇因的辨析可看到，当前西南民族地区古村镇所面临火灾频发的困境，其根源不仅在于现代消防设施建设的不完善，更在于当前的应灾实践中，缺乏将灾难放在当地生活世界以把握灾难发生的社会文化机理的整体性消防观念。这样一种对地方时空架构与知识体系的陌生，使得本就未完善的现代消防机制不仅无法发挥其应有作用，甚至可能会造成更大的灾难。因此，在古村落的消防改造工程中，不仅需要拥有专业消防知识的专家进行设计规划，也应该有具有整体观的人类学民族学者参与其中，更需要调动起地方本土知识与社会文化资源才能构建出一个科学有效的消防格局。这样才能避免技术盲点与建设失误而带来的消防新隐患，也能真正切合地方的实际情况切实发挥各种消防设施与应灾机制的效用。

（二）建立"消防三角"的联动关系机制，合理配置应对灾害的社会文化资源

恰如本报告所指出，消防实践是在一个复杂的社会文化体系中，通过动员各种社会文化资源和整合各类生活知识经验，来应对灾难的整体性社会行动。因此在当代这个多元混融的时空框架中，根据民族地方的实际情况，将社区本土、区域传统与现代专家系统这三类应对灾难的联动主体构建为一种互补互生的三角关系，这不仅能将本土经验智慧与现代知识技术相互贯通，而且能充分调动村落、地区、国家乃至海外的社会文化资源，并实现其合理配置，从而在最大程度上消除火灾隐患、降低火灾风险、减少火灾损失，实现防患于未然的目标。

（三）弥补地方消防实践中的知识经验裂缝，将消防工作落实于日常生活层面

如本报告所指出，造成贵州侗族村寨"越防越火"这一消防悖论的原因不仅是技术问题，更在深层次上来源于古村镇空间格局与时间节奏剧烈变化中所产生的现代知识体系与本土实践经验间的裂缝。因此，只有让现代科学消防知识系统与地方传统知识体系相互切合，才能将对火灾隐患的观念认识和应对实践融入日常生活之中，从而降低火灾风险并增强火灾救治效力。结合西南古村镇的情况，具体来说，可以从四个方面完善消防实践的地方体系：（1）将现代消防知识以地方表述方式进行宣传与普及，如借助民歌、谚语、戏剧等方式，让人们了解物品的易燃性、电器使用安全、消防器械使用等基本知识，从而将防火转化为日常生活的一部分。（2）借助地方公共活动形式进行消防演练，如在各种年度仪式、村落清洁仪式、娱乐活动中，加入清理火灾隐患、演习救火、检查消防设施等实践，从而加强防火与灭火的能力与效率，降低灾害损失。（3）加强村落间的互动互助关系，如联谊活动与互助村落，相互促进消防建设，并增加火灾救治的效力。（4）建立符合民族地区实际情况的消防安全责任制，在制度上确保消防实践在地方上的有效运转。

因地制宜：本土知识的再发现与再创造
——广西横县垃圾综合治理实践的反思

张兰英[*]

一 垃圾危机

(一) 垃圾暴增：从"围城"到"围村"

2009年9月，北京市正式对公众宣布北京正在遭遇"垃圾围城"之痛，预计四年后就没有填埋场处理日均产生的1.84万吨垃圾。随后，包括上海、广州、深圳、成都等各大城市纷纷宣布垃圾围城。随之出现的是众多垃圾填埋场、垃圾焚烧场各种污染及健康影响。根据中国人民大学国家发展与战略研究院发布的《我国城市生活垃圾管理状况评估报告》数据显示，目前中国城市生活垃圾清运量大而且增长的速度快。全国城市生活垃圾清运量从1979年的2508万吨增长至2015年19142.17万吨（约1.91亿吨），处理量为18750.64万吨（约1.88亿吨），增加了7.6倍，而且每年的增长速度都在增加。

随着城镇化进程的加快，工业文明生产的大量物品开始进入农村，农村垃圾日渐增多，"垃圾围村"开始成为农村发展之痛。全国4万个乡镇、近60万个行政村大部分没有环保基础设施，每年产生生活垃圾1.5亿吨（住建部2016年统计数据），相比城市90%多的垃

---

[*] 张兰英，课题组组长。曾任西南大学中国乡村建设学院副院长、梁漱溟乡村建设中心主任、中国国际行动援助主要创始人之一，长期从事民间组织人力资源发展和环境治理—垃圾综合治理等工作。

圾处理率，农村垃圾处理率只有50%左右。部分地区还处在随意堆置或直接倾倒进河湖或沟渠，"垃圾靠风刮，垃圾靠河冲"的状态。

过去的三十年，中国的经济发展、科技进步、生活改善是有目共睹的。与此同时，垃圾的产生，也成了现代化不可或缺的一个重要增长点，成为人类需要面对的扔不掉、理还乱的问题。"扔不掉"是无论你用哪种方式处理垃圾，它都会造成不同程度的水、大气和土壤的污染，最终以食物、水、空气等形式回到我们的生命中，影响着我们的生活。"理还乱"则是人类仍然锲而不舍地探索有效处理垃圾的方式。而人类无论如何通过科学技术对垃圾进行处理，其过程都不可避免地需要使用能源，仍然会造成二次污染。诸如对地下水的污染、土壤的污染、空气和海洋的污染等，最终回到我们的生活中，威胁着我们的健康，让整个人类承担相当大的社会代价、政治代价和经济代价。

在我们还没有能力很好地处理原来积存的垃圾的同时，还要应对不断增加的新垃圾。人类在这种状况下的应对策略只能是一方面试图解决问题，一方面总结反思。由此而呈现的是人类对垃圾问题是一个不断深化认知和优化决策的过程。从垃圾的产生到今天，人类经历了从丢弃垃圾到利用垃圾，认为"垃圾是放错位置的资源"。而不断增加的垃圾问题的严重性，又不得不让人类进一步反思并意识到内生于工业文明的"垃圾"问题需要生态文明的理念和途径来应对。人类在不断地尝试优化缓解垃圾带来的一系列问题的方法过程中，经历了垃圾处理技术从简单的堆肥到填埋、从焚烧到"零废弃"处理综合技术的更迭，而最重要的则是在处理垃圾的目标上经历了由单纯的垃圾清理到综合性的、循环利用的可持续管理模式的变化。

（二）垃圾的前世今生：从"简单"到"复杂"

《新华字典》中"垃圾"词条的释义是："废弃无用或肮脏破烂之物。"当今最为普遍的对生活垃圾（以下简称垃圾）的界定，是指居民家庭、企事业单位的日常生活中或者为日常生活提供服务的活动中产生的固体废物如厨余物、废纸、废塑料、废织物、废金属、废旧电器等。该定义所罗列的物品都是我们生活中使用的物品，之所以成为垃圾，是因为多原因，如肮脏、破损、无用而扔弃，从而成为"废弃物"，俗称"垃圾"。正如田松教授所说，"垃圾"这个词的特殊性就在于它不具体指向任何东西，但是任何东西都可能成为垃圾。所有我们使用的东西，只要扔出家，废弃，就都成了垃圾。"垃圾"是被人类社会所"废弃"的东西。但这只是显性的垃圾。实际上，我们在家中放置了众多的长久不用的物品，这些是隐形的"垃圾"，只是在形式上没有扔出自己的家，扔到垃圾桶而已。

中国五千年的农耕文化是建立在小农经济制度之上，以提高土地生产率为目的的精耕细作。精耕细作的优良传统充分体现了循环利用有限的自然资源上。由此，在乡村是没有废弃物的，任何自然资源都能够得到有效的利用。农业、农村和农民生活在一个物质循环的生态环境中。正如在自然界，一个生态平衡的系统里，生产者、消费者和分解者之间传递着物质转换。在这个系统中，被废弃的物质（如粪便）会被分解者转化，回归自然。在工业化之前，传统社会使用的物质多是取之自然、用之自然、回归自然的。因此，人类生产生活所产生的废弃物，可以通过周边环境的植物、动物、微生物各取所需而被利用，仍然可以通过自然的分解方法回归自然，所以也就不构成垃圾。即使在城市，直到20世纪70年代，北京这样的城市仍然可以通过垃圾分类收集实现充分利用的目标。一位在北京生活了多年的美国妇女路易斯在自己所写的见闻里专门写到北京的回收系统。她这样写道："当西方国家的大量垃圾除了填埋、焚烧，找不到更好出路时，中国有着当时世界上最完整的回收系统。生活垃圾不仅为工业提供原料，还为农业提供饲料和肥料，连西瓜皮也送去喂猪"。[①]

在21世纪的快速发展进程中，传统社会秉持的"物尽其用"的

---

① 廖晓义：《垃圾分类与可持续发展》，《科技导报》1997年第12期。

理念早已淡出我们所处的工业化时代。工业化的过程就是不断提高生产力来满足人们各种短缺的需求。而现代化的发展则是希望在工业化的基础上进一步提升效率，但过快提高生产力，就会造成各种生产过剩，就需要不断地促进消费以解决生产过剩。在这个生产到消费的链条中，生产消耗了大量的自然资源，包括不可更新的能源，而消费则产生大量的垃圾。这样，"我们就从生产社会进入了消费社会。消费成为发展经济的引擎。刺激消费欲望的基本模式，就是加速升级换代与新陈代谢。现代化生产方式的最高目标，就是极力压缩从有用到无用的时间，让所有产品尽快变成废弃品"。①

消费主义的滋长导致生活垃圾以每年8%—10%的速度在不断地增加，而增加的垃圾大多是工业化产品的废弃物，如塑料等人工材料，很难参与大自然的物质转化，因为没有对应的微生物分解它们，难以降解。因此，城市产生的垃圾需要占用大量的农村土地消纳。农村不仅成了处理自身在生产和生活过程中使用工业化产品的垃圾场所。同时，农村还要接纳工业化和城市化过程中产生的难以在自然界消纳的城市垃圾转移到农村的现实。正如田松所说："工业社会的垃圾，尤其是在化学工业进入人的基本生活之后，越来越多的物质是人造的，是大自然自身历史中从来没有过的。它们不是也不可能成为大自然自身生态系统的一部分，从而导致了严重的污染问题、环境问题，进而导致生态问题"。②

生活垃圾从"简单"的自然循环到"复杂"的不得不进行处理这个过程不到半个世纪，而生活垃圾数量的与日俱增，种类与成分的日渐复杂，导致众多城镇在不得不面对垃圾数量不断攀升这一现实的同时，还要应对工业化迅猛发展而导致的垃圾成分越来越复杂，有害废弃物混杂其中且越来越多而引发的诸多环境污染问题。生活垃圾问题已成为困扰人类发展、污染人类的居住环境、影响大众生活的社会

---

① 郭巍青：《垃圾问题是头等大事》，《南都周刊》2012年8月12日。
② 田松：《工业文明的痼疾——垃圾问题的热力学阐释及其推论》，《云南师范大学学报》2010年第6期。

问题，正如清华大学教授刘建国所说："垃圾它确实有资源的属性，但是首先是污染源，从环保角度来看，垃圾是对水造成污染的一种物质，从经济学角度来讲，它是一种价值为负的商品，所以我觉得它首要的属性其实是污染源。只有定位成污染源，我们推行垃圾分类的理念、措施，包括强制才会站得住脚。"①

（三）垃圾处理的迷思："填埋"与"焚烧"

垃圾内在于人类的生活，永远不可能消除。哲学家 John Scanlan 也曾做过这样的评述："垃圾就像一个幽灵一样的敌人，是我们以为可以清洁的现实的阴影；所有处置垃圾的方法似乎都在尽力保证垃圾不会再出现在光天化日之下，然而垃圾始终会在某个角落向人们提醒着被压抑的现实。"②

目前的垃圾处理方式最常见的无外乎卫生填埋、高温堆肥和焚烧。但是，如果没有分类，每一种处理方法都只是对垃圾中的一种或几种组分有效，而对其他组分常常不起作用。实践证明，采用传统的单一处理方式，均存在严重的弊端。简单填埋表面上看似处理量大，投资少，一埋了之。这种所谓的"处理方式"事实上是"垃圾转移和储藏"，而非真正意义上的处理，不但占用大量的土地，而且对环境污染严重。即使是卫生填埋，建设费用高，占地大，底层防渗要求高。将垃圾中可利用的资源和长年不能降解的废塑料统统埋掉，这样不仅无法实现资源化，还带来一定的污染和长期隐患。焚烧法一次性投资巨大，运行管理费用昂贵，对垃圾热值要求高，必须以热电联供形式运行。燃烧中不仅把有回收利用价值的资源统统付之一炬，造成"玉石俱焚"的局面，而且还产生难以检测的剧毒二噁英气体。堆肥法目前的主要问题是未能对垃圾进行有效分类，堆肥质量差，不符合国家标准及农业部标准。堆肥物料中含有玻璃、砖瓦、铁屑、陶瓷、

---

① 刘建国：《垃圾是资源，更是污染源》，《人民日报》2017年5月6日第九版。
② John Scanlan, *On Garbage*, Reaktion Books, 2005, p.14.

贝壳等无机物碎片以及废塑料、橡胶等可燃有机物碎片，甚至还有废电池等有害物质。有的堆肥厂采用的工艺未能有效进行高温灭菌，肥料中的养分不够，人们称它为"垃圾土""营养土"，堆出不合格的肥料，不仅肥效低，而且对土壤有害。

不管我们如何科学有效地处理和利用生活垃圾，最大限度地减少污染，以期达到减量化、资源化和无害化的目标。但是根据热力学定律，其核心的第一定律是"宇宙总能量不变的能量守恒定律"，核心的第二定律是"尽管能量不能被创造也不能被消灭，它只是不断地从一种形式转化为另外一种形式"。但是，这种转化却永远是单向的，即从"可利用的"到"不可利用的"。这对我们理解目前不同的处理方法的利弊很有帮助。由此，国家发改委提出了循环经济概念，并给出了清晰的界定：循环经济是一种以资源的高效利用和循环利用为核心，以"减量化、再利用、资源化"为原则，以低消耗、低排放、高效率为基本特征，符合可持续发展理念的经济增长模式，是对"大量生产、大量消费、大量废弃"的传统增长模式的根本变革。2008年8月全国人大常委会通过，2009年1月1日起实施《循环经济促进法》，中国成为在国家层面上力推循环经济的重要国家之一。

在废弃物/垃圾治理领域，遵循物质循环定律，发展循环经济，要实现垃圾减量化、资源化、无害化的目标，就必须严格从避免产生垃圾到减少垃圾的产生（Reduce）、从重复使用到回收利用（Reuse），从循环利用到能源再造（Recycle）的实施原则，通过简约生活减少垃圾的产生。从垃圾源头进行有效的分类，源头分类是回收利用、堆肥实现垃圾的资源化的前提，也是最大限度地避免焚烧带来的二次污染的保障。由此，实现环境与发展协调的最高目标就是实现从末端治理到源头控制，从利用废物到减少废物的质的飞跃。将需要填埋或者焚烧的垃圾降到最低，推动物尽其用的最大化，这是人类社会面对目前的环境危机的必然选择。

二　垃圾综合治理"样本"——横县实践

（一）先知先觉的横县：历史与当代

横县是一个有着悠久历史的文化古都，人类足迹在八千年前就踏上了这块土地。以西津人、秋江人、江口人为代表的横县先民，依水而居，以渔猎采集为主，原始农业为辅。她们在与大自然的斗争中艰苦拓荒，繁衍生息。据考证，在春秋战国时期，横县的骆越和西瓯人就已经懂得铸铜技术，所制作的铜鼓造型精美、花纹瑰丽，为后人所赞叹。在宋元时期，横县的陶瓷工艺已经达到相当高的水平。不仅满足本地需求，还远销国内外。

高度发达的陶瓷业折射出横县历史上繁华的社会风貌。这里土地富饶，农业得到空前的发展，是广西有名的鱼米之乡。这里百业兴旺，采矿、冶炼、木器、食品加工等行业繁荣昌盛，运输船只川流不息，是郁江中游的贸易重邑。

横县久远的文化，真实而厚重。历代名宦文人来到横县，促进了中原文化和本土文化的融合，形成了已逾千年而经久不衰的儒教、道教、佛教活动场所——伏波庙文化。宋代文人秦观培育的具有浓厚海棠气息的书院文化，建文帝隐居应天寺十五年培育了具有六百年之久、享誉中外的南山白毛茶的茶文化，佛学文化、史学文化，推动了横县经济、文化的兴盛繁荣。

从汉武帝元鼎六年置安广县起，横县开始建置，至今已有二千一百多年历史。在唐朝贞观年间开始以"横"字冠域名，历经一千三百多年而不改，昭示了横县历史地位的独特、鲜明与重要。一代又一代勤劳、善良、智慧的横县人民在这块古老而神奇的土地上耕耘劳作，守护着物产丰富的农业生态系统，滋养着这片山清水秀的优美风景，人杰地灵的独特的自然和生态资源优势，造就了其历史上的辉煌。直至今日，横县得天独厚的自然条件，仍然让横县保持着县域经济发展的前沿地位。横县是全国最大的茉莉花茶生产基地，被国家林业局、中国花卉协会命名为"中国茉莉之乡"。在保持农业生产基地的基础上，横县重点发展了蔗糖、建材、缫丝、化工、食品、农副产品加工等工业，让其不仅保持着广西农业产业化标杆县，同时还是广西县域工业试点县和农产品加工示范县。

横县的农业非常发达，各种农产品都形成了生产、加工和销售的完整产业链，同时也形成了资源循环利用的多样生态链。例如，横县生产的茉莉花，在加工茶叶后，花渣作为蘑菇菌包充分利用，之后菌渣作为肥料，使用在果园生产中。甘蔗生产也是如此，加工后的蔗渣作为肥料使用。资源循环利用的效率极高，没有浪费，也没有太多的有害污染。这种循环生产的模式，同样反映在横县人民的日常生活中。县城的生活垃圾也得到了利用。

进入20世纪八九十年代后，产业资本扩张与全球化进程加快，中国依靠低廉的土地、劳动力和资源要素形成国际竞争的比较优势，以高投入、高消耗、高污染的粗放式经济增长方式为主，加快城市化的扩张。同时在自由主义全球蔓延的意识形态之下，消费主义文化盛行，社会生产和生活都发生了整体性变革。先知先觉的横县，同样早于其他地区，进入工业化、城市化的进程，因而也较早地遭遇了"垃圾问题"。

20世纪90年代中后期的横县，由于城市化进程不断地加快，横县县城城区建设面积不断扩大，人口不断增加，生活垃圾的产出也以每年8%—10%的速度递增。在1999年到2000年县城垃圾的日产量平均已达70吨，高峰期可达100吨。以往，县城所产生的垃圾都放在80年代初征用的只有4.7亩的场地上。从1994年起，由于垃圾量的增加，每年都需要租车清运该场的垃圾2—3次，运往各乡镇的果场作肥料用。这样不但每年都要支出50万—60万元的清理运输费用，而且未经任何处理的垃圾还造成了二次污染，群众反映强烈。特别是随着垃圾成分越来越复杂，果农已不愿接纳，垃圾去哪里成了县政府和环卫部门头疼的问题。由于难以征收农民接受存放处理垃圾的土地，县城垃圾仍然在使用原来征收的4.7亩场地。由于只是简易堆放，没有任何处理措施，造成空气恶臭、蚊蝇漫天、滤液满地，成了重要的空气、水和土壤的重要污染源，也成了垃圾堆放地所在乡镇居民、县城居民关注的热点。如何科学地整治垃圾成了摆在当地政府面前的急迫解决的问题。

面对这个急迫需要解决的问题，由国家教委和广西壮族自治区教育厅牵线协调，自1993年就与横县人民政府合作的、秉持晏阳初平民教育理念的菲律宾国际乡村改造学院，与县级政府和相关部门一起，在五年合作推动可持续乡村发展教育的基础上，共同开展了解决垃圾问题的实践探索。

（二）横县生活垃圾的分类治理

生活垃圾的管理是一项综合的优化决策过程。这个优化决策的过程是基于人们对垃圾本身和垃圾所带来的一系列问题的认识过程[①]。从垃圾的产生到今天，我们经历了从不了解垃圾到认识到"垃圾是放错位置的资源"的飞跃；也经历了垃圾处理技术从简单的堆肥到填埋、从焚烧到"零废弃"处理综合技术的更迭，而最重要则是在处理垃圾的目标上经历了由单纯的垃圾清理到不得不进行综合性的、循环利用的可持续管理模式的变化。

当横县出现垃圾问题时，不论是政府、还是大众，对其认识都不够全面。而垃圾造成的影响已经显现，生活垃圾直接带来的感官上的刺激，臭味、遍地流淌的液体和满天飞的蚊蝇，已经让农民意识到不能接受任何用于垃圾堆放和填埋的征地。而有关垃圾处理的资料和信息还很有限，国内可借鉴的经验也凤毛麟角，2000年启动的八大城市的垃圾分类试点在很短的三月内就宣告成功而留下诸多系统对接的问题并未解决。要彻底解决垃圾问题，需要进行源头分类和相关的系统改建来进行垃圾分类后的处理。与横县地方政府合作的国际乡村改造

---

① 陈洪为、黄焕忠、张兰英：《横县十年：垃圾综合治理的实践总结》，知识产权出版社2012年版，第21页。

学院，在学习了不同国家垃圾分类的经验基础上，提出了垃圾分类综合治理的设想。相比与高素质高教育水平的大城市都难以实现的垃圾分类，在横县这样一个农业为主导的县域推动垃圾分类，地方政府并没有信心。但是，在参观实际的可行案例后，横县政府有魄力地决定进行垃圾分类工作，并成立了政府领导小组和实施小组，全力推动这项工作。

在县政府的大力支持下，由政府领导小组指导，协调环保局、教育局和环卫站等相关部门，针对不同的区域——县城的生活区域、公共区域和办公区域进行了调查研究。对垃圾在不同季节的产出数量和不同组成成分进行了监测和数据的收集工作，以及居民的垃圾投放方式和习惯进行了研究。在从垃圾的产生量和组成投放方式和习惯、产出充分调研的基础上，根据横县县城产出的垃圾成分主要有70%可用于堆肥的垃圾，县城居民基本会将可回收的存放，并进入县城的废品回收系统，垃圾的前端减量和分类对有效治理垃圾后端就显得尤为重要。

在此基础上，县政府同意并决定将生活垃圾从源头分成三大类，即：可堆肥类垃圾（湿垃圾）、不可堆肥垃圾（干垃圾）及有害垃圾。如下图所示：

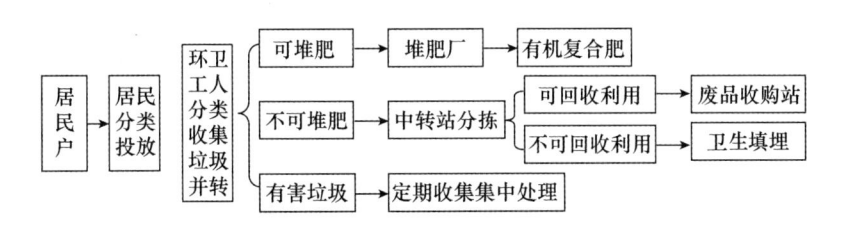

图1 垃圾分类处理方式

横县在推动实现垃圾分类和综合治理机制的过程中，不仅开展了贯穿始终的宣传发动与环境教育，同时还在不断调查研究分析的基础上，通过试验示范到推广，不断完善了分类收集、分类分拣和转运、分类进行堆肥反哺农业的试验以及填埋处理，直到2005年基本实现了"生活垃圾的减量化和资源化、辅助生态农业的可持续发展"。在这个过程中，垃圾前端的减量和分类需要每个产生垃圾人的行为态度的改变，而本地人所一直秉承的中国传统农耕时代"物尽其用"的传承，本地人在生活中所形成的生活智慧和生存技能充分运用到可持续生活垃圾的分类和处理上。在没有大量资金投入的条件下，横县因地制宜地创造了低成本、高成效地可持续垃圾综合管理机制，构建了以"3R"为原则的城市与农村之间、生活与生产之间的"生产服务生活、循环利用不同资源服务生产"垃圾循环利用体系（如下图所示）。

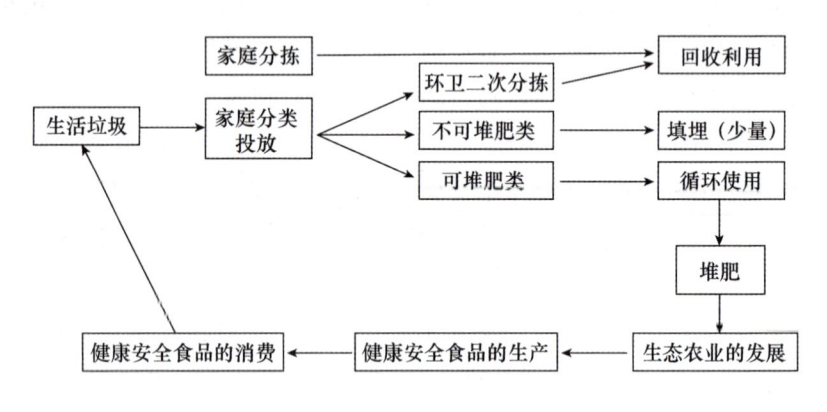

图2 垃圾循环利用体系

（三）环境教育：知识与行动

知识是什么？知识是改造和变革现存世界的方式。知识是我们认识世界的过程，理解现实秩序，进而对现实秩序进行否定和改造的实践过程。这个过程对于人类进步、知识进步具有根本性的意义[①]。由此，知识不应是束之高阁的文字，知识应该是通过自我改造和自律，进而改造现实世界的行动。

横县在20世纪80年代末和90年代，经济得到了突飞猛进的发展，尤其是乡镇企业。从制作我们丝绸的缫丝加工，到我们最喜欢吃

---

① 韩毓海：《谁来书写五百年的人类历史》，九州出版社2011年版，第426页。

的不可缺少的蔗糖加工，从制造我们房屋的水泥生产，到我们喝的茉莉花加工。众多的企业生产也带来的各类污染，粉尘、臭气、污水，废弃的沉渣和污泥等。而现代化农业的推动，传统上农民使用生活垃圾作为有机肥的情况，也由于垃圾组成成分的复杂，工业化产品的废弃物增多，而逐渐转向化肥农药，导致农业污染严重，食品安全成为居民担心的问题。

每个人都会产生垃圾。每个人也应该是解决这个问题的一分子。但如何让每个人意识到垃圾问题的严重性，如何改变"垃圾扔出去后与我无关"到垃圾和我有关，如何激发每个人自觉地参与到垃圾分类的工作中，成为关爱社会、保护环境的一分子，是垃圾分类成功与否的非常重要的环节。举手之劳，可以让更多的资源"物尽其用"，可以减缓对环境的污染和破坏，确保更为长久的生态安全。知行合一的践行生态环保理念，成为将知识、思想和行为教育融为一体的环境教育的内涵。

国际乡村改造学院长期从事乡村教育，积累了依据不同人群学习特点形成的培训理念、方法和工具。早在1994年，在垃圾分类工作开展之前，横县人民政府就与晏阳初创办的国际乡村改造学院（IIRR）开展了乡村综合教育工作。在强调本土知识，心、脑和手的统一的理念基础上，注重在人的意识/知识的提升，进而改变人们对环境的认识态度，最终体现在自身的行为、关注社会环境问题和参与社会环境的行动上。

横县开展的乡村教育一直遵循这些理念和原则。一是结合20世纪90年代工业化过程中乡镇企业的迅猛发展带来的环境和职业健康问题，通过开展公共卫生和职业健康保健知识的教育，提高乡镇企业员工的自我保护意识，采取有效措施进行自我防范，同时通过政府相关部门督促乡镇企业进行污染治理；二是结合农业大量使用农业化肥带来的农业污染，通过建立田间学校，增强农民对农业病虫害的综合防治措施和发展农业生产的决策能力，提高农民种植效益并改善农业环境现状。

垃圾问题的出现成为国际乡村改造学院和政府共同努力的第三个方向。垃圾问题不仅仅是政府的责任，更是生产垃圾的任何部门和任何人责无旁贷的责任。要解决垃圾问题，需要社会各界的积极参与。要保证每个人的参与，就要保证每个人对垃圾问题有个正确的认识。横县面对生活垃圾问题，通过"走出去"参观学习成功的经验，建立县级政府创新机制的信心，"请进来"专家学者，建言献策，推动大众参与，构建大众参与垃圾分类和垃圾分类投放和收集、分类转运和分拣、分类处理的机制。

横县的乡村环境教育始终遵循"参与"的理念。通过学校式、家庭式和社区式的教育途径，从基础环境教育入手，先动员学校各科老师编写不同学科的环境渗透教育教案。同时结合学生的社会实践和调研，创建绿色学校等工作，培养学生的分析思考能力，关注环境问题和注重解决问题的行动能力。再由学生回到家庭，与父母交流，让家家户户了解、熟悉垃圾分类的好处和方法。同时，采用一切有效方式，如横县政府通过现代化的传播工具，如电视、录像和广播等进行垃圾分类的全民动员和宣传。组织针对居民、酒家饭店等的垃圾分类讲座、论坛和文艺活动等，尽全力将垃圾分类的意识和行为走进百姓家庭，唤起每个人的社会责任感，激发个人的自觉行动力，并延伸到社会的动员和监督行动上。这些都充分体现了环境教育所应具备的综合性、多样性和连续性的特点。

横县的乡村环境教育采取了阶梯式的推广策略。通过培养学校教师、成人教育专干、环保宣传骨干、乡镇城建环卫骨干、乡镇农技员等"二传手"，由他们承担针对农民、学生、居民和乡镇企业环保干部、酒家饭店等不同人群的辐射培训工作，实现了全县基本社会人群的全覆盖。在开始垃圾分类的过程中，街道干部就具体的垃圾如何分还进行了挨家挨户的宣传，一张小小的垃圾分类要求和垃圾收集表，时时提醒每个居家的人如何分类，也可以实时地查对如何分类。分错垃圾时，环卫工人会耐心地进行讲解，纠正分类错误，分类好的家庭会获得一定的奖励。知识的传输和垃圾分类的执行，让每个人有机会实现从知识理念到行为态度的自我改变。

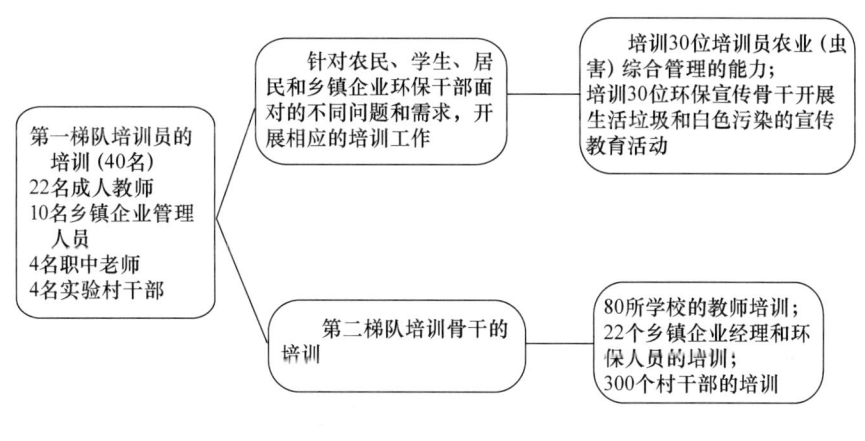

图3　垃圾分类的培训

横县的乡村环境教育的经验是围绕着总体目标，开展了长期地、不断地、针对不同人群的知识传播、意识提升到践行的活动，这些活动是一个居民责任意识培养和社会动员的过程。培训骨干和辐射培训的梯队策略保证了环境健康、环保知识到垃圾分类知识的普及，参与的理念调动了居民参与到环境保护工作的积极性。当启动解决当地垃圾问题的垃圾分类收集工作时，能够自觉、自愿参与到具体的垃圾分类、相互监督和垃圾分类宣传的行动中。居民可以学会、能够做到，也知晓政府从家庭分类到分类投放到后端处理的运营系统，这是保证横县垃圾分类工作能够继续的很重要的原因之一。

（四）垃圾分类：技术与操作

中国历史上人口众多，形成了人多地少，资源匮乏的长久现实，也由此培育了我们祖祖辈辈勤俭节约的传统美德。直到21世纪初，虽然横县的经济迅猛发展，老百姓的生活得到较大的改善，他们仍然保持着这种节俭生活的习惯。通常，他们会将可回收利用的废弃物归类放置，待储存到一定量的时候卖到废品回收站。经济的发展需要原材料，由此带动了回收产业的发展，回收的价格也比较令人满意。尤其是在农业耕作方面，利用生产生活产生的不同有机剩余物进行堆肥，补充土地的肥力，成了中国农业几千年不衰败的根本原因之一。因此，农业为主的横县，大部门居民对堆肥这一概念都比较熟悉，也比较容易接受。得益于农业生产中"肥"的概念认识，为垃圾资源化策略开展提供了本土化的例证。

当时的国家规定，生活垃圾分四类，即厨余垃圾、可回收垃圾、不可回收垃圾和有害垃圾。在实际操作中，横县项目团队经过系列调查和分析，在听取了多方面的意见和建议基础上，从方便居民的角度，尊重居民垃圾不过夜的生活习惯，避免天气热时腐臭的垃圾滋生蚊蝇，招引老鼠，影响居家环境，确定了生活垃圾以可堆肥垃圾、不可堆肥垃圾和有害垃圾进行分类。根据居民的生活特点，可堆肥垃圾和不可堆肥垃圾每天收集一次，每天在下午五点后上门收集。有害垃圾每周收集一次。

2000年9月3日，横县县城生活垃圾分类收集试点在受垃圾污染最严重的老街—西街、马鞍街两段小巷共236户居民住户中正式启动。9月3日，这一天在横县的历史上应该是被记住的日子。居住在这里的每户人家各分到2个不同颜色的垃圾桶（红、绿）来分装可堆肥和不可堆肥垃圾，居民在家里按分类的要求把生活垃圾分为可堆肥垃圾、不可堆肥垃圾；"有害垃圾"逢周日收集。环卫工人定期定时上门收集分类的垃圾。

在垃圾分类的试点过程中，环卫工人以教育说服为主。他们先监测垃圾的分类情况，然后对分类不对的家庭进行耐心地解释，细致用心的工作让环卫工人赢得了居民的支持，保证了分类的质量。适当的奖励措施也非常有效，大家在三个月内逐渐养成了分垃圾的习惯，环卫工人的工作量也减少很多。每个人的举手投劳可以起到事半功倍的效果。

垃圾分类试点的成功给每个人、地方政府、参与的相关地方政府机构和国际乡村改造学院的工作人员以信心和希望，尤其是横县的环卫站的领导和工作人员。在此基础上，他们根据横县城的地理特点和居民分布情况，环境卫生状况和便于管理等方面来考虑，宜在县四周的居民区开展，巩固之后再在内街区逐步铺开。由此确定了县城垃圾分类收集工作走"县城四周包围县城中心"的路线，制定了县城的垃圾分类扩大工作，从2001年4月开始有计划、有步骤地按序进行。

与此同时，垃圾分类后的堆肥试验也在紧张地进行着。自2002年7月至2003年7月，横县垃圾治理工作组和横县博爱化肥厂共同开展一项横县生活垃圾中分离出来的有机垃圾堆肥试验，同时也设计了一项支持环保事业的机制。即博爱化肥厂转型为有机复合肥厂，其有机肥产品以优先满足当地市场需求为主。销售所得收入按价格比例的一定百分比将用于建立横县环保扶贫基金，并向社会公开。

在随后的半年里，博爱化肥厂开始试运作。在堆肥过程中，博爱化肥厂由一个人全职管理，配合外部一位工作人员的监测工作。每天外部工作人员需要花上1—2个小时的时间，收集入厂的可堆肥垃圾量，监测垃圾堆肥的温度，指导监督翻堆垃圾的频率，打气的次数等。另外，博爱化肥厂配置了两个工作人员负责机械的操作，如铲车翻堆，气泵大气等工作。试生产后，经化验分析，有机肥料产品氮、磷、钾三素含量分别是1.63%、1.24%、1.2%，有机质含量为16.5%，证明是很好的有机肥。

横县的收集转运设施比较简单，是根据当时的财力物力而选择的。横县环卫站的工人们在有限资金支持的前提下，因地制宜地设计出使用人力三轮车、在车上放置两个大白塑料桶，分别放置可堆肥垃圾和不可堆肥垃圾的环保低碳设施。这些运输设备与横县街道布局和居住方式匹配，不受老街巷子窄进不去，也不会因为使用卡车造成大量的噪音和污染。环卫工人可以和居民进行面对面的接触，建立人与人之间的情感链接，更进一步地巩固了人与人的相互了解和理解，对分类工作更加有益。而横县政府不需要使用大量的资金投入来购买机械化的设备，也不需要在每年投入更多的维护经费。

在垃圾中转站，环卫工人可以将二次分拣的可回收垃圾存放，同时分别将有机垃圾运入堆肥场进行再利用，再将少量的填埋垃圾运到填埋场。垃圾分类的后端处理上，横县结合其农业大县的特点，选择了居民能够接受、技术又比较成熟，且投入不高的堆肥技术。如横县茉莉花的生产，由于过去种植过程中使用的化肥、激素过多导致了土壤成分破坏和茉莉花质量的下降，直接影响了当地的这一产业发展。横县生活垃圾堆肥可提供茉莉花种植需要的无毒害的有机肥，即实现了当地资源的循环使用，也为未来的堆肥提供了广阔的市场。

至此，横县的垃圾治理，在结合了当地垃圾的实际情况（产生垃圾的单位、产量、比例和垃圾回收情况）、当地的经济状况、居民的环境意识及技术的可操作性等基础上，横县垃圾分类采用当地人熟知的、可以做到的可堆肥垃圾（湿垃圾）和不可堆肥垃圾（干垃圾）来进行第一步的简单分类。随后在收集过程中进行二次分拣，即避免了可回收和不可回收造成的混淆，也避免了可回收垃圾的二次污染。同时，还选择了当地政府财政能够承担的分类收集系统、堆肥实用技术，改进原有的转运系统来匹配分类后的有机垃圾运到堆肥场、填埋垃圾运到填埋场的运作系统，建立了横县垃圾分类投放、分类收集、分类转运和分别处理的垃圾治理的可持续运作的机制，形成了一套有效的生活垃圾的减量化和资源化技术管理方案（如下页图所示）。

纵观垃圾处理技术，历史依据可以给我们提供一种更简明的判断方式：今天的技术水平比20年前要高得多，但是垃圾问题却比20年前更加严重。同样，再过20年，技术水平将比今天高得多，但是，垃圾问题只会比今天更严重，而不是比今天轻[①]。横县的垃圾分类和资源回收体系，从设备上不能算作多么"先进"——连垃圾桶都是老旧的，甚至有竹编的筐，堆肥厂的形象也并不光鲜。但横县在并不"现代"的硬件基础上，做到了全民进行垃圾分类，资源回收率高达八成的分类回收成效。还将现代生活产生的垃圾，采用传统的上千年的堆肥技术，实现了"物尽其用"的原则。横县在考虑当地的实际情

---

① 田松：《工业文明的痼疾——垃圾问题的热力学阐释及其推论》，《云南师范大学学报》2010年第6期。

	收集可堆肥和不可堆肥垃圾并在中转站转运	
横县垃圾的源头分类 根据居民的知识背景和生活习惯，将垃圾分为可堆肥、不可堆肥和有害垃圾三类（上图是沿街居民将垃圾放在自家门前，下图是居民小区将垃圾分类投放到大桶中，小区门卫起到了监督的作用。）		进行二次分拣，并将分出的可堆肥垃圾运到垃圾堆肥场，不可堆肥垃圾运到填埋场

图 4 垃圾分类的运作过程

（横县垃圾综合治理项目团队摄于横县）

况、现有的基础条件和当地的生活文化特点的情况下，垃圾分类和处理的技术选择了低成本、经济的原则，而不只是简单地依赖外部的现代技术，所体现的是传统农耕文明社会的最大特征——资源节约和环境友好的生产生活方式，也是当下所提出的生态文明的实际践行。

（五）有效治理：统筹和参与

20世纪90年代的中国正在经历着前所未有的改变，经济发展不仅带来了现代物质文明，也带来了一系列新的问题和挑战，环境保护存在着"先上车、后补票"的思想意识。在垃圾处理这项领域中，垃

243

圾管理政策、管理体系、解决的方法和使用的技术都处在初级阶段。地方政府被动地应对因垃圾而产生的矛盾，居民的环境污染举报、占地填埋垃圾带来的社会冲突。由于缺乏对这个问题的认识，引发的土地纠纷、导致的污染等问题也激发了各种干群关系、安全事件等社会矛盾。有效地解决这个问题便摆在了基层政府面前。但在社会转型的过程中，经济发展作为首要任务给予了高度重视，而对于日益凸显的新出现的垃圾问题，基层政府缺乏足够经验。同时在垃圾的管理政策、管理体系、解决的方法和使用的技术等方面都处在摸索阶段，迫切需要了解学习别人已走过的路，解决问题的方式方法和思路，同时培养一批人才来，能够因地制宜地、有效地解决现实中的垃圾问题。

经济发展过程中带来的一系列新的社会和环境问题的同时，也带来了与外界交流合作的机会。作为长期关注并开展农村教育、培养乡村工作者的国际民间机构，国际乡村改造学院起源于中国的河北定县，由著名的晏阳初先生创办，同时自1960年在世界各地开展了众多的乡村综合发展工作和农村成人教育工作。1993年，在国家教委领导的牵线安排下，横县人民政府在1994年6月与国际乡村改造学院签订了"横县—国际乡村改造学院（IIRR）综合乡村改造教育项目"。自此，以晏阳初为代表的乡村建设开启了以环境教育与环境治理为主题的乡村建设的工作，这应该是第一个拓展其生计教育、健康教育、文化教育和自治教育的另一个领域—环境教育。

天时地利人和，在开展横县垃圾综合治理的过程中，横县政府以问题为导向，本着彻底解决问题的态度和觉醒，探索了适合本地文化的教育方式，因地制宜地采纳适合本地的实用技术和管理系统。本着循环经济的原则，在垃圾治理的领域进行了跨界的合作探索，通过建立整个项目管理的系统，构建在本地知识和能力基础上的垃圾分类模式（可堆肥和不可堆肥，现在有人叫可烂的不可烂的垃圾）、本地能够支付的垃圾处理技术系统（传统知识构建下的垃圾堆肥、循环农业和垃圾回收系统等），和各个部门参与的垃圾管理系统。这些充分体现了在地治理的有效性。

因地制宜：本土知识的再发现与再创造

在这个过程中，横县政府给予了高度的重视。横县建立了规划、实施和监测评估过程中的协调管理机制，成立了县级领导小组、实施领导小组和项目办公室来负责统筹协调各部门，推进垃圾分类工作的执行。在这个框架下，领导小组可以有效地调动各个政府部门之间的配合，明确教育部门、卫生部门、环保部门和环卫部门的职责和分工，有效地发挥各部门在分类、收集、分拣、处理每个步骤的所长和优势。在实施垃圾分类过程中，项目办公室在政府统筹协调的前提下，动员在地的民间组织、科研单位和相关企业代表参与相关具体实施计划的制订，并通过实施领导小组协调主管单位和其他相关部门的配合得以有效的实施。具体项目协调机制请见下页图示。

横县四大领导班子能够对垃圾的危害、处理的各种手段有全面的认识。从全面认识为出发点，进行了有相关利益方共同参与统筹规划，做出了近期、中期和长期的规划，明确了各部门的角色和任务，还根据计划制订了相关的制度和政策支持，给予了组织机制、人力资源和资金上的支持。

在横县垃圾治理过程中，横县政府为社会力量创造了参与和提供多种服务的机会和空间。国际乡村改造学院充分发挥了国际组织的特长，在策划、培训、技术设计和组织协调上，通过参与式的教育方法，通过多种形式的学习，从认识上统一了解决问题的策略、原则、方法、措施，运用了参与式计划、实施、监测和评估的方法，促进了社群关系，有利地促进了问题的解决。地方民间组织也积极参与垃圾分类的宣传工作，积极动员民众参与到垃圾分类的工作中，保证了工作中社区居民的参与，实现了工作方式方法上的创新，确保实施的质量和效果。企业则发挥了生产和市场优势，将生活中的厨余垃圾通过有效的堆肥技术将其变成有机肥，用于农业、林业和园艺等，再利用可回收垃圾，达到了物尽其用的效果。在运作的策略上，充分依靠居民的广泛参与（以家庭分类的劳动付出替代付费处理）降低政府的负担，依靠外援技术的支持实现生活垃圾的资源化、减量化和无害化处理，从而实现环境和资源的可持续发展。政府、民间组织和企业的

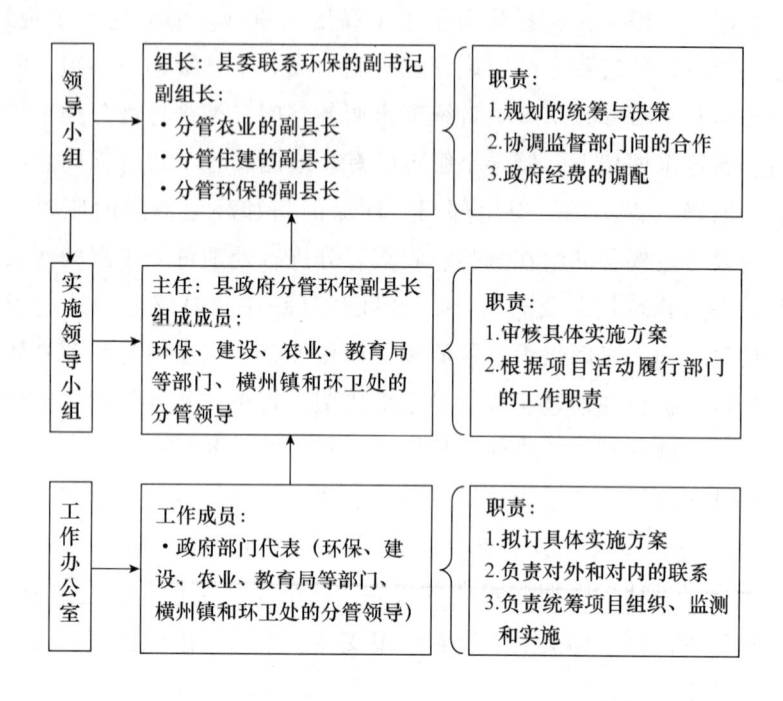

```
┌──────┐    ┌──────────────────────┐    ┌──────────────────┐
│领导  │───▶│组长：县委联系环保的副书记│    │职责：            │
│小组  │    │副组长：              │    │1.规划的统筹与决策 │
│      │    │·分管农业的副县长     │    │2.协调监督部门间的合作│
│      │    │·分管住建的副县长     │    │3.政府经费的调配   │
│      │    │·分管环保的副县长     │    │                  │
└──────┘    └──────────────────────┘    └──────────────────┘
   │
   ▼
┌──────┐    ┌──────────────────────┐    ┌──────────────────┐
│实施  │    │主任：县政府分管环保副县长│    │职责：            │
│领导  │    │组成成员：            │    │1.审核具体实施方案 │
│小组  │    │环保、建设、农业、教育局│    │2.根据项目活动履行部门│
│      │    │等部门、横州镇和环卫处的│    │  的工作职责       │
│      │    │分管领导              │    │                  │
└──────┘    └──────────────────────┘    └──────────────────┘

┌──────┐    ┌──────────────────────┐    ┌──────────────────┐
│工作  │    │工作成员：            │    │职责：            │
│办公  │    │·政府部门代表（环保、建│    │1.拟订具体实施方案 │
│室    │    │设、农业、教育局等部门、│    │2.负责对外和对内的联系│
│      │    │横州镇和环卫处的分管领导）│  │3.负责统筹项目组织、监测│
│      │    │                      │    │  和实施           │
└──────┘    └──────────────────────┘    └──────────────────┘
```

图 5　垃圾分类项目政府协调组织机制

```
┌─────────────────┬─────────────────┐
│                 │                 │
│    民间组织     │  科研院所和高校  │
│                 │                 │
│         ┌──────────┐              │
│         │ 政府部门 │              │
│         └──────────┘              │
│                 │                 │
│      企业       │      公众       │
│                 │                 │
└─────────────────┴─────────────────┘
```

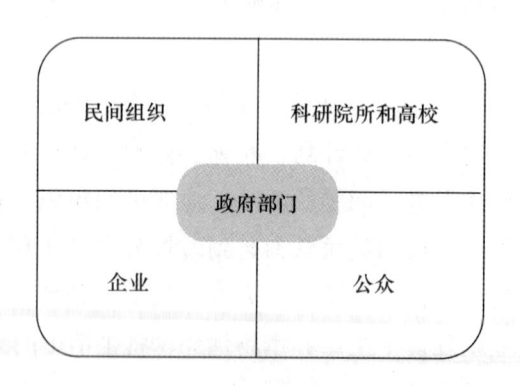

图 6　参与垃圾治理的社会各力量

优势互补在垃圾治理的整个过程中得到了充分的体现。

在十年后的今天，横县垃圾分类处理的实践模式可以不断地创新。但其成功的最重要的因素是自始至终都将群众的理解和参与作为基础，充分调动群众在分类、监督和宣传方面的作用，以保证各种措施，如信息能够公开透明、奖惩措施能够公平公正地落实，环卫工人的社会贡献能够得到鼓励和认可。有效的管理机制，加强了沟通协调，促进了实事求是的做事风格和民主决策的办事态度。

结　　语

横县垃圾分类综合治理的试验，将环境教育和垃圾治理纳入新时期的乡村建设之中。将国际垃圾治理经验和本土知识相结合，总结出一套可行的实践模式，实现了垃圾的家庭分类、垃圾的分类投放、转运以及堆肥和填埋的分类处理。在中国垃圾不断增加、垃圾分类难以实现、无法将末端焚烧处理污染降到最低限度的当今，虽然时代的变迁已经使人对垃圾有了新的发展，但是这仍不失为城镇在现有条件下的垃圾分类综合治理的有效模式。而在这个模式中，以低成本的方式展开垃圾治理和民众教育，归纳总结本土知识在实际问题中的运用，秉持在地循环和本土转化的理念和原则，注重人的教育，实现知识提升到行为改变的效果。从人的需求和学习角度，从人与环境的关系角度，长期开展环境教育，改变了以往运动式的工作风格，将环境教育纳入学校、政府和各类商家企业以及公共场所，形成持久化的宣传和教育机制。结合本地人的生活，将家庭垃圾分类简化与二次分拣相结合，形成民众和环卫工作的有机结合来确保分类的质量。调动社会资源参与，从本地的农业生活中寻找题材，进行与本土知识相结合的宣传、教育、商业创新，形成了多方参与社会服务的多元化局面。通过大众参与的方式应对成本极高的现代科学技术的垃圾治理困境，探索创新了地方可掌握和经济可承受的本土化处理技术。在这些工作的基础上，形成了以"3R"原则为基础的系统垃圾管理机制，成为可持续处理垃圾的有效机制，探索出一条解决因工业化和城市化带来的环境污染及垃圾问题的县域垃圾治理的经验。

虽然时代的变迁已经使人和社会有了很大的变化，横县对生活垃圾管理所形成的经验仍不失为城镇在现有条件下的垃圾分类综合治理的有效模式。而在这个模式中，探讨适合小城镇发展的固体废物规划管理模式，尤其是在如何利用当地传统知识的基础上通过系统建设，创造就业，达到经济、社会和环境效益的共赢局面。这对正确处理城镇发展与环境保护之间的关系，改善城镇环境质量，促进城镇生态系统的良性循环以及实现城镇的可持续发展具有现实的指导作用。

参考文献

安福海:《论地方性知识的价值》,《当代教育与文化》2010年第2期。

柏桂喜:《乡土知识及其利用与保护》,《中南民族大学学报》(人文社会科学版)2006年第1期。

陈洪为、黄焕忠、张兰英:《横县十年:垃圾综合治理的实践总结》,知识产权出版社2012年版。

陈娟、李维长:《乡土知识的林农利用研究与实践》,《世界林业研究》2009年第3期。

陈庆德、潘盛之、覃雪梅:《中国民族村寨经济转型的特征与动力》,《民族研究》2004年第4期。

程玲:《新阶段中国减贫与发展的机遇、挑战与路径研究》,《学习与实践》2012年第7期。

福建经济年鉴编辑委员会编:《福建经济年鉴》,福建人民出版社1990年版。

傅安辉:《黔东南侗族地区火患与防火传统研究》,《原生态民族文化学刊》2011年第2期。

高传胜:《论包容性发展的理论内核》,《南京大学学报》(哲学·人文科学·社会科学版)2012年第1期。

高贤治主编:《台湾方志集成·清代篇(第1辑)〈诸罗县志〉〈澎湖纪略〉合订本》,宗青图书出版有限公司1995年版。

郭巍青:《垃圾问题是头等大事》,《南都周刊》2012年8月12日。

郭熙保：《论贫困概念的内涵》，《山东社会科学》2005年第12期。

国务院第二次农业普查领导小组办公室、中华人民共和国国家统计局：《中国第二次农业全国普查资料综合提要》，中国统计出版社、北京数通电子出版社2008年版。

韩毓海：《谁来书写五百年的人类历史》，九州出版社2011年版。

贺雪峰：《新乡土中国》，北京大学出版社2013年版。

黄辉祥：《村民自治的生长：国家建构与社会发育》，博士学位论文，华中师范大学，2007年。

黄平、王晓毅主编：《公共性的重建：社区建设的实践与思考》（上），社会科学文献出版社2011年版。

黄平、王晓毅：《公共性的重建：社区建设的实践与思考》，社会科学文献出版社2011年版。

惠宁、霍丽：《论人力资本理论的形成及其发展》，《江西社会科学》2008年第3期。

金颖若、周玲强：《东西部比较视野下的乡村旅游发展研究》，中国社会科学出版社2011年版。

赖俊杰编著：《地理标志商标实务与探索》，海峡书局2010年版。

赖俊杰：《平和琯溪蜜柚的传说》，载福建省商标协会编《福建地理标志传说》，海潮摄影艺术出版社2011年版。

李斌、董锁成等：《若尔盖湿地草原沙化驱动因素分析》，《水土保持研究》1998年第2期。

李丽：《郎德工分制中的道义、理性与惯习——农民行为选择的田野研究》，硕士学位论文，贵州师范大学，2008年。

李丽、王小梅：《"工分制"——郎德旅游的徘徊与坚守》，《贵州日报》2004年5月28日。

李敏蕊、张岩等：《川西北若尔盖县土地沙化动态变化》，《四川农业大学学报》2010年第6期。

李天翼：《贵州民族村寨旅游开发模式研究》，西南交通大学出版社2014年版。

李天翼：《贵州民族村寨旅游开发模式研究》，西南交通大学出版社2014年版。

李文钊、张黎黎：《村民自治：集体行动、制度变迁与公共精神的培育——贵州省习水县赶场坡村组自治的个案研究》，《管理世界》2008年第10期。

李小云主编：《参与式发展概论》，中国农业大学出版社2001年版。

李醒民：《知识、常识和科学知识》，《北方论丛》2008年第1期。

联合国教科文组织编：《内源发展战略》，社会科学文献出版社1988年版。

廖君湘：《侗族村寨火灾及防火保护的生态人类学思考》，《吉首大学学报》2012年第6期。

廖晓义：《垃圾分类与可持续发展》，《科技导报》1997年第12期。

林语堂：《四十自叙诗并叙》，载《柚都平和》编委会《柚都平和》，海峡文艺出版社2009年版。

刘春茂：《知识产权原理》，知识产权出版社2002年版。

刘建国：《垃圾是资源，更是污染源》，《人民日报》2017年5月6日第九版。

吕晴晴：《乡土资源在高中思想政治课教学中的引用研究》，硕士学位论文，天津师范大学，2015年。

罗家德、孙瑜、楚燕：《云村重建纪事——一次社区自组织实验的田野记录》，社会科学文献出版社2014年版。

罗尼·魏努力、Hijaba YKHANBAI、Enkhbat BULGAN：《以社区为基础的自然资源管理研究：理论和实践》，《贵州农业科学》2006年第2期。

洛朗斯·贝拉尔、菲利普·马尔舍奈：《地方特产与地理标志：关于地方性知识和生物多样性的思考》，《国际社会科学杂志》2007年第1期。

闵庆文：《全球重要农业文化遗产评选标准解读及其启示》，《资源科学》2010年第32卷第6期。

潘超、丘良任等主编:《中华竹枝词全编》(第七卷),北京出版社 2007年版。

潘承济:《贵州黔东南州探索农村消防工作特色之路》,中国消防在线(http://119.china.com.cn/zbjs/txt/2014-12/25/content_7468931.htm)。

平和县地方志编纂委员会编:《平和县志》,群众出版社1994年版。

若尔盖县畜牧局:《2005年草原监理站年度工作报告》,内部资料。

(清)施鸿葆:《闽杂记》,福建人民出版社1985年版。

石中英:《本土知识与教育改革》,《教育研究》2001年第8期。

四川省编辑组:《四川省阿坝州藏族社会历史调查》,民族出版社 2009年版。

苏芳、徐中民、尚海洋:《可持续生计分析研究综述》,《地球科学进展》2009年第1期。

孙庆忠:《地理标志产品的文化禀赋》,《中国农业大学学报》(社会科学版)2011年第4期。

田松:《工业文明的痼疾——垃圾问题的热力学阐释及其推论》,《云南师范大学学报》2010年第6期。

王东阳:《我国农业生态系统的现状、功能与可持续发展分析》,《中国农业资源与区划》2006年第2期。

王诗俊:《原住民权利保护研究》,《才智》2010年第8期。

(明)王阳明:《王阳明全集2别录》,中国画报出版社2014年版。

(清)王相修、(清)姚循义修、郑丰稔纂:《康熙平和县志》,上海书店出版社2000年版。

吴大华、郭婧:《火灾下正式制度的"失败"——以贵州黔东南地区民族村寨为例》,《西北民族大学学报》2013年第3期。

吴正光:《郎德上寨成为民俗学教学科研基地——专家学者纷纷前往考察》,《贵州日报》2005年2月3日。

向德平、陈艾:《联结生计方式与可行能力:连片特困地区减贫路径研究》,《江汉论坛》2013年第3期。

新华社：《中国农村扶贫开发纲要（2011—2020年）》，中央政府门户网站，www.gov.cn，2011年12月1日。

邢启顺：《乡土知识与社区可持续生计》，《贵州社会科学》2006年第3期。

徐飞飞、孙铁峰：《四川若尔盖草原沙化问题的研究》，《价值工程》2010年第6期。

许宝强、汪晖选编：《发展的幻象》，中央编译出版社2000年版。

薛达元、郭泺：《论传统知识的概念与保护》，《生物多样性》2009年第2期。

严永和：《〈论联合国原住民权利宣言〉第31条的保护对象及其制度设想》，《中南民族大学学报》（哲学社会科学版）2013年第6期。

杨立雄、谢丹丹：《"绝对的相对"，抑或"相对的绝对"——汤森和森的贫困理论比较》，《财经科学》2007年第1期。

杨正文：《从村寨空间到村寨博物馆——贵州村寨博物馆的文化保护实践》，《中国农业大学学报》（社会科学版）2008年第3期。

郁建兴等：《从行政推动到内源发展：中国农业农村的再出发》，北京师范大学出版社2013年版。

张帆：《现代性语境中的贫困与反贫困》，人民出版社2009年版。

张环宇、黄超超、周永广：《内生式发展模式研究综述》，《浙江大学学报》（人文社会科学版）2007年第2期。

张劲峰、耿云芬、周鸿：《乡土知识及其传承与保护》，《北京林业大学学报》（社会科学版）2007年第2期。

张鸣：《来自传统世界的资源》，《读书》2013年第1期。

张晓：《西江苗寨传统文化的内在结构》，《中央民族大学学报》（哲学社会科学版）2008年第2期。

张耀辉：《知识产权的优化配置》，《中国社会科学》2011年第5期。

张永宏：《本土知识概念的界定》，《思想战线》2009年第2期。

张煜星等：《〈联合国防治荒漠化公约〉的荒漠化土地范畴》，《中国沙漠》1998年第2期。

张原、马浪:《知识图景中的灾难考察——人类学灾难研究的关键路径》,《西南民族大学学报》2013年第8期。

张原、汤芸:《藏彝走廊的自然灾害与灾难应对本土实践的人类学考察》,《中国农业大学学报》2011年第9期。

张原、汤芸:《传统的苗族社会组织结构与居民互惠交往实践——贵州雷山县苗族居民的礼仪交往调查》,《西南民族大学学报》(人文社科版)2005年第2期。

张原、汤芸:《面向生活世界的灾难研究:人类学的灾难研究及其学术定位》,《西南民族大学学报》2011年第7期。

张正特:《贵州黔东南消防构筑少数民族农村消防宣传体系》(http://119.china.com.cn/xfxc/txt/2013-09/29/content_6344267.htm)。

张正特:《黔东南推进试点村寨建设火灾逐年下降》(http://www.cpd.com.cn/epaper/xfzk/2012-12-12/02b-14.html)。

赵凌云:《公共物品的生产与社区整合机制》,《社会》2005年第1期。

赵树凯:《农民的政治》,商务印书馆2011年版。

郑永年:《中国模式——经验与困局》,浙江人民出版社2012年版。

周方:《传统知识的法律界定》,《情报杂志》2005年第12期。

周文、李晓红:《社会资本与消除农村贫困:一个关系—认知分析框架》,《经济学动态》2008年第6期。

周雪光、刘世定、折晓叶主编:《国建建设与政府行为》,中国社会科学出版社2012年版。

周跃敏:《改变话语体系》,《新闻战线》2009年第9期。

朱启臻:《培养职业农民是一项战略任务》,《农民日报》2012年1月11日。

[美]安东尼·奥利弗—史密斯、苏珊娜·M.霍夫曼:《人类学者为何要研究灾难》,彭文斌译,《民族学刊》2011年第4期。

[美]安东尼·奥利弗—史密斯:《人类学对危险与灾难的研究》,彭

文斌译,《西南民族大学学报》2014年第1期。

［美］马歇尔·塞林斯:《原初丰裕社会》,丘延亮译,载许宝强、汪晖选编《发展的幻象》,中央编译出版社2000年版。

［美］斯科特:《国家的视角:那些试图改善人类状况的项目是如何失败的》,王晓毅译,社科文献出版社2004年版。

［英］吉登斯:《现代性的后果》,田禾译,译林出版社2007年版。

［英］帕金:《医疗人类学与信任研究》,汤芸译,《西南民族大学学报》2017年第4期。

［波］马林诺斯基:《文化论》,中国民间文艺出版社1987年版。

Chambers, R. and Conway, G. R., *Sustainable Livelihood: Practical Concepts for the 21st Century*, IDS Discussion Paper 296, 1992.

Ian Scoones, Sustainable Rural Livelihoods: A Framework for Analysis, *Institute of Development Studies Working Paper* 72, 1998.

John Scanlan, *On Garbage*, Reaktion Books, 2005.

WIPO, *Intergovernmental Committee on Intellectual Property and Genetic Resources*, Traditional Knowledge, http://www.wipo.int/tk/en/igc, 2009-05-01.